紅山文化と檀君史話

韓民族の起源を求めて

李 讃九著／朴 美貞訳

えにし書房

〈凡例〉

・ 牛河梁遺跡の主要な写真は『牛河梁遺址』（学苑出版社編）と『牛河梁──紅山
　 文化遺址発掘報告（1983 ～ 2003 年)』（遼寧省文物考古研究所編）から引用した。
・ 本文中の符号は学術論文の規程に従った。『 』は単行本でも学位論文、「 」は
　 一般論文として表記した。
・ 地図が収録されたところは頁に含めた。

紅山文化と檀君史話　目次

はじめに …………………………………………………………………………… 5

序　章

問題意識の出発 …………………………………………………………………… 8

論　点 ……………………………………………………………………………… 13

問題提起 …………………………………………………………………………… 16

第Ⅰ章　紅山文化のトーテム

1.　紅山文化の鳥崇拝 …………………………………………………………… 28

　　（1）紅山文化と鳥　28

　　（2）小河沿文化と鳥　31

2.　鳥崇拝と太陽崇拝の結合 …………………………………………………… 36

　　（1）フクロウとミミズク　36

　　（2）小河沿の太陽符号　38

　　（3）鳥と太陽の連合トーテム――拝日崇鳥　40

第Ⅱ章　牛河梁遺跡とトーテム連合

1.　牛河梁遺跡の特徴 …………………………………………………………… 52

　　（1）白音長汗から牛河梁まで――積石塚　52

　　（2）牛河梁遺跡の地域的特徴と玉器　55

　　（3）牛河梁遺跡の鳥崇拝　118

　　（4）牛河梁遺跡の稲妻模様と太陽　122

2.　牛河梁人のDNA ………………………………………………………………… 126

　　（1）牛河梁人の遺骨分析と編頭　126

　　（2）mtDNAでみた遺伝的分析　130

　　（3）牛河梁人と古代朝鮮人との比較　141

3. 牛河梁遺跡の鳥トーテムと熊トーテム ……………………………………… 145
  （1）那斯台遺跡の鳥トーテムと熊トーテム　145
  （2）牛河梁遺跡に現れた鳥トーテムと熊トーテムのアイデンティティ　151
  （3）牛河梁神殿の鳥トーテム族と熊トーテム族の「トーテム連合」　156

第Ⅲ章　桓雄の「神市古国」

1. 紅山文化と鳥夷族の登場 ……………………………………………………… 170
  （1）鳥夷族の登場と紅山文化牛河梁遺跡の帰属関係　170
  （2）隹夷と鳥夷　178
  （3）鳥夷族と鳥崇拝の根源　181

2. 鳥夷族と桓雄そして檀君 ……………………………………………………… 191
  （1）『山海経』と桓雄の雄常　191
  （2）桓雄と熊女の出会い──牛河梁遺跡は檀君の故郷　198
  （3）桓族の登場と牛河梁の神市文化　209
  （4）桓雄の鳥夷族と部族連合の関係　215

3.「神市古国」の断面 …………………………………………………………… 222
  （1）神市古国の文化的起源　222
  （2）黄帝と蚩尤──有熊国の実体　227
  （3）鳥夷族の経済生活　232
  （4）玉棒と度量衡　234

結びに　紅山文化の牛河梁遺跡と桓雄の鳥夷族 …………………………… 242
〈付録〉『三国遺事』「古朝鮮王倹朝鮮」（檀君古記） …………………… 253
索引 …………………………………………………………………………… 256
訳者あとがき …………………………………………………………………… 267

はじめに

　筆者が鳥に関して知っていることといえば「鳥よ、鳥よ、青鳥よ」^{（訳注）}がすべて
かもしれない。近代にまで童謡として伝えられてきたこの「青鳥」はどんな鳥
だったのだろうか？　『山海経』（「西山経」）によれば、三危山に三羽の青鳥が
生きていたという。また、シルム（相撲のような韓国の伝統スポーツ）場のある
高句麗の角抵塚壁画にも四羽の鳥が出てきて、新羅金冠にも三羽の鳥が登場す
る。青鳥は特別な鳥であり、象徴の鳥でもある。

　筆者はこれから鳥の探しに出る。歴史の中の鳥を探すために、檀君神話と紅
山文化の牛河梁遺跡（Niuheliang）に会うだろう。檀君神話は、韓国の哲学と
歴史の故郷である。檀君神話では歴史と哲学は分離されていない。いつも一体
であった。しかし、これまで檀君神話は苦労の種のようなひどい待遇を受けて
きた。神話であるがために、歴史の対象にされなかったし、また哲学の対象か
らも除外された。

　当初から「神話」という表現が相応しくなかったのだ。韓国で「檀君神話」
という呼称は、韓国の歴史を否定するために、意図的に作られた誤った表現で
あった。「神話」という言葉が悪いのではなく、「檀君の神話」という表現が悪
いのである。

　筆者は本文で以下のように説明した。

　「我々が今まで信じてきた神話が、原初的出来事の聖なる歴史でなければ、
それは単に夢や想像で終わるだろう。そうではなく、それが原初的な出来事と
して、今日の我々と向き合うとき、生きた歴史としてよみがえるだろう。果た
して、檀君神話は、原初的出来事の聖なる歴史なのか？　でなければ単に幻想
の中の夢の話なのか？　今までの研究結果で見れば、牛河梁遺跡は聖なる歴史
の原初的出来事の証拠といっても過言ではない。我々は牛河梁遺跡を通じて、
はじめて檀君神話を再解釈することができるようになった」

　このように、檀君神話を再解釈できるようになったことは一つの喜びである。
鳥を探し出して得た喜びである。今や「檀君神話」が「檀君史話」として復活

しようとしている。牛河梁遺跡で我々の歴史がよみがえっている。希望の青鳥が新しい歴史の出発点で飛んでいるのだ。歴史の開闢である。

最後に校訂と編集と出版を助けてくださったすべての方々に、心より謝意を表したい。資料の協力と翻訳、現地踏査などを助けてくれた朴博士、崔先生、劉先生、鄭健宰博士には特に感謝を申し上げる。

最後になるが、1920 年 6 月に雑誌『開闢』を初めて発刊した「開闢社」にならい、本書を韓国で刊行することを喜び、さらに素敵な日本語版の出版を引き受けてくれたえにし書房と朴美貞博士に感謝したい。

神市開天 5916、檀紀 4352（2019）年 6 月 1 日

李 讚九

（訳注）「鳥よ、鳥よ、青鳥よ、緑豆畑に座るな。緑豆花が落ちれば、清泡將帥泣いて行く」（民謡「青鳥」の歌詞の一部）。旧韓末東学農民運動時の民謡で、東学農民運動指導者であった全琫準（チョン・ボンジュン）と農民軍の失敗に対する失望と遺憾が含まれている。彼の姓全は八王で、この八王の発音が파랑（parang）と팔랑（palwang）と似たところがある。青鳥は全琫準を象徴しているという解釈もある。

序　章

序章

問題意識の出発

　『ベーダ (Veda)』の解説書に『シャタパタ ブラフマナ (Shatapatha Brahmana)』がある。最も古い文献の一つで、紀元前800年から紀元前600年の間に作られた。ミルチャ・エリアーデ (M.Eliade, 1907～1986) はこの中で、次の一節を引用する。「火の祭壇を建てることによって、人は1ヵ所に定住することになり、火の祭壇を建てたすべての人は法的に定住が認められたことになる」(Ⅶ、1、1、1-4)。エリアーデは、この祭壇の場所は聖なる場所となり、ある地を聖域化することであり、天地創造の再現を意味すると言った。(注1)

　韓国の「檀君古記」(『三国遺事』)には、太伯山の頂上に、火の代わりに神聖な木を神壇として建てることによって、そこを中心に人々が定住することになった過程が記されている。その定住地がすぐに神市（神市または神仏と発音する）という所である。韓国の神話において神市は聖なる場所となり、聖域化されたところとして理解される。フレイザー (Sir James George Frazer, 1854～1941) は、ヨーロッパの古代民族がクヌギを崇拝するのは、自分たちが崇拝した聖なる天神が稲妻の閃光に乗って、そのクヌギに降りてきたと信じるためだと説明する。彼らは、枝が割れ木幹が焼けたのを天神が立ち寄っていった表示だとみなし、そこに垣根をつくって神聖な所として祀る。(注2)

　そうすると、このように聖域化された韓国でいう神市がどこにあるのか？筆者は紅山文化の牛河梁 (Niuheliang) 遺跡を神市遺跡地の一つと考える。

〔図1　牛河梁遺跡第2地点第2号塚と第3号塚〕

1980年代から本格的に発掘され始めた牛河梁遺跡は、中国遼寧省西部、丘陵地帯の朝陽市建平と凌源の二つの県が隣接したところに位置している。紀元前3500年頃と推定され、新石器時代に該当する。ここにある多くの遺跡のうち、最も立派なものが祭壇である。祭壇とともに積石塚は天円地方（天は円くて土地は四角いこと）の形態を成していて、当時の人々もこの祭壇を聖なる場所と感じて暮らしていたのだろう。韓国の檀君神話に出てくる、神市のように聖なる地域と呼ばれたことだろう。

ところで、我々はこうした祭壇を目の当たりにしながらも、5500年前のことだからと古ければ古いほど、言い表すことができなかったのが実情である。ましてや、この牛河梁の祭壇が発掘されていなかった時期はどうだったのだろう？　そこで我々は、その間、解明できず再現不可能な神代世界を表す時は、神話ということで説明せざるをえなかった。韓国では名づけて「檀君神話」または「桓雄神話」というものである。

エリアーデは「神話は聖なる歴史、すなわち時間の始発点から太初に起きた原初的出来事[注3]」と言った。また、フレイザーは「意識は消えるが神話は残る[注4]」と言った。生きている神話を通じて消えた意識を取り戻すのは、歴史を復元する人間の偉大な作業である。また、近年ではシーガル（Robert A. Segal）が、神話とは世界創造に関することでなくても、その話の主人公が神ではなく人間であっても、単に人格的存在として語ることができるならば問題ではないと言及した。このような理由で、神話は「過去にはもちろん、現在と未来にも作られることができる[注5]」と定義した。それは例えば、既存の檀君神話を念頭に置けば、現在であろうと未来であろうと、いつも理解できる。牛河梁遺跡を通じて、間接的であるにしても、我々は時間の出発点として太初に起きた原初的出来事、我々の意識から消えた歴史に、再び接することができる機会を持つようになるのである。

エリアーデは次のように指摘する。「ある地域に定住することは、一つの世界を創建することと同じである[注6]」。このように、人類が定住生活を始めたことは、人類学的に重要な意味を持つ。韓国の神市であり、牛河梁であり、そこに定住することが宇宙の中心に立つことと同じだという意味である。個人にとってそれぞれの家が世界の中心にあるように、ある地域の共同体も宇宙の中心という面では同一なのだ。したがって、すべての人間が行う建設的な行為は、中心点（ヘソ）から世界の創造を反復するのである。小屋の建築でさえも宇宙創

造を反復するのである。まして、祭壇や聖殿は言うまでもなく世界の中心であり、宇宙のヘソを表しており、祭儀もまた反復されるシナリオなのである。さらに一歩進んで、エリアーデは「事物や行為は、それが原型を模倣したり、反復する限りのみ実在的になる[注8]」と言及する。彼によれば、すべての犠牲祭儀は最初の犠牲祭儀（原型）を反復することであり、その原型の反復を通じてこそ人間の真実の実在性が現れる、という。それが太初に起きた原初的な出来事として刻印されるとき、「神話」は「聖なる歴史」に質的変化を迎えることになると考える。このことは牛河梁の玉器は、神話と聖なる歴史は、遠い距離にあるのではないということを物語っている。

　すると、神市の人々は何を宇宙のヘソとし、何を原型とみなしたのか？　そのヘソと原型を解明できれば、創造は反復することであるから、その反復の文脈が何かということも発見できると期待できる。このように、時代と空間は異なるが、宇宙的創造を反復する人々の信仰行為（トーテムを含む）、意識構造や行動方式、生活様式を発見すれば、後代の人々の歴史も再構成できるはずである。特に、原型を通じて歴史の原形質に会うことができれば、その歴史は無限な力を発揮する。模倣の有効期間は 30 年当代で終わるが、原型の有効期間は無限である。筆者が牛河梁遺跡の文化を軸に論議を展開しようとする理由がここにある。

　2018 年 2 月 9 日、平昌（ピョンチャン）冬季オリンピックの開会式場に 3 段円形舞台が再現された。まるで牛河梁遺跡の円形天祭壇文化（205 頁参照）を見るようであった。5500 年前の原型を反復した結果、世界の人々に感動を与えることができた。さらに、人面鳥が舞台中央に進入する場面は、我々が熊族以前の鳥夷族の後裔であったことを告白するようでもあった。『揆園史話』（「漫説」）の著者である北崖老人は、「保性」を我々に要求している。韓民族の天性をよく守れ、との意である。そして我々は「原型」を探すことになるのだ。

　さらに、我々に刺激を与えるのが、フロイト（Sigmund Freud, 1856 ～ 1939）のトーテム理論である。「部族トーテムは男女集団の崇拝対象である。この集団はトーテムの名前を自らの名前として用い、各部族構成員は互いを同じ祖先を元とする血族と信じ、相互の共同義務とトーテムに対する共同信仰を通じて堅く結束されている[注9]」という観点が、本文を貫通している。

このような見方をするには、人類学的なアプローチが必要なこともある。様々な文化とトーテムを社会科学的な方法で比較研究するという意味で、それは文化人類学的分析になるだろう。檀君神話を克服しようと人類学的アプローチを選んだ李廷基は、「韓国民族はすでに檀君神話以前に人類的原型思想の一つとして、他種族の場合と同じように、集団自ら種族的な集団移動の理想を付与して、それ以上を実現する定着地を探して数万年をさまよった」[注10]と見た。彼は尭の唐国や檀君の檀国が、すべて天神国として人類の理想郷である「우리른 Arira」の発見だと考えた。彼の理想郷に定住しようとする人類的原型を通して、韓国文化の本源に近づこうという試みは本書の執筆に大いに役立った。

歴史は土地（領土）の歴史でもあるが、その土地に生きてきた人々の歴史でもある。人々の歴史であるから人類学的アプローチはより有効なこともある。個人としての人生は誰にとっても重要だが、人類としての普遍的な生にも価値を置く。人類学的な生（韓国でいう弘益人間の生）は、天との関係、土地との関係、人と人との関係のなかででさらに磨かれる。

そして紅山玉器は戦争の武器ではないという点と、副葬品で武器が出てこないという点で、非暴力と永遠性の象徴である。戦争を知らずに修行に集中して生きてきた紅山人と牛河梁人を通じて、我々は人類が志向すべき生の本当の価値が何であるかを見つけることができる。

本書で人類学的証明が必要になったのは、トーテム社会においても人類史上非常に美しい平和社会を牛河梁人が謳歌したためである。平和を愛するのは人類の永遠の中心的価値になるだろう。このような意味で、紅山玉器は人類文化の宝なのである。

注
(1)　ミルチャ・エリアーデ（Mircea Eliade, 1907〜1986）『聖と俗』李東夏訳、ハクミン社、1983年、25頁 ; M. エリアーデ『聖と俗』ハンギル社、1998年、62頁。
(2)　サー・ジェームズ・ジョージ・フレイザー（Sir James George Frazer, 1854〜1941）『黄金枝』イ・ヨンデ訳、ハンギョレ出版、2003年、894〜895頁。
(3)　前掲注1書、73頁 ; 同『聖と俗』ハンギル社、107頁。
(4)　前掲注2書、737頁。
(5)　ロバート・シガール（Robert A. Segal）『神話とは何か』イ・ヨンジュ訳、アカネッ、2017、11頁。
(6)　前掲注1書、38頁 ; 前掲注3書、ハンギル社、74頁。
(7)　スチーブン・ポルゴ「進化と人間の疾病」『文化人類学入門』李光奎訳、乙西文化社、1973年、330頁。
(8)　ミルチャ・エリアーデ『宇宙と歴史』鄭鎮弘訳、現代思想社、1976年、58〜60頁。

序　章

(9)　ジークムント・フロイト（Sigmund Freud）『トーテムとタブー』キム・ゾンオップ訳、文芸の広場、1995 年、154 頁。

(10)　李廷基「韓国文化の原型と本体性—Arira 思想の人類学的新接近」『教育評論』1972 年 7 月、52 頁；丹齋（申采浩）は、『朝鮮上古史』で松花江を最初の居住地とした「Arira」と言った。

論　点

筆者が本書を通して明らかにしようとする論点は次の通りである。

(1)　紅山文化の主人公は誰なのか？　牛河梁遺跡をはじめとする紅山文化に出てきた数多くの鳥形像の玉器は何なのか？　それが鳥トーテム族の文化ならば、その主体は誰なのか？

(2)　太陽崇拝の最初の群れ社会が桓国・桓因の「桓（太陽トーテム）」だとすれば、その次に出現した桓雄の「雄」はどんな群れだったのだろうか？　ところで、我々の檀君神話に「熊」と「虎」の話だけ出てきて、「鳥」の話が出てこない理由はなぜか？　神壇樹の鳥はどこへ去り、韓国大統領の鳳凰徽章はどこからきたのか？

(3)　『史記』など中国古文献に登場する鳥夷と東夷とはどのような関係か？朝鮮という国号と鳥夷とはどんな関係があるのか？

(4)　韓国の古文献に登場する桓族とは誰か？　鳥トーテム（鳥祖崇拝）と熊トーテム（熊祖崇拝）をともに有している牛河梁遺跡は誰による創造物なのか？　桓雄と熊女の関係で説明ができるだろうか？

(5)　1984年10月、牛河梁で5000年余りの間眠っていた女神が復活したことで、上古史復元の糸口が用意された。牛河梁は韓国古史上の脳髄のようなところである。牛河梁の真実が明らかになれば、我々がこれまで習ってきた「檀君神話」は嘘の話（『作られた神話』）だったとの主張こそ嘘なのではないか？

(6)　中国は9000年の歴史を有すると主張し、過去の歴史を近代国家の国境概念で説明している。そして、中国は牛河梁遺跡から出土した熊形

13

像をもって、黄帝（軒轅氏）と結び付けたり、牛河梁の女神は炎帝神農の後裔であるとまで主張する。しかし、熊形像は韓国の檀君神話に登場した熊族のトーテムではないのか？

〔図1　牛河梁円形祭壇想像図（相生出版）〕

〔図2　2018年平昌冬季オリンピック開会式の円形舞台上の一場面（作家金正煥提供）〕

(7) 今日の韓民族が桓雄の鳥夷族（佳夷族）と熊女の熊族と出会い、桓族を形成して血統の進化と文化の再組合を成し遂げてきたとすれば、この桓族を韓国人の祖先とし、原韓国人と言うことができる？　このとき、脱落（追放）された虎族が我々の歴史に再び登場するのはいつか？

(8) 牛河梁遺跡の特徴は天円地方の文化（204頁参照）にあるが、このような天祭文化（天祭儀礼）を我々は継承しているのか？　もし継承関係が成立しないならば、牛河梁の紅山文化は古朝鮮の根源的文化にはなれないだろう。伝統的なソッテ（鳥竿、蘇塗立木）文化や別

〔地図1　主要歴史都市（赤峰、牛河梁、臨汾など）〕

神グッ（巫）、そして、2018年平昌冬季オリンピック開幕式に登場した人面鳥と3壇円型舞台は、牛河梁天祭文化と関係があり、その再現であると説明することができるだろうか？

(9) 韓民族史を貫く共同体思想は仙と巫に基づいた平和であり、鳥夷族と熊族との連合でわかるように、相生と共存（互いの相乗効果で良い結果を生むこと）といえるだろうか？

(10) 韓国の古文献に登場する『三聖紀』、『三聖密記』、『朝代記』、『揆園史話』などを、我々はいつまで偽書として放置するのだろうか？

問題提起

近年（2016 年）、中国はいわゆる東北工程から推進してきた歴史工程の新しい段階を迎え、自称「中華文明伝播工程」を打ち出した。この工程の核心は「中国人が 5000 年の中華文明を確実に理解できるようにする」ことに主眼を置いている。その中で特に強調しているのが、黄河中下流の陶寺遺跡を中心に、中国の上古史が新しい「王国文明段階」に発展することになった、という説である。その間、伝説上のものだと考えられてきた堯時代が、この陶寺遺跡によって史実として明らかになったということは、最近の中国の立場からすれば、これを人民に対する歴史教育はもちろん、世界にも積極的に知らせるという意図があるだろう。

1978 年に発掘された陶寺遺跡は、現在の山西省 临汾市 襄汾県 陶寺鎮 陶寺郷で発見された「龍山文化陶寺類型」遺跡地で、総面積 300 万㎡超の巨大な王国段階の都城遺跡という。その時期は、住居地の推定年代が紀元前 2451 ～紀元前 2140 年である。2 つの文字が彫られた文字扁壷（土器）が「歴史時代」への到達と礼制の確立を意味する。また、城壁や宮殿、大貴族古墳、観象と祭祀建築、大型貯蔵倉庫など王都として備えなければならない要素から重大な進展があり、中国の学者は堯王の歴史が実存し、その王城は平陽だと主張する。

これに対し、韓国の禹実夏は『三国遺事』（「古朝鮮條」）に登場する檀君朝鮮の建国と関連して、もし陶寺遺跡が中国で最古の王城であり、堯の王城＝王都である平陽であることが明らかになれば、檀君古朝鮮の建国年代が紀元前 2333 年であるということは、もはや虚構ではないと主張した。

したがって、筆者は『三国遺事』の冒頭に言及された「『魏書』云乃往二千載有壇君王俭立都阿斯達開国号朝鮮与高（堯）同時」の最後の「与堯同時」に注目する。仮に、堯の陶寺遺跡が事実ならば、古朝鮮の歴史も事実であることが自明である。我々が堯の歴史に頼る必要はないが、陶寺遺跡を根拠として、古朝鮮史はもちろん、古朝鮮前史に対して議論ができる土台が用意されたと考える。

紀元前 25 世紀（紀元前 2450 年）を歴史時代の上限線として設定した中国の

「陶寺遺跡報告書」が持っている歴史の連続性を認めるならば、それ以前の時代の歴史にも言及できる基礎を我々も確保できたと考えることができる。これが可能ならば、その間、韓国の歴史を否定して押さえ込んできた象徴としての檀君神話[注15]は消え、檀君神話は史実として復活し、「檀君実話」あるいは「檀君史話」として再び注目されることになる。

　我々は近年発見された陶寺遺跡だけでなく、1980年代に本格的に出現した東北の紅山文化を検討しつつ、古朝鮮以前の歴史を考える必要がある。紅山文化が出現する前の古朝鮮の歴史（先古朝鮮）を考えるということは、学問的に無謀なこととみなされた。しかし、今や状況が一変した。古朝鮮以前の歴史を研究せざるを得ない切迫した状況を、外部からは中国の東北工程が作っており、内からは日帝総督府を追従する韓国の植民史学者が提供している。

　このような状況で、筆者は中国文献に登場する濊族、貊族が古代朝鮮人を称するのは事実だが、彼ら以前に存在した種族（または原祖先）[注16]が誰かという問題は、紅山文化を理解するのに非常に重要なことだと考える。事実、中国の譚其驤や郭沫若による地図を見ても、夏商周の末期まで遼西地域は中国とは何の関連がないことがわかるし、春秋戦国期でも事実の有無を離れて、地図上の遼西地域は東胡、山戎、屠何[注17]しかなかった。

　1930年代、日本は満洲の地を支配するために満蒙学術調査団を設けて、赤峰紅山後で発掘作業を行った。そして、偶然にも新石器遺跡を発見することになった。後にその発掘報告書を出す時、これを赤峰1次文化と赤峰2次文化として区分した。前者の赤峰1次文化（紀元前3000年代）が今日の紅山文化に該当する。

　ところで、日本の学者たちは赤峰地域（当時の満洲国熱河省）先史時代の主人が誰なのか大きな関心を持っていたが、この地域は韓国の新石器文化とも繋がるにもかかわらず、東胡（＝烏桓、鮮卑族）民族が成し遂げた文化だと結論付けた。[注18]

　日本人学者のこのような結論に対して、北朝鮮の李址麟[注19]は、東胡ではなくこの一帯で農耕生活をした強大な貊族があったと応酬した。慎鏞廈も、牛河梁の女神像を中心に「貊部族」[注20]が紅山文化の遺跡を残した部族として見た。中国の令平はこれを北狄[注21]といった。その他、紅山文化と直接関連したことではないが、韓永愚が新石器末期に登場した阿斯達族[注22]を取り上げて論じた。北朝鮮の

序　章

チョン・テジュンは濊、貊の以前に朴達（밝、달）族があったといった。20世紀初頭、金教献（1868〜1923）は『神檀民史』(1904年)の中で、倍達族が朝鮮、夫余、韓、濊、貊、沃沮、粛慎に分かれていたと論じた。柳寅植（1865〜1928）は『大東史』で朝鮮族、濊貊、粛慎族などが倍達族の5支派だと説いたが、その実体は具体的で糾明されなかった〔図1〕。

〔図1　倍達族5支派（『大東史』）〕

　新石器時代に該当する紅山文化がすでに初期段階の文明社会に達していたのを認めるほど、この分野の研究は活発な状況で、紅山文化の本質と、その後の時期である古朝鮮とを関連して研究することは避けられない。もし、古朝鮮以前の文化が紅山文化と関係するならば、韓国の歴史研究は大きなはずみがつくだろう。韓国の尹乃鉉は新石器時代の韓半島に生活していた人々が韓国人の祖先であることが明らかになれば、彼らを「原韓国人（proto-korean）」と呼ぶことができるとし、その可能性を強調したことがある。たとえ韓半島に含まれない遼河地域であるにしても、原韓国人の実体が明らかにできるならば幸いである。

　すでに慎鏞廈は、牛河梁遺跡を分析し、その文化創造者を女神中心の「貊部族」と規定したが、貊部族より先んじた部族があったとするならば、なんとしてもその部族を探すことは当然だろう。この問題は、自然と檀君以前の桓雄（神市）時代に遡らなければならない。

　我々には『三国遺事』(「神市—古朝鮮條」)を通じて習った桓雄神話がある。桓雄神話から歴史の新しい鉱脈を探すには、神市、太伯山、一熊一虎、虎不能忌などの神話構成語が重要な参考になるだろう。中国の政治力の及ばない万里の長城の東北地帯に居住した新石器人は、中国人の祖先というより、韓国人や蒙古人の祖先として見ることに説得力がありそうだ。

　もちろん、その当時に「韓国民族」としては形成されていなかったという見方もあるが、種族的血統よりは文化を包括した祖先の意味で見るならば、ある程度この問題を解消することができる。中国の王恵徳は、環渤海の新石器時代の文化地域系統で後紅山文化（紅山文化の後期）の小河沿類型は、上では趙宝溝文化を継承して、下では夏家店下層文化につながる一つの完整した発展過程があるとし、これを東夷文化の主流であると明確に指摘している。尹乃鉉が濊族と貊族を古朝鮮の辺境勢力として見ている点は、濊貊族以外で探すべきとい

18

う意味として解釈できる。

　ところで、このような種族的主体の問題は、林在海が指摘したように熊トーテム[注32]、すなわち熊祖崇拝に執着してみるならば、桓雄の天神信仰と山神信仰を否定して、熊信仰があたかも韓国の伝来のすべての信仰であるように、誤って導かれ、問題だけが発生するという憂慮[注33]に耳を傾ける必要がある。

　筆者はこのような意味で、中国の学者李民が「紅山文化（特に牛河梁遺跡）は鳥夷族に帰属される」[注34]と主張した論文に注目しようと思う。たとえ、貊の存在を、先秦時代または戦国時代の燕の北側に居住した事実としてそのまま認める[注35]としても、鳥夷族との前後を調べる必要がある。韓国内でも鳥夷に対する言及がなかったわけではない。

　姜景求は、鳥夷の朝鮮を遼寧省北鎮（朝陽と瀋陽の間）の地方に比定した[注36]。沈伯綱は、紅山の龍鳳文化が鳥夷の文化であると言及した[注37]。北朝鮮の李址麟は、古朝鮮が形成される以前の原住民がやがて鳥夷になったと主張した[注38]。これに対して韓国の李基東は、「鳥夷を古朝鮮住民の先祖だと主張しているのは大胆不敵である」[注39]と、北朝鮮学者の見解に反論した。しかし、鳥夷族が活動した時期には、貊族を見ることはできなかったが、その後に貊族が占領したところは、かつて鳥夷族が生きたところだという台湾の学者、文崇一の主張[注40]は、一言でいえば「先鳥後貊（先に鳥夷族、後に貊族）」とまとめられる。これは、李基東の主張とは異なる本書の主張を追動する力になるだろう。

　筆者はまず、最近の堯の遺跡発掘により、その価に再び光を浴びるようになった『史記』（「五帝本紀」、「夏本紀」）の上古史の部分を検討してみたい。

・南側では交阯・北發を、西側には戎・析枝・渠廈・氐・羌を、北側では山戎・發・息慎を、東側では長・鳥夷を撫でることで、すべての国が舜の功徳を受けることになった[注41]。
・禹は冀州から治水を行い始めた。鳥夷は革衣をよく作る。渤海の海から右の碣石山に沿って回ってきた後、黄河に入ってくる[注42]。
・淮水と海の間は楊州である。島夷が着た草で編んだ服、大籠に入れた絹があって、包装されたミカンとユズも貢物として捧げた[注43]。

　筆者は上記の『史記』の「革服をよく作る」（鳥夷皮服）によって鳥夷に注

序　章

目する。鳥夷族が中国民族ではない古東夷族と李民が言及したことも一理ある
が、『史記』の文献だけを見ても鳥夷が濊、貊よりもっと早い時期に登場した
と筆者は見るからである。このように、鳥夷または鳥夷族が檀君または、それ
以前の時期に存在したことが明らかになれば、古朝鮮とさらには桓雄の歴史を
明らかにする糸口になるのではないかと考える。当然、桓雄と鳥夷族との関係
に対して再び注目することも可能である。

　まず、山東半島に残った「東夷文化」は本来、鳥をトーテムとする東夷人
（すなわち鳥夷）の変異された形態であると見ることができる。原始人が渤海^(注45)
を取り囲んで京津平原を経て、山東半島に達して、次第に鳥トーテム（鳥祖崇
拝）の意味をなくしてしまったという指摘もある。^(注46)

　今から5000年前に山東半島および黄河下流地域にあった新石器文化は、西
遼河流域と遼河流域、黄河中下流地域よりはるかに遅れていた。したがって、
東夷文化の起源はこの山東ではなく、東北の側にあったという主張は注目する^(注47)
に値する。近年の中国の一部学者による、山東の東夷族が遼東と韓半島に移動
して古朝鮮、高句麗などの祖先になったという逆説的な主張は、漢時期の箕子
東来説と似たところがある。こうした説は鳥夷研究を通じて克服されるだろう^(注48)
が、警戒せざるを得ない。一方、中国の学者陳夢家（1911～1966）が甲骨文研
究を通じて、東北で源を発した佳夷がやがて鳥夷になったと解釈した。^(注49)

　これは筆者に衝撃を与えた。なぜなら、桓雄の名前である"雄"の字に鳥の
意味の"佳"の字が入っていること（桓雄と鳥との関係）をすでに筆者は発表^(注50)
していたのである。しかしその間、それなりの証拠を探す方法がなかった。事実、
桓雄が鳥と関連があるという主張は想像しがたい話であった。

　中国の顧頡剛（1893～1981）は、鳥夷に対する古文献の歪曲された記録に強^(注51)
い疑懼の念を表していた。つまり彼は『史記』、『説苑』の文章でも錯乱があっ
たが、幸い鳥夷という名詞は残り伝わったが、『説苑』の版本もやはり後人が
直した「禹貢」を根拠として、鳥夷を記録したにすぎないと批判した。さらに^(注52)
彼は、古代にこのように「大きい種族（一個大族）」の文献資料が極度に希少^(注53)
であることは想像しがたいことで、漢代以下の人々が早くからこういう種族が
あったことまで忘れ、痕跡まで消滅しようとしたとすれば、浅薄で愚かな行為
と恨歎してやまないと言った。^(注54)

　そして顧頡剛は、鳥夷が事実上、長い間存在していたため、人々の記憶から

20

完全に消えてしまうことはないということは、必然的で、いつかどこかで暴露されると予想する。彼が予測した通り、鳥夷がどれほど「大きい種族」なのかはわからないが、彼の死から3年後に現れた紅山文化が全世界を驚かせたことは事実である。

さらに、その文化創造の種族である「紅山人」に対して、現在関心が集中している。注目を浴びるほど、意見も入り乱れているのが現実である。大きく見れば、中国の学者はこの地域の古代民族を黄帝の後裔という論理と推し進めている中で、黄帝時代の活動の中心は、紅山文化の時空構造だけが相応するという蘇秉琦が主張した言葉が、中国学界の大勢になった。反面、韓国の学者が紅山文化が「檀君古記」中の熊女族である可能性を取り上げて論じたことがあり、北朝鮮のキム・ヨングンも紅山文化と米松文化の間には区別されるが、互いに親縁関係があると主張した。

一方、韓国の実学者も鳥夷に対して言及したことがある。安鼎福は『東史綱目』で、鳥夷（または島夷）が韓国を指している（島夷指我東也）と記した。続いて韓致奫は『海東歴史』（「東夷総記」）の「禹定九州」條で鳥夷に対して「『史記正義』に鳥夷があるいは島夷になっているのか、百済西南側の海にある色々な島に住む人々を島夷という」とし、続く「冀州」條では、島夷が韓国を指し示す（島夷指我東国）とした。この当時の学者の基本認識は、鳥夷を韓国民族とみなしながらも、堯と舜の徳化で東夷が存在するという伝統的観念に陥っていた。さらに、古朝鮮文化を遼東と遼西とに分け、「遼西地域は山戎、遼東地域は濊貊が居住して残した文化」という主張の仕方は、ややもすると種族の主体を無力化させる憂慮を生じる。これとは別の仙家史書である『揆園史話』（「漫説」）も、島夷を韓国人（東人）だと言及したが、それ以上議論を展開することはなかった。

中国の郭大順が、「遼寧の先史時代考古の新発見と新しい認識、特に5000年前の遼河文明を明らかにしたことは、中国先史時代の考古と文明起源の研究を新たに進める役目を果たした。また、中国東北および東北亜古代文化の研究に、必然的に一連の新しい課題を提示した」と言及したことは周知の事実である。しかし、それが中国人の一方的な論として終わるならば問題である。

筆者は韓国の古朝鮮とそれ以前である桓雄―神市を念頭に置いて、東北地方から後に山東半島に降りてきたと推定される佳夷、まさに鳥夷の来歴を重点的

に議論する。なぜなら鄭玄の注に、「鳥夷は東側または東北の民（東北之民）」とあり、そこは今の渤海沿岸または、それ以北の地方であるからである。当時の舜や禹からみると、古朝鮮は東北に近かった。このように鳥夷は、その根源を遡れば、鳥トーテム族に対する普通名詞ではなく、東北地方に特定の勢力を形成した固有名詞ではないかと考える。それが種族なのか、そうでなければ居住民やトーテムを中心に言及したことなのかに関しては、さらなる論議が必要である。しかし、彼らがどのような政治共同体を形成していたのかという検証も重要である。『三国志』（「魏書」、「東夷伝」）には弁辰の風俗が紹介され、「死んだ人を埋葬するときに大きい鳥の羽根を使った。これは死んだ人の霊魂が鳥の羽に乗って飛んでいくようにしようとする意である」(注63)と記されている。これは、鳥トーテムが三韓の人々にまで伝承されてきたことを示すだけでなく、その根源を探し求めることは難しくないことを示している。

　筆者は、檀君の古朝鮮以前の桓雄の神市歴史を明らかにするために、熊と虎の物語だけに閉じ込められた既存の「檀君神話」(注64)の領域を鳥トーテムにまで広げ、東夷族でない鳥夷族の実体を明らかにしたい。そして鳥夷族が紅山文化の牛河梁遺跡でどのような主導的立場にあったのか、彼らが韓国の歴史上、誰なのかを明らかにする。これは、韓国上古史の拡張につながるものである。

　韓国の歴史は、桓雄の太伯山神市から始まったという『三国遺事』（檀君古記）の記録があるだけに、神市を知るために、主に遼西の紅山文化に集中する。興隆窪文化や趙宝溝文化に対しては、概括的に言及する。特に紅山文化で重要な位置にある那斯台遺跡と牛河梁遺跡を正しく理解するために、二重トーテムとしての「連合トーテム」と共存トーテムとしての「トーテム連合」という用語を用いる。トーテム信仰は「集団自らの根源を明らかにする機能」を果たしているので重要である。(注65)

　そして、その間、植民史学と東北工程によって奪われた桓雄と檀君の歴史を正しく取り戻し、さらに桓雄時代の歴史を「神市文化」、「神市紅山文化」、または「神市古国」という名前を通じて明らかにする。おりしも開かれた2018年平昌冬季オリンピック開幕式公演は、韓国文化の根源を考える上でよい契機になったと思う。紅山岩画に彫られた人面鳥が、高句麗を経て平昌冬季オリンピックに再登場した。牛河梁遺跡の3段円型祭壇が開幕式の舞台で再現されたが、その持つ原型性・象徴性にどれほど重要な意味がありのか明らかになることだろう。

注

(11) 王巍「關於在'十三五'期間開展'中華文明傳播工程'的建議」、「中国考古網」、2016年3月14日

http://www.kaogu.cn/cn/xueshudongtai/xueshudongtai/xueshudongtai/2016/0311/53253.html

(12) 中国社会科学院古考研究所、山西省臨汾市文物局、『襄汾陶寺：1978～1985年考古発掘報告』、文物出版社（北京）、2015年12月、3冊1、114頁および1,122頁。

(13) 武家璧「陶寺観象台与考古天文学」『科学技術与弁証法』25巻5期、2008年10月、95頁。

(14) 禹実夏『中国東北工程と私たちの対応姿勢』民族魂興し国民運動本部、2016年、27頁。

(15) 筆者はこのような理由で「檀君神話」という話を否定するが、議論の過程上「檀君古記」または「檀君実話」、「桓雄神話」、「檀君史話」という話と混用する。この部分に対ある『三国遺事』の篇名では「檀君古記」「古朝鮮條」「神市―古朝鮮條」で表記する。「古記」を「檀君古記」とみなす。

(16) 文崇一（1925～）は、種族とは生物学上、体質上の名称で、民族は政治上、文化上の名称といった（文崇一「濊貊民族文化及其史料」『中央研究院民族学研究所集刊』5期（台北）、1958年春、116頁）。

(17) 譚其驤主編『簡明中国歴史地図集』中国地図出版社（北京）、1991年、12頁；郭沫若『中国史稿地図集』中国地図出版社、1996年、16頁。

(18) 濱田耕作、水野清一『赤峰紅山後―満洲国熱河省赤峰紅山後先史遺跡』（甲種第6冊）、東亜考古学会、1938年、84～85頁。

(19) 李址麟『古朝鮮研究』科学院出版社（平壌）、1963年、197～198頁。

(20) 慎鏞廈『古朝鮮国家形成の社会史』知識産業社、2010年、95頁。

(21) 令平『中国史前文明』中国文史出版社（北京）、2012年、202～203頁。

(22) 韓永愚『再び探す私たち歴史』経世院、2015年、79頁。

(23) チョン・テジュン「古朝鮮の住民構成」『檀君学研究』8号、2003年6月、65頁。

(24) 金教献『神檀民史』高東永訳、ハンブリ、2006年、296頁。

(25) 柳寅植『大東史』（巻1）

(26) 関連した論文および著書として、禹実夏「紅山文化の熊トーテム族と檀君神話の熊女族」『古朝鮮檀君学』、2012年、27号；パク・ジンホ、卜箕大『遼西地域初期新石器文化研究』ジュルソン、2016年；オ・デヤン「遼西地域積石塚文化の起源と形成過程」『東北亜歴史論叢』45、2014年9月；卜箕大「紅山文化と夏家店下層文化の連関性に関する試論」『文化史学』27、2007年；金正烈「紅山文化の理解」『私たちの時代の韓国古代史』(1) ジュルソン、2017年；禹実夏『東北工程の向こうの遼河文明論』松の木、2007年；梁大彦「遼河文明論と紅山文化の考察」『国学研究論叢』5、澤民国学研究院、2010年6月；慎鏞廈「古朝鮮文明形成に入った貊族の紅山文化の特徴」『古朝鮮檀君学』32号、2015年6月；朴仙姫「服飾と祭儀で見た古朝鮮文明と紅山文化」『古朝鮮檀君学』32、2015年6月；鄭景姫「紅山文化女神廟に現れた〈三元五行〉形〈麻姑七女神〉と〈麻姑祭天〉」『比較民俗学』60、2016年8月；林在海「〈神市本풀이(puri)〉で見た古朝鮮文化の形成と紅山文化」『檀君学研究』20、2009年5月；イム・チャンギョン「女神像を通した紅山文化建設主体批正」『国学研究』15、2011年；韓昌均編『遼河文明と古朝鮮』知識産業社、2015年などがある。

(27) 尹乃鉉『韓国列国史研究』万巻堂、2016年、17頁。

(28) 檀君神話という話は、紅山文化の発掘によってその歴史がよみがえり「桓雄神話」という言葉が注目されることになった。神市―古朝鮮条話は桓雄神話と檀君神話が共存するが、筆者は本文で、紅山文化の解釈のために桓雄神話を積極的に活用する。崔南善はこれを「桓雄天降神話」といった（崔南善『檀君論』景仁文化社、2013年、272頁）。本文の結論では、桓雄神話も桓雄の神市歴史として明らかになるだろう。

(29) 慎鏞廈『古朝鮮国家形成の社会史』知識産業社、2010年、372頁。

序　章

(30) 王恵徳「鳥図騰的濫觴―兼談東夷文化」『昭烏達蒙族師専学報』漢文哲学社会科学版、1990 年、3 期、63 頁。

(31) 尹乃鉉『古朝鮮研究』一志社、1994 年、167 ～ 168 頁。

(32) トーテム（Totem）：同一種族、私の親族という概念。特定の動植物で自身の種族を代表とし自分たちの祖先として、その該当動植物と自己を同一視した象徴物であり、他の種族と自らを区別するようにする。

(33) 孫晉泰「三国遺事の社会史的考察」『学風』524、乙酉文化史、1949 年 1 月、35 頁。孫晉泰は熊祖崇拝という話を用いた。トーテムの様々な概念の中に祖先の概念を重要視したのである。これに伴い、鳥トーテムは鳥祖崇拝という表現も可能である。

(34) 林在海「神市古国桓雄族文化の〈日〉の象徴と天神信仰の持続性」『檀君学研究』23 号、2010 年 11 月、364 頁。

(35) 李民「試論牛河梁東山嘴紅山文化的帰属―中国古代文明探源之一」『鄭州大学学報』1987 年、2 期。

(36) 卜箕大「貊の起源と伝承に関ある初歩研究」『仙道文化』11 巻、70 頁。

(37) 姜景求『古代の三朝鮮と楽浪』麒麟苑、1991 年、419 頁。

(38) 沈伯綱『教科書で習うことができなかった私たちの歴史』正しい歴史、2014 年、92 頁。

(39) 前掲注 19 書、109 頁。

(40) 李基東「北朝鮮での古朝鮮研究」『韓国史市民講座』2、1988 年、106 頁。

(41) 前掲注 16 書、135 頁。

(42) 「南撫交阯、北發、西戎、析枝、渠廋、氐、羌、北山戎、發、息慎、東長、鳥夷、四海之内咸戴帝舜之功」（『史記』「五帝本紀」）。

(43) 「禹行自冀州始…鳥夷皮服。夾右碣石、入于海」（『史記』「夏本紀」）。

(44) 「淮海維揚州…島夷卉服、其籃織貝、其包橘、柚錫貢」（『史記』「夏本紀」）。

(45) 王恵徳「鳥図騰的濫觴―兼談東夷文化」『昭烏達蒙族師専学報』漢文哲学社会科学版 1990 年、3 期、62 頁。

(46) 同上書、63 頁。

(47) 同上書、62 頁。

(48) 宋鎬晸「東夷族は私たちの祖先なのか」『私たちの時代の韓国古代史』(1)、2017 年、71 頁。

(49) 陳夢家「佳夷考」『陳夢家学術論文集』中華書局（北京）、2016 年、123、126 頁。「佳夷遂変為鳥夷、夷民族発源于東北是為佳夷」。陳は詩人であり、古文字学者でもある。この論文の原文は 1936 年に発表されたが、80 余年間誰からも言及されなかった。その間、我々は李丙燾に気を取られ、世の中の外を見ることができなかった。筆者はこの句節を見た瞬間、我を忘れてしまった。

(50) 李讃九「檀君神話の新しい解釈―武梁祠画像石の檀君と蚩尤を中心に」『新宗教研究』30、2014 年 4 月、210 頁。

(51) 近代中国の著名な学者の顧剛は多くの本をあまねく読んで常識を得るものの、読書を正しくするには顕微鏡と望遠鏡を同時に備えなければならないと話した。悲しいことに彼は、生前に牛河梁遺跡を見ることができなかった。

(52) 顧頡剛「鳥夷族的図騰崇拝及其氏族集団的興亡」『史前研究』2000 年 9 月、150 頁。彼の批判は続く。また『大戴礼記』「五帝徳」の著者は、舜の徳化を借りて四方の著名ある少数民族を叙述しようとしたが、知っていることに限りがありあまりにも不条理な話で、その上に「五帝徳」中に東方の長夷、鳥夷、羽民 3 種族のみを言及しただけである。

(53) 李民の論文と顧詰剛の主張により、筆者は鳥夷を「鳥夷」または「鳥夷族」として表記する。

(54) 前掲注 52 書、151 頁。

(55) 前掲注 52 書、150 頁。

(56) 蘇秉琦「論西遼河古文化」『紅山文化論著粋編』遼寧師範大学出版部、2015 年、25 頁。

(57) 禹実夏「紅山文化の熊トーテム族と檀君神話の熊女族」『古朝鮮檀君学』27 号、2012 年 11 月、206 頁。

(58) キム・ヨング「遼西地方新石器時代文化の特徴」『朝鮮考古研究』4、2006 年、11 頁。

(59) 調べたところ、冀州の東北側は昔に東夷の地域であったため、禹の足跡が碣石を右に置いたところまで及ぼしたが、「島夷は革服を着る」だったので、島夷はまさに韓国を表す。韓国の地形は三方が海で囲まれていて、その形状が島と同じなので、『漢書』で「朝鮮は海の中にあり越の形状だ」と言及したことはこれを指している。尭賃金と舜賃金の時代、慈悲深い教えが次第に広がって帰化する東夷が次第に多くなると、すぐに冀州の東北側にある醫無閭地方を分けて幽州とした。今の遼河以西の地域で、青州東北側海の向こう側の地域を営州とした。今の遼河以東の地域である（韓致奫『海東歴史』「東夷総記」）。

(60) 宋鎬晸『韓国古代史の中の古朝鮮史』青い歴史、2003 年、171 頁。

(61) 「冀州有皮服之島夷、則是、東人自渤海西北諸島、遷居冀州近海之地也。揚州有卉服之島夷、則是、東人自揚州以東諸島、徙居乎江淮之間也」（『揆園史話』「漫説」）。

(62) 郭大順「遼寧史前考古与遼河文明探源」『紅山文化論著粋編』遼寧師範大学出版社、2015 年、118 頁。

(63) 「以大鳥羽送死其意欲使死者飛揚」（『三国志』「魏書」、「東夷伝」）。

(64) 許興植『韓国神霊の故郷を探して』集文堂、2006 年、324 頁。

(65) 韓相福、李文雄、金光億『文化人類学概論』ソウル大出版部、1989 年、288 頁。

第Ⅰ章
紅山文化のトーテム

1. 紅山文化の鳥崇拝

(1) 紅山文化と鳥

　紅山文化は主に遼河流域を中心に内蒙古東南部、遼寧省西部と河北省北部、吉林省西部などで発見されている。赤峰紅山後、敖漢旗、翁牛特旗、胡頭溝、東山嘴、牛河梁遺跡などが代表的である。今日使われている「紅山文化」という名称は、1955年に出版された尹達（1906～1983）『中国新石器時代』の「赤峰紅山後の新石器時代遺址に関して」の中で、細石器文化と仰韶文化を合わせたものを、新しい文化として規定し生み出した言葉である(注1)。

　本文で取り上げる遼河地域の主な文化である新石器文化と青銅器文化の編年を列挙すると、次の通りである。これは劉国祥の説明に従ったものである(注2)（表1）。

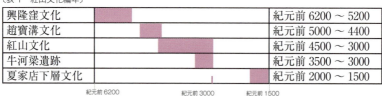

〔表1　紅山文化編年〕

興隆窪文化		紀元前 6200 ～ 5200
趙寶溝文化		紀元前 5000 ～ 4400
紅山文化		紀元前 4500 ～ 3000
牛河梁遺跡		紀元前 3500 ～ 3000
夏家店下層文化		紀元前 2000 ～ 1500

　紅山文化が注目されることになった初端は、牛河梁遺跡の発見である。1983年から凌源県付近の牛河梁村で大々的な遺跡発掘が進み紀元前、3500年まで遡る大型祭壇、女神廟、積石塚群が発掘されて世界を驚かせた。考古学者はこの牛河梁遺跡が初期国家段階のすべての条件を備えた「初期文明社会」であったと発表するに至った(注3)。なかでも郭大順は、牛河梁遺跡をはじめとする紅山文化の核心が玉器にあると主張している(注4)。しかし我々は紅山文化を完全に理解するためには玉器だけではなく、それに関連したトーテムに対して調べる必要があると、考えている。

　紅山文化の各遺跡から出土された多くの動物玉石器、例えば各種熊やブタの頭（あるいは龍）の形の器物、各種の鳥形、カメ形器物、魚、カイコなどの器

物は当然のこととして、一氏族または氏族集団のトーテムの象徴であるとみなすことができる。言い換えれば、紅山文化の氏族社会中では、熊龍（熊）、猪龍（ブタ）、鳥をトーテムにする氏族が最も多い。これを土台として各々の氏族集団、すなわち部落または部落連盟が形成されたという。(注5)その他にも馬や牛、ヘビ、ザリガニなどの象徴的器物もあって、龍は複合的意味を持つ象徴物であると思われる。

では、このように多くの玉器は、どのように製作されたであろう。最もの理由は、大量の玉器加工は氏族構成員の共同体的宗教観念（トーテム崇拝）が形成され、それを集団のシンボルとして用いる目的から可能であったと考えられる。それだけでなく、宗教的意味をこめた精巧な玉器も、このような共同の宗教観念から生み出されたのであろう。このように、紅山玉器の産出は原始的宗教意識に根源を置き、彼らのトーテム崇拝文化と祭祀文化に基づいていると考えられる。(注6)

例えば、世界民族資料の中で、ネイティブ・アメリカンのオオカミ氏族が部落へと発展した後、そのトーテムはそれぞれオオカミ、熊、イヌ、ネズミなど4つの部落に変化した例がある。紅山文化のトーテム崇拝も氏族の発展がいくつかの氏族に分かれ、同時に新しいトーテム崇拝が生成されたのであろう。紅山の数多くの遺跡の様々な動物器物も、こうした氏族の発展と分化の象徴である。いくつかの氏族が、部落または部落連盟を形成したとき、本来の象徴的な氏族トーテムを保存する以外に、部落ごとの固有性を表現できる新しい象徴を創造したであろう。(注7)もちろんそのなかには、消滅したものもあるだろう。

筆者はこの中で最も多くの多様性を見せている鳥に注目してその変遷を辿ってみることにする。

1　大英博物館所蔵
玉鳥（郭大順図録）

2　玉鳥奈曼旗遺跡
採集

3　玉鴞冠神獣
（高 16.5 × 6.3㎝）

4　阜新県福興地出
土玉鳥（逆三角模様）

〔図1　4つの玉鳥〕

第Ⅰ章　紅山文化のトーテム

　大英博物館には、今から5500年前に製作されたと推定される玉鳥が保存されている。また、ミミズク（玉鴞）を戴く玉鴞冠神獣もある。この玉鴞をはじめとして、一般的な鳥の形である奈曼旗玉鳥、胡頭溝福興地玉鳥などが玉器に関連する各種の図録に載っている〔図1〕。

　紅山文化の人々にとって、鳥崇拝の習俗には重要な意味がある。これは鳥を始祖、または祖先とする鳥祖崇拝（鳥トーテム）から由来したことである。翁牛特旗で紅山文化の時期に描かれたとみられる紅山岩刻画が発見された。そこには、人間と鳥が完璧に結合した人面鳥紋図があり、これを通じて当時の紅山先民の鳥に対する崇拝心と生活像を察することができる。人の顔の形をした人面鳥の両眼の間には、「人」の字を逆さに配置したようだ〔図2〕。この人面鳥は、高句麗の舞踊塚の壁画に受け継がれている。

〔図2　紅山岩刻画の人面鳥〕

　遼寧省阜新県の胡頭溝と福興地、凌源三官甸子、喀左東山嘴、内蒙古の巴林右旗、那斯台など、紅山文化遺跡の全域から鳥の形を浮き彫りにした玉器が出土された。これらの玉鳥はさほど大きくはないが、精巧で躍動感があり、そのほとんどが翼を広げて飛ぶという独特の態様を示している。玉彫の多くはすべて穴があけられているが、これは身体やものに装着するためである。このような鳥形の装飾物が、重要なトーテム標識の一つであることは明白である。

　トーテムは彼らにとっては生命と同じく大切なものであって、生きることのすべてを支配する力であった。大英博物館所蔵の玉鳥と奈曼旗玉鳥には網模様があり、福興地出土玉鳥の胸の下部分には逆三角形模様がある。これらの模様は、種族と関連した何らかの意味を含んでいるだろう。網模様 ▨ が鳥の網を象徴すると推測できる。

　また、赤峰の敖漢旗から出土された紅山玉器（紀元前3000年）には、解読できない絵符号（陶符文字）もある。郭大順はこの鳥を玉鴞としたが、この符号に関しては言及しなかった。ただし、「陰刻線で足と尻尾の羽毛を表現して、翅羽（翼の襟）は地陽紋で表現した」と説明している。胸部位にある対称形鉤

30

1．紅山文化の鳥崇拝

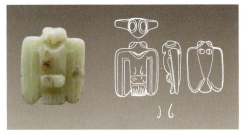 

〔図3　敖漢旗出土玉鴞（高さ5.4cm）および模写本（郭大順）〕

〔図4　タカの頭、陶塑鷹首敖漢旗博物館所蔵〕

符号 ͜ʖ は、鳥の嘴あるいは何らかの人物を象徴したとみられる〔図3〕。

このように、鳥トーテムと関係がある多くの遺物の出土により、人々は次第に、東北地方が鳥を崇拝してきた東夷人の故郷であったと認識するようになった。特に紅山文化を貫く「鳥」であるフクロウとタカなどの猛禽類は、北方シャーマニズムで伝統的な神の使者として登場した動物たちである。鳥は神と疎通しようとする人間の欲求を最もよく反映した媒介物であった。残存するタカの頭（鷹首）〔図4〕も、そのような役割であったことを物語っている。

（2）小河沿文化と鳥

紅山文化の後、小河沿文化が出現する。この文化の編年は紀元前3000年から紀元前2000年までの古朝鮮初期に該当する。紅山文化との密接性を根拠に、この小河沿文化は後紅山文化として位置づけられている。ところで、小河沿遺跡には、紅山文化とは違う符号文字が明確に現れている。翁牛特旗の大南溝村の石棚山52号墓で7個の符号が彫られた直筒罐が出土され、鳥形の陶器も出土した〔図5〕。李恭篤はこの陶符文字を「原始図画文字符号」と称した。7個の符号文字をはじめとする類似符号を集めれば、12個の陶符文字になる〔図6〕。その筆画の深さと太さから、このような符号は木や骨で刻まれたと推測できる。符号は、西安半坡遺跡と山東大汶口文化遺跡で出土された原始文字符号より複雑な構造である。特に卍符号がいくつかの器物で数多く表れており、氏族の一族である可能性が高い。また、別の1個に鳥の絵もある〔図7〕。これらを合わせて全13個となる。

第Ⅰ章　紅山文化のトーテム

〔図5　小河沿大南溝　石棚山ツバメ形墓蔵品（ヤカン）〕(注30)

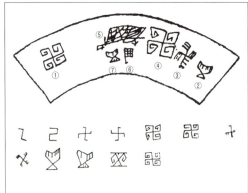

〔図6　小河沿大南溝　石棚山陶符文字〕

〔図7　素焼きの土器鳥図と太鼓形（李恭篤論文）〕

　陸思賢は〔図6〕の陶符文字に関して、そのうちの⑥ を田として解いた。左端にある①稲妻の（電）と雷の（雷）、すなわち神を象徴するものとして、ここでは雷として認識し、②の鳥はツバメ（燕子、玄鳥）で、④は稲妻（電）、すなわち神、③は鳥の翼の回転、⑤は空から落ちた隕石、⑦の鳥を紅山の玉鳥のようなツバメとして解釈した。また彼は扇形の下の は鳥と関係があり、両腕を広げ裾を振り回して踊る甲骨文字「巫」の元となったものとして理解した(注25)が、これは石棚山の先民の間で「鳥を通した巫」が盛んに行われたことを暗示している(注26)。『説文』で、巫は舞のような意味とされている(注27)。巫は舞によって神の境地に至る(注28)。

　ところで、下段上の は陰陽という２つの気の運動形態として、すなわち前者は逆方向、後者は正方向へと運動する正反合の規則だと説明されることもある。また、正方向は太陽や空、昼、光などの象徴であり、逆方向は月や土、夜、闇などの象徴とみなす。これは霊魂不滅観を反映し、また、宇宙万物の動態形式を表していると解釈できる(注29)。

　王恵徳は小河沿文化を東夷文化の全盛期遺跡であると位置付けている。翁牛特旗石棚山の古墳群で出土された大型のツバメ形ヤカンは、頭をあげ、嘴を大きく開き、尾は短め、背は傾き、頭頂部には三本の黒い色が塗られている(注30)。ぽこぽこと堀のある一組の大きな目も黒く塗られ、形に命が吹き込まれて生きているような印象を与える(注31)。

　一方、陳恵は、さらに先に進んだ主張を陳述する。彼は、小河沿符号①、③、④は互いに同じもので、狄族の象徴符号であると解釈する。過去の北狄に白狄

1. 紅山文化の鳥崇拝

地図3　彭邦炯遼西の種族（粛慎、竹氏、長氏、燕氏、箕氏）

（白翟：白いキジ）、赤狄（翟）、長狄（翟）があったという。地理的に小河沿が北狄と一致した点から、中山国を建てた白狄の鮮虞も小河沿から来援したことで、その根源を置いたと思われる。

したがって、①は白狄、③は長狄、④は赤狄の族徽（象徴）ということである。その根拠として、春秋時期の山西の臨汾、武安で活動した長狄の族徽と一致するという点を提示する〔図8〕。臨汾は尭の陶寺遺跡が出土されたところで、この長狄が、最初に北方から 中原(ミッド・フィールド) に進出した一派である、と説明している。

そして⑤の符号は鳥を捕まえる網（網、羅）として解釈した。網により自分たちが鳥の部族であることを暗示し、羅とは過去の国名で、熊氏姓を携えて湖北地方に移動したが、春秋時代に楚によって滅亡したという。顧頡剛も、長夷がすなわ

〔図8　武安長狄の族徽〕

〔図9　雷鳥（Thunder Bird）〕

33

第Ⅰ章　紅山文化のトーテム

ち「長狄」と同じだと主張する。彭邦炯の地図で見れば、長氏（長狄）と表示された領域に該当しているといえる。[注35][注36]

特に長狄の族徽として、2つの円は太陽を象徴する。ネイティブ・アメリカンたちはこのような鳥を雷鳥（Thunder Bird）という〔図9〕。そして図7の陶器の上段には別に鳳凰のような形をした鳥の絵 が記されている。下段の符号 は太鼓と雷の音を象徴する。図10は鳥が意味する多様な象徴性を図示したものである。[注37][注38][注39]

〔図10　鳥象徴の放射形構造〕

注
(1) 尹達「關于赤峰紅山後的新石器時代遺址」『尹達集』中國社會科學出版社、2006年、148頁。
(2) 劉国祥「西遼河流域新石器時代至 早期青銅時代考古學文化概論」『赤峰學院學報・紅山文化研究專輯』赤峰學院、赤峰市文化局、2006年8月。
(3) 禹實夏『東北工程向こうの遼河文明論』松の木、2007年、170〜172頁。
(4) 郭大順主編『紅山文化』リジョンシュク訳、東北亜歴史財團版、165頁。
(5) 楊福瑞「紅山文化氏族社會的發展與圖騰崇拜」『赤峰學院學報』漢文哲學社會科學版35、5期、2014年、20頁。
(6) 同上書；鄭健宰『韓民族の玉文化』第2章玉トーテム社会参照、相生出版、2016年。
(7) 前掲注5書、21頁。
(8) 郭大順、洪殿旭『紅山文化玉器鑑賞』文物出版社、2010年、188頁。
(9) 張雪秋、張東中『紅山文化玉器』464番、黒龍江大学出版社、2010年。
(10) 柳冬青『紅山文化』内蒙古大學出版、2002年、90頁。
(11) 陳逸民、陳鶯『紅山玉器図鑑』上海文化出版社、2006年、55頁。陳逸民もこの「三角模様」を指摘している。
(12) 呉甲才『紅山岩畵』内蒙古文化出版社、2008年、5〜6頁。
(13) 王惠徳「鳥圖騰的濫觴─兼談東夷文化」『昭烏達蒙族師專學報』3期、漢文哲學社會科學版、1990年、63頁。
(14) 前掲注8書、144頁。
(15) 前掲注13書。63頁。
(16) キム・ソンザ「紅山文化の黄帝領域説に対する批判─熊神話を中心に」『東北亜熊神話と中華主義神話論 批判』東北亜歴史財、2009年、224頁。
(17) 邵国田『敖漢文物精華』内蒙古出版社、2004年、65頁。
(18) 劉国祥「西遼河流域新石器時代至 早期青銅時代考古學文化概論」『赤峰學院學報・紅山文化研究專輯』赤峰學院、赤峰市文化局、2006年8月、64〜70頁。
(19) 郭大順『紅山文化』リ・ジョンシュク他訳、東北亜歴史財、238頁。

1. 紅山文化の鳥崇拝

(20) 陸思賢「翁牛特旗石棚山原始文字釋義」『内蒙古社會科學』3 期、1987 年、67 頁。符号の順序 1、2、3 などは筆者が任意で付けたものである。陸思賢は番号を付していない。

(21) 同上書、67 頁。

(22) 李恭篤・高美璇「試論小河沿文化」『中国考古集成』東北 4 巻、北京出版社、1997 年、574 頁。

(23) 同上書、573 頁。

(24) 同上書、572 頁。

(25) 前掲注 20 書、67 ～ 68 頁。

(26) 同上書、70 頁。

(27) 『説文』で「巫、祝也。女能事無形 以舞降神者也。象人両褎舞形」(褎 소매 수)。

(28) 「鼓之舞之 以盡神 (鼓動を鳴らし、踊らせて神妙さを尽くす)」(繫辞上、12 章)。

(29) 王邦格「紅山文化 形符號與北方民族 + 形崇拝」『内蒙古民族大學學報』社会科学版、2007 年 2 月、15 ～ 14 頁。

(30) 卜箕大「小河沿文化に関して」『古朝鮮檀君學』21、2009 年 11 月、108 頁。
趙春青・秦文生『圖説中国文明史』(1) 創元社 (東京)、2006 年、157 頁。

(31) 前掲注 13 書、63 頁。

(32) 陳惠「内蒙古石棚山陶文試釋」『中国考古集成』東北 4 巻、北京出版社、1997 年、601 ～ 602 頁。

(33) 新羅の羅もこれと連関しているのかということに関しては検討の余地がある。

(34) 陳惠「内蒙古石棚山陶文試釋」『文物春秋』1992 年；前掲注 32 書、602 頁。

(35) 顧頡剛「鳥夷族的圖騰崇拝及其氏族集團的興亡」『史前研究』2000 年 9 月、150 頁。

(36) 彭邦炯「從商的竹国論及商代北彊諸氏」『甲骨文與殷商史』第 3 集、上海古籍、1991 年、401 頁。

(37) 鄭淵奎『한겨레 (韓民族) の歴史と文化の根を探して』韓国文化社、2008 年、474 頁。

(38) 李讃九『돈 (錢)』東方の光、2012 年、48 頁。

(39) キム・ジュンスン「韓国文化原流の解明のための文化的記号としての鳥の象徴」『韓国學論集』56、2014 年、207 頁。

第Ⅰ章　紅山文化のトーテム

2.　鳥崇拝と太陽崇拝の結合

(1) フクロウとミミズク

　鳥崇拝の風習は興隆窪文化という早い時期から出現する。興隆窪は農事と関係する地である。農作物の生産において太陽の光を切実に頼るようになったことで、人々はいつも当たり前のように感じていた太陽に対し、新しい見解を持つようになったのだろう。太陽は稲の成長を助ける。太陽に対する感謝とともに、疑問も生じた。なぜ太陽は朝に東から昇り夕方には西側へと沈むのか。太陽に対するこうした疑問はいつも、自らの身辺や最も身近な事物から解決を試みようとする。さらに、原始思惟が相互浸透した類推性と直観性により、空中を飛行する鳥類と青空の中を進む太陽に対して類似した連想を人々にさせる。太陽が空中を運行するのは、あたかも鳥が翼を広げて飛ぶ形状と同じである。[40]

　興隆窪文化にはフクロウ像が登場するのが特徴である[41]〔図11〕。人の顔の形状をしたフクロウ（または鴟鴞）[42]である。動物の骨に刻んだもので、長さが5.3cmであることから巫具の一種と考えられるが、詳細はわからない。これは鳥をトーテムとする群れの集団で鳥崇拝の典型を示す実例である。1979年には巴林右旗の那斯台遺跡でもミミズク（玉鴞）と鳥形石玦（145頁参照）が出土された。[43]

〔図11　興隆窪文化のフクロウ像（一乗／徐江偉 blog）〕

　丸い目にとがった嘴、背中に翼があるこの鳥形石玦と、小山遺跡で出土した尊形器の腹部に装飾された鳥の模様には類似した点がある。[44] 那斯台遺跡では玉カイコ2点も出土された。[45]

　特に紅山阜新胡頭溝1号墓から出土されたミミズク（玉鴞）[46]は、今すぐ飛び立ちそうな力強さを感じさせる〔図12〕。

　北方シャーマニズムの伝統として知られたフ

〔図12　紅山阜新胡頭溝1号墓ミミズク（玉鴞）〕

36

2. 鳥崇拝と太陽崇拝の結合

クロウとミミズクは混同しやすい。上にとがった耳がついているのがミミズク（鴞、鶹鶹）で、そうでなければフクロウ（梟、玉）とみなす。どちらもコウモリのように夜行性動物である。今日の我々の思想にはないが、夜行性鳥類の活動は天地調和の世界で幽玄な道理を表していた。太陽は夜に沈み、朝に昇るが、このミミズクとフクロウが闇の中の太陽を迎えて出てくることと繋がる〔図13〕。陰的である闇と死に勝って出てくる復活の能力としても比喩される。一方、タカは強い力で空に代わって伝令としての役割を果たす。

〔図13 太陽を握ったワシ（エジプト国立博物館、東亜辞典）〕

フクロウやミミズクに続き、鳳凰も登場する。2004年に発掘された趙宝溝文化の鳳凰を「陶鳳杯」(注47)〔図14〕と称する。また、この陶鳳杯の頭、冠、翼、尾の造形が中国の伝統的な鳳凰の特徴をよく表しているとされ、中国の学者たちは当然のように「中華第一鳳」として先民の卓越した才能と独特の精神世界を表現したものだと評価する(注48)。このように陶器や玉器ごとに「中華第一」と付すことは、習慣のように中国学者に定着している。

〔図14 趙宝溝文化の第一鳳凰〕

紅山文化に現れる大量の玉鳥を、東夷系の鳥トーテムの形状物として理解することもある。玉鳥の総体的規模を考慮すれば実用的ではなく、装飾としても使われなかった。このような鳥の図形は古墳群に見つかるだけでなく、儀礼で用いられた建築群の遺跡の中にも現れる。その他、女神廟祭祀壇を中心とする遺跡でも、土で作った鳥が発見されて証明を補っている。また玉鳥は「積石塚」、「祭壇遺跡」、「女神廟」の三位一体をなす地方で出現するが、たとえこういう玉鳥図形が少しずつ差はあるものの、最も大きな意味は祭祀（または祭天）、またはトーテムの崇拝物であるという点を強調していることである(注49)。

では、このような玉器を用いた玉トーテムが可能な理由は何か。事実、石器と土器のような器物は一般的に生活用品であったが、玉器は観念形態の集団的象徴であったという点が重要な違いである。特に、生命は天から与えられるものであり、神霊を備えた存在である動物と自然、人間は互いに霊物のように交換されると見ていた。このために、一連の氏族や部族は祭祀に使う神器を各種

37

第Ⅰ章　紅山文化のトーテム

の玉で装飾し、彼らが崇拝する「トーテム」社会を作って、氏族社会の繁盛と豊かな収穫を祈った。
(注50)

　ところで、これら鳥を中心にした陶器および玉器の製作には長い歴史がある。興隆窪文化（紀元前6200〜紀元前5200）や趙宝溝文化（紀元前5000〜紀元前4400）〔図15〕で見るように、鳥トーテムの起源は、南方の良渚文化（紀元前3000年頃）や凌家灘文化（紀元前3600年頃）にも見つけることができる。しかし、時期的にみると中国の南方ではない、遼西から始まり牛河梁遺跡を経て小河沿文化まで伝わってきたと理解している〔図16〕。

〔図15　趙宝溝文化尊形器（鳥、ブタ、シカ。別名鳥獣図）〕

〔図16　各種の玉鳥〕

（2）小河沿の太陽符号

　小河沿文化は石併用時代の末期に属するのに、趙宝溝文化との間には非常に大きな年代の差が存在する。趙宝溝文化の一部である典型器物類（尊形器など）および幾何形模様装飾は小河沿文化中で、その一部の痕跡を見ることができる。これは趙宝溝文化がどのように発展していったのかを研究するのに重要な端緒になると評価することができる。換言すれば、小河沿文化が趙宝溝文化を凌駕したとも言える。
(注51)
(注52)

　小河沿文化の起源として玉腕輪と玉環の使用例を挙げ、山東の大汶口文化と

2. 鳥崇拝と太陽崇拝の結合

類似性があると見て、新しい文化の可能性を提示するものもある。特に1973年に敖漢旗小河沿公社でこの文化の居住地とトンネルが発見されて以降、しばらくの間は紅山文化の範疇として分類していた。しかし、石棚山墓が発掘された時には、小河沿文化の豊富で多彩な内容と鮮明な文化的特徴が明確になったという点で、紅山文化との差異がこの二つの共通性をはるかに超えると提示されたこともある。

また、小河沿文化の陶器は造型と模様装飾から分析すれば、趙宝溝文化により一層近づくので、明らかに紅山文化の影響を受けたという説もある。一般的にこの陶器の多くは、一定量の柔らかい細砂が含まれていた。あるものはまた、一定量の雲母と貝殻粉が混ざっていた。また、よくある砂を混ぜた茶色褐陶と赤色陶器（紅陶）などの他、一定数量の黒色黒陶もあった。器形は壺（罐）が中心で、新たに大型双耳壺（罐）や筒形の瓮や尊などの酒器および器物の台（器座）、各種の豆（祭器の一つ）もあった。特に、座台に三角形の穴を刻んだ豆は一層、独特である。さらに、葬礼風俗や祭器および生産道具に対して分析すれば、小河沿文化は古書に記された東夷と一致し、この小河沿文化を受け継いだのが夏家店下層文化であることがわかる。しかし、気候の変化によって南下するようになると、次第に東夷人はトーテムの原型的意味を失うようになったと解釈できる。こうして考えると、南に移動する前の元来の東夷がまさに鳥トーテムであることを意味し、その鳥トーテム文化は南へ移動するにつれて色あせていった、といえる。

小河沿陶符文字のなかで 🐦 🐦 は鳥として、十 十 は太陽として理解していたが（〔図17〕参照）、もう一つ特徴的なのは、下段にある陶符文字 ⁊ である。これは尖首刀にある稲妻符号 ⁊ に類似している。このような稲妻符号は太陽のような明るさを象徴する。韓国語で稲妻「번ヴォン」は光で、「개ゲ」は太陽を意味する。

〔図17　太陽文様の変遷順序（『神の起源』）〕

39

第Ⅰ章　紅山文化のトーテム

　何新が『神の起源』で明らかにしたように、(注58)この陶符文字 ㄔ ㄗ は飛ぶ鳥の変形する様子やその鳥が象徴している太陽を意味する符号であると考えている。また、揚子江中下流域の凌家灘文化（安徽省、紀元前 5500 ～ 5000）〔図 18〕から出土した玉片の中心にある十字模様は、太陽光が四方八方へと拡散する現象を象徴している。(注59)したがって、小河沿文化の陶符文字に現れた符号の独創性をもとに、鳥と太陽が調和を成し遂げたと言える。

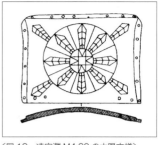

〔図 18　凌家灘 M4:30 の太陽文様〕

　このような意味で陶符文字を用いた彼らは、自らのトーテムを表現することができた「真の文明人」だったと評価できる。(注60)初期文字の痕跡を発見できるからである。一方、薛志強は、紅山文化後期に入り農業が衰退して停滞した時期

〔図 19　太陽に向う鳥の飛翔と回転を象徴（小河沿文化）〕

に、小河沿文化が取って代わったとみなした。(注61)このような見解が可能ならば、小河沿文化は、紅山文化後期の鳥崇拝文化を中興させたと考えられる〔図 19〕。

(3) 鳥と太陽の連合トーテム――拝日崇鳥

　韓国の古代神話には、卵生神話に関係するものが多い。卵生神話の出現に関して、学界では一般的に、太陽崇拝思想、鳥（鳥霊）崇拝思想、稲作（稲栽培）文化との関連を認めている。卵生神話はその中でも特に、鳥崇拝思想とより直接的な関係がある。

　「卵生」は、卵に生まれた生命のことを指す。鳥の卵は生命誕生の根源であり、また太陽および睾丸を象徴する。これが次第に変遷し、鳥それ自体が太陽と男性生殖器の別称となり、ここで金烏、太陽鳥〔図 20〕、陽烏三足烏の観念が形成された。(注62)『淮南子』（「精神訓篇」）にはすでに、「太陽の中に踆烏があり、月の中にはヒキガエルがある」と記されているが、この踆烏がすなわち三足烏(注63)〔図 21〕であることは知られている。

　太陽も神聖であるが、その中に住む鳥はさらに神聖であると考えられていた。

40

2. 鳥崇拝と太陽崇拝の結合

〔図20 太陽鳥（陽光鳥）高句麗徳興里古墳〕

〔図21 太陽と鳥が結合された集安五盔墳4号墓三足烏〕

〔図23 阜新県胡頭溝1号墓玉鳥〕

〔図22 良渚文化玉璧の鳥符号〕

〔図24 太陽神と呼ばれている鳥の体をしたホルス神（エジプトカルラブシャ）〕

〔図25 鳥と太陽の結合（河姆渡文化）〕

〔図26 円形玉璧〕

〔図27 勾雲形玉器〕

〔図28 3線と中丹田を強調したミミズク（個人所蔵）〕

41

第Ⅰ章　紅山文化のトーテム

太陽の中に住む鳥を天上の神々と人間世界を繋いでくれる神鳥として認識し、その名称も日烏、金烏、踆烏、黒烏、赤烏など多様である。

　ところで、少昊族の鳥トーテムの中に出てくる睢鳩、爽鳩などを検証すると、すべてタカ目タカ科に属する。玉圭のタカ模様が証明するように、圭の主人はほとんどが少昊族人であったことを示している。また、良渚文化祭壇の符号が太陽の図形であることも説明できる〔図22〕。紅山文化には、こうした具体的な太陽図形を発見することが難しい。だが、鳥の図形は太陽との緊密な関係を証明し、それは日が昇る東方を意味する重要な象徴要素となる〔図24、25〕。

　したがって、紅山文化にある鳥の図形は、その中に神鳥を通して太陽を含有していると考えられる。墓室から出土した玉鳥〔図23〕は、墓室の主人がこのような部族の中で特別な社会的地位、宗教的身分と同族を統治する権力を持っていたことを表している。墓室の主人は、祭祀長あるいは巫覡である可能性もある。^{（注64）}

　一方、鳥の形の玉器がない遺跡もある。牛河梁第5地点1号墓（男性人骨）から出土した円形玉璧〔図26〕と方形玉璧はそれぞれ天と地、すなわち太陽と月を象徴する。この二つの玉璧を頭に敷いて横になっている姿で、天と地と人が一体となった境地を感じることができる。勾雲形玉器〔図27〕は白い半月模様を連想させる。このような意味から解釈すると、この墓は鳥崇拝とは関係のない墓だと考えることができる。鳥玉器がないのも、その理由の一つである。

　このように、紅山文化の玉鳥は宗教的意味の体現と同時に崇拝の対象として、地位や身分など社会的関係を体現している。言い換えれば社会は、一定の権利または権勢が出現して、人々にこれに対し服従させるような段階に発展するときにはじめて、儀礼を表す器物が出現する。玉器は儀礼の器物として、身分の上下を意味することもあった〔図28〕。さらに、鳥と太陽の緊密な関係は天神崇拝を表したということがわかる。^{（注65）}

　小河沿文化も関心の高い対象である。小河沿陶符文字も鳥と太陽を象徴する符号と先に説明した。そうなると、小河沿文化では鳥と太陽が互いに連合して調和を作り出したことになる。趙芝薫は、天神の象徴として鳥を考え、水神の象徴として龍に注目した。^{（注66）}金閼智神話〔訳注：慶州金氏の始祖である金閼智（キムアルチ）の神秘な誕生に関する説話。鶏の鳴く声が聞こえて行ってみたところに黄金の櫃があり、その中に男児が入っていたという。文献によっては、鶏の鳴く声ではなく大きな光の先に黄金の櫃を発見した、というものもある。『三国遺事』と『三国史記』に

2. 鳥崇拝と太陽崇拝の結合

伝わる〕には白い鶏が登場し、昔脱解神話〔訳注：新羅の第4代王である脱解王に関する神話。卵から生まれたという誕生談と南海王の婿になって王位に昇りつめた経緯などの内容を含んでいる。『三国史記』と『三国遺事』に伝わる〕では、カササギが出てくる。天神と女神の神婚を意味し、太陽と鳥は同じ陽性的存在である。

雄 ― 父 ― 天 ― 空 ― 日 ― 天帝子 ― 鳥「鶏、鵲、ツバメ」
雌 ― 母 ― 地 ― 河 ― 月 ― 河伯女 ― 熊「龍、カメ、馬」(注67)

このように神話に登場する鳥、三足烏に登場する鳥、鳥竿(ソッテ)に登場する多様な鳥を生産や復活、穀物などを意味する象徴記号は、自然にシャーマニズムと脈絡を同じくする(注68)。白い光を崇拝する韓国のシャーマニズムは、白シャーマン系が優勢である。その証拠として白山崇拝、白衣崇尚、太陽崇拝とともに雄鶏呪術などがある。その主神が太陽、つまり「밝（明）・밝음（明り）」であり、この「밝(バク)」が太陽を意味する(注69)。

これを一言で言えば「拝日崇鳥」であり、太陽と鳥は「鳥日一体」の関係である、と言える。鳥と太陽の結合性は韓国語の語源でも知ることができる。새（鳥）と세（歳、年、年）、새（鳥）と해（日）、해（日）と조（朝）は互いに通じる。「형님（兄）」を「성님（兄）」と呼ぶことで、鳥と太陽の音韻的通用性がわかる。音韻は意味と密接なつながりがある。現在でも「拝日崇鳥」は、太陽（神様）信仰と先祖崇拝思想に伝承されていて、鳥竿(ソッテ)という伝統として我々の間に残っている〔図29〕。

〔図29 民間に広まっている鳥竿〕

これは、中国文化とは区別される拝日崇鳥思想の一面でもある。拝日の風俗は、内蒙古中部地方の陰山岩画(注70)〔図30〕からもうかがえる。両手を頭の上から握り、お辞儀をする姿である。この時期に種族を超越して行われた太陽崇拝の一般的風習であるとみることができる。

このように、鳥をトーテムとする東夷が一方で太陽

〔図30 陰山岩画の拝日〕

43

第Ⅰ章　紅山文化のトーテム

をトーテムとして信じている来歴を「連合トーテム（Associated Totem）」という言葉で説明できる。

　この言葉は、中国の学者・孫作雲による「鳥をトーテムとして崇拝する人々がなぜまた太陽をトーテムとするのか？　あるいは太陽をトーテムとして崇拝するは人々がなぜまた、鳥をトーテムとするのか？　これらすべての理由は、東夷が鳥と太陽をともに共同のトーテムとしたためである」という学説に基づいている。このような連合トーテムは鳥トーテム族が持っている二重トーテムを意味する。このような写実的根拠は、紅山文化の玉器でも確認できる。これは農業生活とも関係がある。

　玉鳥に丸い円または、渦紋が描かれたこの円雕玉鳥〔図32〕は、まさに太陽を象徴した模様である。これよりさらに早い時期と推定される翁牛特旗（毛瑙海山）の岩画には、鳳と同心円と果樹がともに描かれた鳳鳥と同心円〔図33〕がある。同心円も太陽を象徴する。このように、鳥と太陽を同列の存在として考えている。

　一方、韓国の大田市（槐亭洞）で出土された農耕文青銅器（宝物1823号）は、当時の時代像を総体的に考察できる貴重な宝物である〔図31〕。鳥竿の上には二羽の鳥が鎮座し、側面の原ではタビ（初期の耕機）で畑を耕す男が頭に長い羽毛をさし、男根を露出している。これは鳥（羽毛、鳥竿）、と穀霊、男根などを総合的に表現したものである。さらに、鳥竿の上の鳥は、天の代理人の役割も果たし、鳥竿を鳥棒として解釈するものもある〔図29〕。

　このように、韓国の上古時代の多くの信仰と

〔図31　鳥竿―鳥が刻まれている農耕文（大田市槐亭洞）〕

〔図32　紅山円雕玉鳥の太陽文様（徐強古玉集）〕

〔図33　紅山岩画である鳳鳥と同心円〕

〔図34　墓に埋めた鳥装飾のふた壺〕

44

風俗は鳥類と密接な関係がある。考古学の発見、史料および民俗のうちの鳥崇拝現象を各地で確認できる。例えば地位を鳥の名前で区別していた北方種族もいれば、南方種族の一つである馬韓人の蘇塗意識や葬儀を行う際に死体に鳥の翼をつける辰韓人の習俗〔図34〕などは、すべて韓国の原始人がすでに鶏やカササギ、タカ、ハトを崇拝の対象としていたことを表している。彼らはこうした鳥を崇高な存在と信じ崇拝した〔図35〕。(注77)

〔図35　全北扶安ネヨリ堂山鳥竿〕

注
- (40) 陳勤建「太陽鳥信仰的成因及文化意蘊」『華東師範大學學報』1期、哲學社會科學版、1996年、60頁。
- (41) https://onewings.blog.me/90045826190（一乗ブログ）または徐江偉ブログ。
- (42) 『詩経』に登場する鴟鴞はフクロウではなくミミズクであるが、混用されて使われている。ここではミミズクが正しい。しかし、両者とも次のように否定的なイメージで描写された。「鴟鴞鴟鴞、既取我子、無毀我室。恩斯勤斯。鬻子之閔斯。」(ミミズクよ、ミミズクよ、すでに我が子を捕まえていったから、我が家を壊さないでくれ。愛して真面目に子を育てとても心配しているのだ)『詩経』(豳風)。後に詳述する。
- (43) 巴林右旗博物館「内蒙古巴林右旗那斯台遺址調査」『中国考古集成』東北4巻、北京出版社、1997年、543頁。
- (44) 索秀芬、李少兵「那斯台遺址再認識」『紅山文化論著粹編』遼寧師範大學出版部、2015年、264頁。
- (45) 前掲注43書、543頁。
- (46) 陳逸民外『紅山玉器圖鑑』上海文化出版社、2006年、57頁。
- (47) 趙建国「紅山文化綜述」『赤峰學院學報』漢文哲學社會科學版31、2010年9月、3頁。
- (48) 同上書。
- (49) 李倍雷「紅山文化中玉鳥的圖像學意義與藝術風格」『廣西藝術學院學報』藝術探索20巻4期、2006年10月、5頁。
- (50) 鄭健宰「黑皮玉文化と半人半獸神像」『世界桓檀學會誌』2巻1号、2015年6月、213頁。
- (51) 劉国祥「關於趙寶溝文化的幾個問題」『北方文物』62期、2000年5月30日、17頁。
- (52) 楊福瑞「小河沿文化陶器及相關問題的再認識」『赤峰學院學報（紅山文化研究專輯）』2006年8月10日、115頁。
- (53) 李恭篤・高美璇「試論小河沿文化」『中国考古集成』東北4巻、北京出版社、574頁
- (54) 同上、573頁
- (55) 王惠德「鳥圖騰的濫觴―兼談東夷文化」『昭烏達蒙族師專學報』3期、漢文哲學社會科學版、1990年、63頁。
- (56) 李讃九『돈（錢）』東方の光、2012年、57頁；李讃九『古朝鮮の明刀錢と놈(者)』東方の光、2013年、195頁。
- (57) 徐廷範『国語語源辞典』ボゴ社、2000年、301頁。
- (58) 何新『神の起源』洪熹訳、東文選、1990年、37頁。

第Ⅰ章　紅山文化のトーテム

(59) 張緒球「長江河游史前玉器的神靈化和禮器化過程」『中国玉文化玉學論叢』4 編上、紫禁城出版社、
　　　2006 年、86 頁。

(60) 趙建国「紅山文化綜述」『赤峰學院學報』漢文哲學社會科學版 31、2010 年 9 月、4 頁。

(61) 薛志強「遼西古代文化区域と海岱歴史文化区域の諸問題に対する思考」『国學研究』15、2011 年、
　　　50 頁。

(62) キム・ベクヒョン「神仙思想の淵源からみた東夷族の鳳凰文化」『中国學報』47、2003 年、669 頁。

(63) 「日中有踆烏而月中有蟾蜍」『淮南子』「精神訓」高誘注：「踆、猶蹲也。謂三足烏。」後因以「踆
　　　烏」借指太陽。

(64) 李倍雷「紅山文化中玉鳥的圖像學意義與藝術風格」『廣西藝術學院學報』藝術探索 20 巻、4 期、
　　　2006 年、10 月、6 頁。

(65) 同上書、9 頁。

(66) 趙芝薫『韓国文化史序説』探究堂、1981 年、64 頁。

(67) 同上書、69 頁。

(68) キム・ジュンスン「韓国文化源流の解明のための文化的記号としての鳥の象徴」『韓国学論集』
　　　56、2014 年、235 頁。

(69) 趙芝薫『韓国文化史序説』探究堂、1981 年、78 ～ 80 頁。

(70) 盖山林「富多采的陰山岩」『中国考古集成』東北 6 巻、北京出版社、1997 年、1109 頁。

(71) 李亨求「高句麗三足烏信仰に対して」『東方學誌』86、1994 年、4 ～ 5 頁。

(72) 徐强『紅山文化古玉精華』藍天出版社（北京）、2004 年、2 頁。

(73) 吳甲才『紅山岩畫』内蒙古文化出版社、2008 年、121 頁。

(74) グォン・オヨン「韓国古代の鳥概念と祭儀」『歴史と現実』32、95 頁

(75) キム・ジュミ「韓国古代日象文の成立過程」『白山學報』80、2008 年、14 頁。

(76) 金元龍「新羅鳥形土器小見」『考古美術』106・107、1970 年 9 月、7 頁。

(77) 文日煥「朝鮮古代鳥崇拝與卵生神話之起源探究」『中央民族大學學報』哲學社會科學版 30 巻、6
　　　期、2003 年、79 頁。

第Ⅱ章
牛河梁遺跡とトーテム連合

第Ⅱ章　牛河梁遺跡とトーテム連合

〈広域紅山文化と牛河梁遺跡〉

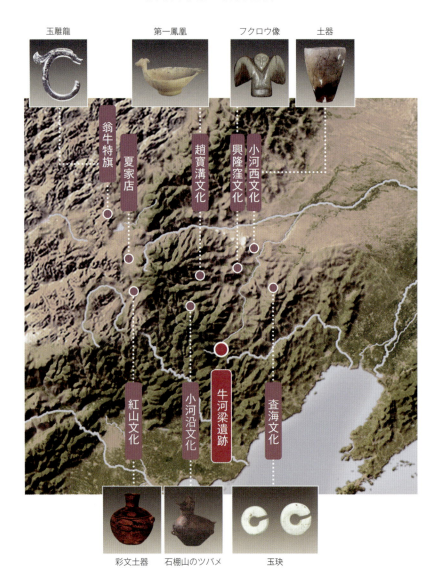

〔地図4　文化別、遺跡別代表出土品〕

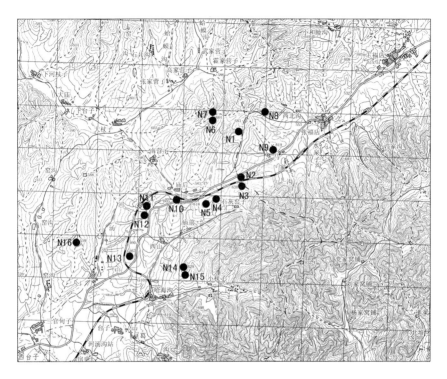

〔地図5　牛河梁遺跡の各地点表示〕

第Ⅱ章　牛河梁遺跡とトーテム連合

〈牛河梁第2地点（N2）で発掘された墓別代表遺物〉

塔形器 (N2-Z2)　　　玉環 (N2-Z2-M2)

2号塚

3号塚
祭壇

1号塚

玉龍（玉烏龍
N2-Z1-M4)

龍鳳玉佩 (N2-Z1-M23)

熊顔の佩飾 (N2-Z1-M21)

双佩首 (N2-Z1- M 26)

筒形器 (N2-Z3)　　玉芯 (N2-Z3)

小筒形器 (N2-Z3)

〔図1　牛河梁2地点（N2）1〜3号塚〕

〔図2　牛河梁第2地点（N2）4〜6号塚〕

〔図3　遼寧省博物館に展示された牛河梁第2地点全景（筆者現地撮影）。左から1号塚が始まる。2号塚方形積石塚、中央が3号塚絵円形祭壇である。〕

51

1. 牛河梁遺跡の特徴

（1）白音長汗から牛河梁まで——積石塚

　1980年代に牛河梁で女神廟が発掘される以前、1970年代の状況について概略を示しておきたい。まず、1971年に内蒙古の赤峰市翁牛特旗で発見された一つの大玉龍に現れた連鎖的研究と紅山文化墓地の発見が最も重要であった。1973年には遼寧省喀左県瓦房村で紅山文化墓地の一つを発見した。これに続き、阜新県胡頭溝でも紅山文化墓地を発見し、多くの玉器も出土した。しかし、確実に古墳を発見したとは言い切れない。

　1979年になり、初めて凌源市三官旬子で紅山文化古墳が正式に発掘された。同時に東山嘴遺跡で紅山文化石砌建物地と陶器人物像が見つかった。この遺跡から出土した陶器は、赤峰紅山後の遺存（遺物・遺跡など）を代表するものとは異なるが、紅山文化に属するとしても問題がなかった。そこで東山嘴遺跡を紅山文化の一つの類型としてみなし、牛河梁も東山嘴とともに同じ類型として把握した。[注1]

　紅山文化がみられるすべての地域で凌源牛河梁の位置を探ってみると、牛河梁遺跡が位置している遼西の努魯児虎山の谷間は、紅山文化が分布した地域の中央地にあり、華北平原に近い西南側に寄っている。この一帯は大凌河流域に属するだけでなく、老哈河の根源からも遠くないので、北側に向かって老哈河河川を挟んで内蒙古の赤峰地域に通じることができ、また、引き続きその北側の広大な蒙古草原に向かって深々と入ることもできる。一方南側に目を転じれば、大凌河の南部支流をたどると直ちに渤海海岸に到達できる。東側の大凌河主流に沿うと朝陽と阜新地域に通じることができ、さらに進めば直ちに遼河西側麓に到達できる。東北側に向かって努魯児虎山の谷間をたどれば、内蒙古の敖漢旗および周囲の教来河と孟克河流域に至る。

　このように牛河梁遺跡は、紅山文化分布地域内で四通八達の中心地として位

1. 牛河梁遺跡の特徴

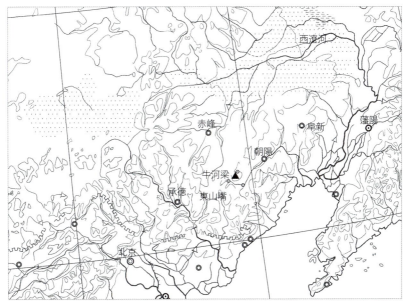

〔地図6　牛河梁遺跡位置図〕

置していることがわかる。牛河梁遺跡がこのような特別な利点を持つ地理的位置にあることは、最も力のある中心邑落として周辺地域と一般集落をまとめ、統制して拡大していったことと大いに関連していることは明らかである。積石塚は紅山文化特有の葬制として、大凌河およびその支流の各流域に見ることができる。

　考古学の面で、集落は文明社会への発展を判断する最も主要な指標である。牛河梁遺跡群の規模と地位は、当時すでに紅山文化の中で最高段階にある、超中心集落が出現できる水準を備えていた。それはまた、紅山文化がすでに国家を形成できる基準に到達していたことを示している。[注2]

　近年の資料を総合すれば、紅山文化の積石塚が流行した時期は、約5000〜5500年前と推定される。遼東半島の積石塚が約4600年前に始まったことに比

第Ⅱ章　牛河梁遺跡とトーテム連合

べて、興隆窪文化白音長汗遺跡で発掘された積石墓の上限連帯は約8000年以上前と測定された。ここで注目されるのは、概略2000年という時間の差があるにもかかわらず、紅山文化の基本構造は白音長汗の積石塚をそのまま継承していることである。[注3]

なぜこうしたことが可能だったのか。たとえ初期貊部族が紅山文化を形成したとしても、紅山文化より2000年前の白音長汗遺跡の積石塚は誰の創造物だと説明できるだろうか？　誰がどんな理由で、長い年月をかけて、積石塚を作ったのだろうか？[注4]

興隆窪文化である白音長汗遺跡で積石塚が初めて見つかる前まで、周辺の墓は室内墓（居室墓）と室外穴蔵墓であった。白音長汗遺跡では、石棺墓3期と積石塚14基が発掘された。この積石塚から玉蝉〔図4〕と石製の熊の彫刻像（石彫熊）〔図5〕が出土した。この彫刻像は古いもので、隣接する奈曼旗でも黒色の小さな玉熊（小熊形玉）〔図6〕が発見された。セミと熊は復活と再生を象徴する動物である。このような意味で、これらはトーテムという側面と、当代の人々の来世観を示す重要な動物像である。それでは、復活と再生が石とどのような関係を持っているのか探ってみよう。[注5][注6][注7]

  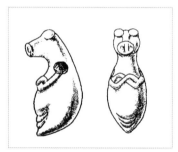

〔図4　興隆窪白音長汗玉蝉〕　〔図5　興隆窪白音長汗石彫熊〕　〔図6　内蒙古奈曼旗玉熊〕

韓国語「돌(ドル)（石）」は、また「돌(ドル)（週期、誕生日）」と音が共通している。「돌(ドル)돍(ドルギ)」は"再び戻る時間"を意味する。徐廷範は、石の語源は「돋(ドッ)」であり、今日でも「해돋이(ヘドッイ)（日の出）」という言葉に「돋(ドッ)」が使われているが、この「돋(ドッ)」はまさに「해(ヘ)（太陽）」を意味する、としている。[注8]

石は"再び浮び上がる太陽"で、そのまま復活と再生を象徴し、太陽を慕う心から遺体を石で囲むことが上古時代の葬礼文化になったと解釈する。拝日

崇鳥をする鳥トーテム（鳥崇拝）族は、太陽と鳥を一体として崇拝する対象であったため、興隆窪文化の白音長汗遺跡から牛河梁遺跡に至るまで変化することがなかったのである。このような次元で考えれば、興隆窪文化も鳥トーテムと関連していると思われる。石の一種である砂利「작얼, 작은 알（小さい卵）」でも、「알（卵）」を確認できる。積石塚には墓の機能があったのであろうが、それ以外にも、法事を行う祭壇としての性質も兼ねていたのであろう。(注9)このように、祭壇での祭祀（法事）の挙行は鳥トーテムの文化遺産として評価できる。

　もし「初期貊部族」より「進歩した貊部族（先貊部族）」があったとすれば、彼らは貊部族ではなく、鳥崇拝族（すなわち先貊部族）とみなすことが合理的だと考える。文崇一が、貊族が占領したところはかつて鳥崇拝族が生きていた地域だと言及したことを鑑みれば、紅山文化牛河梁時期に貊族でない鳥崇拝族(注10)が主導的な活動をしていたことがわかる。文崇一は、貊族と鳥崇拝族（後述する鳥夷族）が同じ根元である理由として、同じ言語を使ったことを明らかにした。(注11)

（2）牛河梁遺跡の地域的特徴と玉器

　牛河梁の昔の地名は様々な名称で表れる。1927年に編纂された『清史稿地理志』（「朝陽部」）には、建昌県に大凌河とあり、東源牛泉、すなわち東側の牛泉に源を発すると記載されている。(注12)

　また『凌源県志初稿』には、「懸の北側からくねくねと遠くのびていった東路に牛耳河梁がある」とある。かつてその名を牛耳河梁と称していたことがわかる。また『建平県志』には、「大凌河のある支流は本来土里根河と呼び、今は牤牛河と呼ぶが、牛泉河梁で源を発する」と記されている。(注13)

　このように、牛河梁は牛耳洞、牛耳河梁、牛泉河、牛児河、牛児河梁などと称されていた。牛河梁近隣の建平で牛首銅削〔図7〕が出土されたが、そのことからもこの牛河梁地域が基から牛（蘇、牛）と密接な関係があったことがわかる。ところで、牛河梁が初めて知られるよう(注14)

〔図7　牛河梁隣近の建平で出土した、牛の頭をした刃物（建平県博物館所蔵）〕

第Ⅱ章　牛河梁遺跡とトーテム連合

〔図8　牛河梁第1地点（N1）、第2地点（N2）、第3地点（N3）配置図〕

になったのは、1942年である。佟柱臣（1920～2011）が凌源中学校で教鞭をとっていた時、牛河梁陶器と巻雲模様の玉の装飾品を発見した[注15]。これが牛河梁発掘の糸口となった。

以後、郭大順が『紅山文化』（東北亜歴史財団発刊）と『牛河梁 ― 紅山文化遺址発掘報告（1983～2003）』（文物出版社）、『牛河梁遺址』（学苑出版社）、そして劉国祥が論文（「西遼河流域史前用玉制度研究」）で牛河梁16個の地点を主として取り上げた。第2地点は筆者が現場で撮影した写真を付け加えて叙述する。

①第1地点（女神廟と山台）

牛河梁第1地点（N1）は女神廟として有名なところである。海抜671.3mで、

1. 牛河梁遺跡の特徴

女神廟を含めた範囲の建築群体で、主体と附属の二つの部分で分けられる。主体は女神廟以外にも、最も重要な墓（または神殿）が北側の山台に位置する〔図9〕。

　山台の南側は女神廟北壁からわずかに8m離れている。山台の台面は女神廟の地面より2m程高い。石垣を積んだ跡がある。神殿地域の建築群の中で、女神廟は比較的保存がよい主体建築である。平台は今日の野外集会場や修練場のようなところである。廟堂は半地穴式建築で、南北に最も長いものは22mある。廟堂は主体と単体で構成され、主体部分は7室が連結されている。墓は土木構造で、全体的に石材が使われていない。地上に建てられたのは丸い木柱（円木柱）を用い、多層の壁面のものである。内層壁面には円い穴が蜂の巣のようにぎっしりと詰まっている。すべて赤と白色で描かれた幾何学形態（または回字型）の模様で、他と比べて比較的早い時期の壁画に該当する。廟の半地穴部分は遺物でぎっしり埋まっている。陶祭器の中で、熏炉器は蓋の装飾に之字型文様が記されている。筆者は、この字は太陽に頼る人間の姿を象徴するのではないかと推測している。

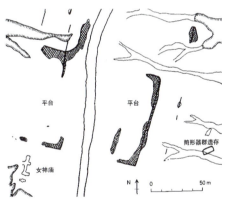

〔図9　牛河梁第1地点山台（女神廟と平台）〕

〔図10　女神廟域〕

第Ⅱ章　牛河梁遺跡とトーテム連合

①牛河梁１地点女神廟跡（亜字型）
②出土当時の女神頭像
③女神像の胸部（上、下）
④女神像の手（前、横、N1-J1B）
⑤女神像の玉目玉（前、後）

〔図11　女神廟神殿場所と女神像〕

1. 牛河梁遺跡の特徴

〔N1-J1 試掘平面図〕

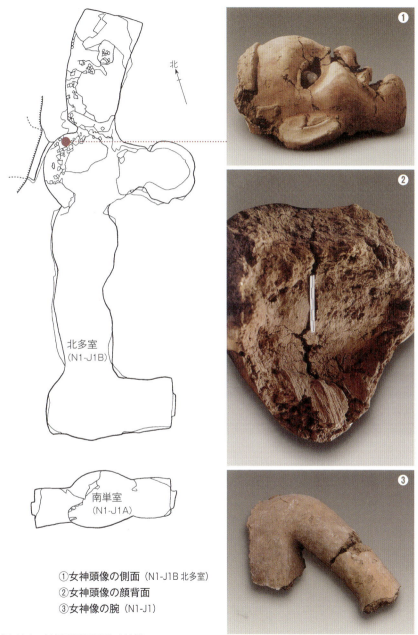

北

北多室
(N1-J1B)

南単室
(N1-J1A)

①女神頭像の側面（N1-J1B 北多室）
②女神頭像の顔背面
③女神像の腕（N1-J1）

〔図 11-1　女神廟神殿平面図と女神像〕

第Ⅱ章　牛河梁遺跡とトーテム連合

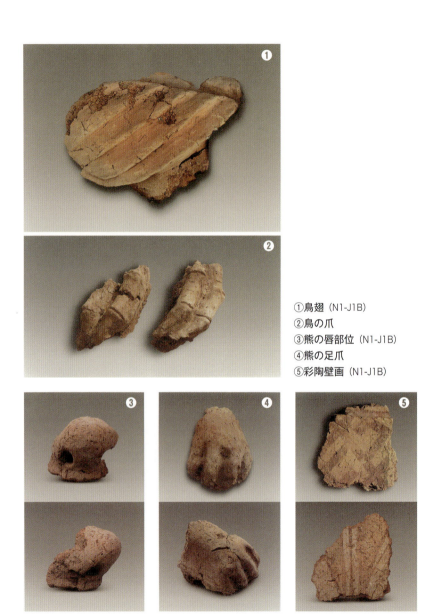

①鳥翅（N1-J1B）
②鳥の爪
③熊の唇部位（N1-J1B）
④熊の足爪
⑤彩陶壁画（N1-J1B）

〔図12　女神廟で発掘された熊と鳥の塑造像〕

1. 牛河梁遺跡の特徴

①薫炉器 (N1-J1B)
②小型頭像 (前、横、N1-H3)
③陶盆 (N1-J2)
④筒形器 (N1-J3)
⑤大筒形器 (N1-J3)

〔図13 女神廟で発掘された陶器類〕

61

②第2地点

　第2地点（N2）は牛河梁遺跡地帯の中心地に位置しており、多くの尾根の中で中間部分にあたる二番目の尾根にある。海抜高度627m で、東西150m、南北80m の範囲内にすべて6個の単元（または、6号塚）が設置され、そのうち詳細が明らかになっているのは5個の単元である。第2地点の現場には、1号塚から6号塚まで標識板が立っている。2番目の単元（すなわち正方形の2号塚）と3番目の単元（すなわち円形祭壇）は尾根の中央にある。このことから牛河梁人の方円観念が類推できる〔地図7〕。

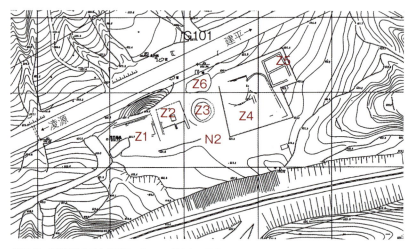

〔地図7　牛河梁第2地点地形図　左（西）側から1号塚（Z1）、2号塚（Z2）、3号天祭壇、4号塚（Z4）、5号塚（Z5）、6号塚（Z6）〕

◇1号塚（最初単元、Z1）は牛河梁積石塚の中で古墳が最も多く（27個）発見された墓で、玉器もたくさん出土した。すべて石棺である。そのうち21号墓（N2-Z1-M21）は、1989年10月に発掘された。最も大きな規模で、獣面玉器など副葬玉器（20個）など出土した数も最大である。14号墓でも3個（玉鐲2つ、勾雲形玉器1つ）が発掘された。25、26号墓は階段を備えていた。24号墓は男女合葬である。7号墓は93cmの長さで、3人の骨だけが収拾された。これは、他所から移した二次葬を意味する。ほとんどの屍身の方向（枕向）が21、14号（女性墓）墓で確認されたように東西向であった。このことは太陽崇拝を象徴する。

1. 牛河梁遺跡の特徴

　東西向は北南向よりもたくさんの玉器が出土する。4 号墓は成年男性の墓で、玉箍と玉龍が発見された。23 号墓で、龍鳳と玉佩、27 号墓では大型玉佩と玉の腕輪が出土した。多くの玉器を副葬した 21 号墓から鑑みれば、この牛河梁一帯が最高の権勢集団を形成していたことがうかがえる。特に、玉箍は竪髻を補完するものであり、竪髻形箍（髷形玉箍、斜口筒玉器）〔図 14〕または、天地と通ずるという意味として神霊な帽子（すなわち神帽）〔図 15〕と言える。また、玉箍は韓国の固有文化と関連がある。

〔図 14　牛河梁第 2 地点、馬のひづめのような竪髻形玉箍（左）と筒形器〕　　〔図 15　赫哲族のシャーマン神帽〕

第Ⅱ章　牛河梁遺跡とトーテム連合

〔図16　第2地点1号塚（N2-Z1、下西上東）〕

1. 牛河梁遺跡の特徴

①筒形器窪弦紋（N2-Z1、外部）
②筒形器（N2-Z1、外部）
③塔形器口の部分（N2-Z1、外部）
④筒形器（N2-Z1、外部）
⑤筒形器内部（N2-Z1、外部）

〔図16 -1　第2地点1号塚（通形器など）〕

第Ⅱ章　牛河梁遺跡とトーテム連合

①髻形玉箍
　（斜口筒形玉器、横面、正面、N2-Z1-M25）
②玉腕輪（N2-Z1-M25）
③玉珠（N2-Z1-M25）
④管状器（N2-Z1-M25）

〔図17　第2地点1号塚25番墓の墓室（N2-Z1-M25）〕

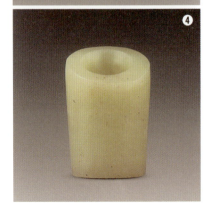

〔図17-1　第2地点1号塚25番墓の玉器類（N2-Z1-M25）〕

66

1. 牛河梁遺跡の特徴

①管状玉（N2-Z1-M26）
②墜飾（N2-Z1-M26）
③玉鐲（N2-Z1-M26）
④双鴞首
　（ミミズクの目と耳、N2-Z1-M26）
⑤玉環（N2-Z1-M1）

〔図18　第２地点１号塚26号墓の墓室（N2-Z1-M26）他、玉器類〕

第Ⅱ章　牛河梁遺跡とトーテム連合

①髷形玉箍
　（18.6cm、N2-Z1-M4）
②玉龍1（玉鳥龍、N2-Z1-M4）
③玉龍2（玉鳥龍、N2-Z1-M4）

〔図19　第2地点1号塚4号墓の墓室（N2-Z1-M4、左南右北）および玉器類〕

1. 牛河梁遺跡の特徴

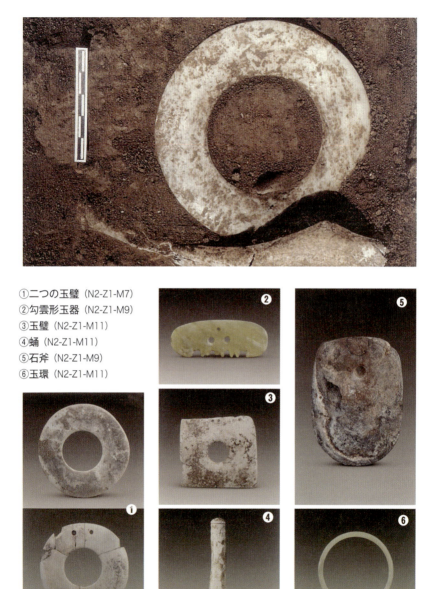

①二つの玉璧（N2-Z1-M7）
②勾雲形玉器（N2-Z1-M9）
③玉璧（N2-Z1-M11）
④蛹（N2-Z1-M11）
⑤石斧（N2-Z1-M9）
⑥玉環（N2-Z1-M11）

〔図20　第2地点1号塚7号墓（N2-Z1-M7）他、玉器類〕

69

第Ⅱ章　牛河梁遺跡とトーテム連合

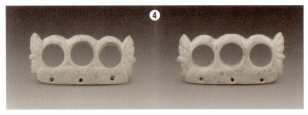

①玉鐲（N2-Z1-M14）
②勾雲形玉器（N2-Z1-M14）
③玉箍、玉鐲、玉璧（N2-Z1-M15）
④双人頭三圓孔器、双人像（N2-Z1-M17）
⑤玉鳳首（前後、N2-Z1-M17）

〔図21　第2地点1号塚14号墓の墓室（N2-Z1-M14）とM15、M17他、玉器類〕

1. 牛河梁遺跡の特徴

①髷形玉箍（N2-Z1-M21）
②円筒状飾（N2-Z1-M21）
③玉珠（N2-Z1-M21）
④壁形飾（N2-Z1-M21）
⑤双聯壁（N2-Z1-M21）

〔図22　第2地点1号塚21号墓の墓室（N2-Z1-M21）他、玉器類〕

第Ⅱ章　牛河梁遺跡とトーテム連合

⑥熊面玉佩（N2-Z1-M21）
⑦勾雲形玉器（N2-Z1-M21）
⑧玉亀（N2-Z1-M21）
⑨玉璧（N2-Z1-M21）
⑩玉鐲（N2-Z1-M21）
⑪双目勾雲形玉器（N2-Z1-M22）
⑫髷形玉箍（N2-Z1-M22）

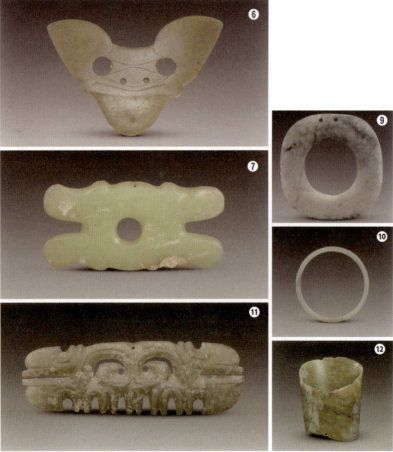

〔図 22-1　第 2 地点 1 号塚 21 号墓（N2-Z1-M21）他、玉器類〕

1. 牛河梁遺跡の特徴

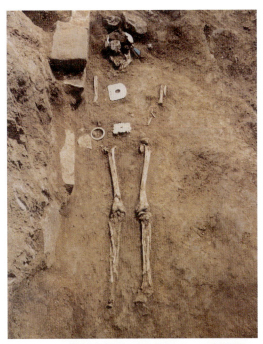

①玉鐲（N2-Z1-M23）
②緑松石墜（N2-Z1-M23）
③龍鳳玉佩（N2-Z1-M23）
④斧形玉璧（N2-Z1-M23）

〔図23　第2地点1号塚23号墓の墓室（N2-Z1-M23）および玉器類〕

第Ⅱ章　牛河梁遺跡とトーテム連合

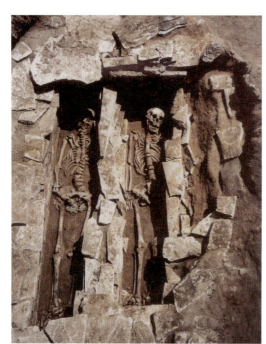

①玉鐲（N2-Z1-M24）
②勾雲形玉器（N2-Z1-M24）

〔図24　第2地点1号塚24号双墓の墓室（N2-Z1-M24）および玉器類〕

1. 牛河梁遺跡の特徴

①玉環（N2-Z1-M27）
②双目勾雲形玉器
　（ミミズク、N2-Z1-M27）

〔図25　第2地点1号塚27号合墓の墓室（N2-Z1-M23）および玉器類〕

75

第Ⅱ章　牛河梁遺跡とトーテム連合

①双目勾雲形玉器（N2-Z1C）
②陶直腹罐（N2-Z1C）
③玉貝（N2-Z1C）

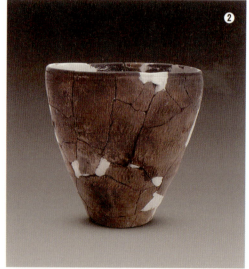

〔図26　第2地点1号塚（N2-Z1C）玉器類〕

◇2号塚（第2単元、N2-Z2）は、1号塚の東側（右側）から2mの距離に位置している。東から西の側面にかけての最も南端を、石で4段で積んだ。この中には、すべて4個の墓（M1〜4）があって、外に1個がある。このなかで中心の大墓（N2-Z2-M1）が最も目を引く。中心大墓の方台の長さは3.6mで、その中に大型石棺が作られ、石棺内部の長さは2.21m、広さは0.85mで、墓の壁は石版が平たく敷かれている。石棺の上にも石を積み3段の石段が作られている。中心大墓には人骨破片は出土したが玉器が出てこなかったことから、すでに盗掘されたと思われる。東側に円形祭壇がある。このような方形積石塚をみると、厳格な組織と熟練した技術者がの存在が類推できる。(注16)

〔図27　第2地点2号塚、方形墓配置図（N2-Z2-M1〜5）とM1墓室内部（下）〕

第Ⅱ章　牛河梁遺跡とトーテム連合

①魚龍刻紋（N2-Z2）
②陶筒形器（N2-Z2-M2）
③塔形器（N2-Z2）
④玉環（N2-Z2-M2）

〔図28　第2地点2号塚全景（N2-Z2）および玉器類〕

◇ 3号塚（第3単元、N2-Z3）は祭壇である。祭壇は正円形で、三重の円が標石境界を成している。東山嘴遺跡が「1階円形祭壇」ならば、こちらは「3階円形祭壇」である。『牛河梁―紅山文化遺址発掘報告』によれば、壇上の堆積は3つの階に分けられ、第1層の表土層は厚さが約20cmある。第2層は黄灰色の成坡積土で、精巧である。塚の東西両側の低いところだけに堆積されていたが、最も厚いところは高さが25cmある。第3層は黒色土で彩色陶器彫刻、砂利石を含んでいるが、壇の頂部にあった積石が崩れ落ちた層である。最も厚いところは35cmである。この堆積の下は石構造の壇体であり、さらにその壇の下は粘土、粘土の下は生土である。階段状の3層の各層はすべて立石を配列して石界（石境界）の杭となっている。3層すべて同心円のつくりで、外側から内へむかうにしたがい高くなっていることから、どれも祭壇の基礎と輪郭を構成していることがうかがえる。これらを外石界椿圏、中石界椿圏、内石界椿圏の3つに分けて説明する。^(注17)

〔図29　第2地点3号塚祭壇（下南上北）〕

　まず、外石界椿圏の直径は22m、中石界は15.6m、内石界11mである。3層の柱土台は0.3〜0.5mの差で内に向かうにしたがい高くなっている。外石界の直径は女神廟の南北の長さ22mと同じで、2号塚の中心大墓の石棺内部の長さ2.21mの10倍である。そして各石界の直径22m、15.6m、11mは、後述する牛河梁第16地点から出土した3個の玉棒の長さ22.6cm、15.5cm、14.8cmと何らかの関連性があるようである。どのような基準なのかはわからないが、

共通して現れる 22 の数字は今後調査すべきである。女神像の顔の大きさも 22.5cm、祭壇では円筒形土器破片も出土されている。

　三重円（郭大順の表現）の壇の中央は石が敷かれ、比較的安定した一つの完全な円形単体が形成されている。これは、この祭壇がすべての墓地の中で最も地位が高いことを示している。祭壇は主な墓と緊密な繋がりがある。祭壇は北側から南側を眺める造りになっている。これは、南側の太陽に向かって敬拝をしたためだと見られる。祭壇が三重円であることは、季節が 3 ヵ月ずつめぐるという道理を含んでいると考えられる。祭壇で太陽の季節ごとの影の位置を観察し、春分や秋分、夏至や冬至を割り出したのだろう。小さい内側の円の石塚の中心や周辺に、立竿測影のために棒や他の標識を立てて影を観察し、同じく初歩的な太陽時計もあったのだろう。

〔図 30　第 2 地点 3 号塚の円形祭壇（N2-Z3、下南上北）〕

〔図 30-1　第 2 地点 3 号塚の円形祭壇側面（N2-Z3、下南西上東北）〕

1. 牛河梁遺跡の特徴

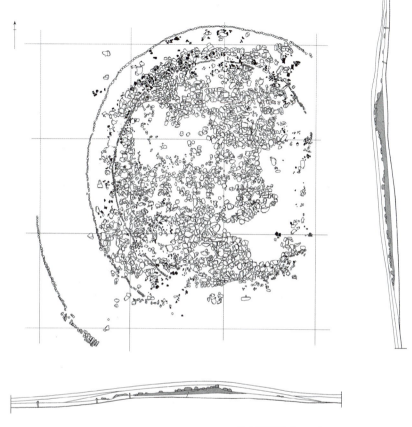

①小筒形器（N2-Z3）
②筒形器（N2-Z3）
③玉芯（N2-Z3）

〔図30-2　第2地点3号塚の円形祭壇図解図（N2-Z3）および通形器など〕

第Ⅱ章　牛河梁遺跡とトーテム連合

◇4号塚（第4単元 N2-Z4）はこの墓地群の中で最大で、地上建築構造もやはり最も複雑な単元である。円形祭壇の東側に位置している。この墓で最も重要なところは、下層積石塚と上層積石塚を区分できることだ。最外側に筒形器があることから、「筒形器墓」と言われることもある。

〔図31　第2地点4号塚の現場（N2-Z4）〕

〔図32　第2地点4号塚の墓配置図（N2-Z4-M2～M16）〕

1. 牛河梁遺跡の特徴

①手斧形石器（鏟形石器）
　（N2-Z4-H1）
②印章形玉器（N2-Z4-H1）
③筒腹罐（N2-Z4-H1）

〔図33　第2地点4号塚の前方後円積石塚（N2-Z4）および玉器類〕

第Ⅱ章　牛河梁遺跡とトーテム連合

〔図34　第2地点4号塚第4墓の墓室（N2-Z4-M4）外蓋彩陶瓮〕

1. 牛河梁遺跡の特徴

①帯蓋彩陶甕（N2-Z4-M5）
②帯蓋彩陶甕（N2-Z4-M5）
③陶筒形器（N2-Z4-M6）
④帯蓋彩陶甕（N2-Z4-M5）
⑤緑松石璧（N2-Z4-M2）
⑥帯蓋彩陶甕（N2-Z4-M6）
⑦甕、罋（N2-Z4-M7）
⑧埋もれている筒形器（N2-Z4）

〔図 34-1　第2地点4号塚の各墓から出土した通形器〕

第Ⅱ章　牛河梁遺跡とトーテム連合

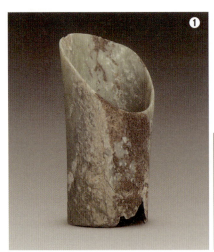

〔図35　第2地点4号塚8号墓の墓室（N2-Z4-M8）他、玉器類〕

1. 牛河梁遺跡の特徴

①髷形玉箍（N2-Z4-M8）
②蓋盤（N2-Z4-M8）
③髷形玉箍（N2-Z4-M9）
④長條塊状玉石（N2-Z4-M15）
⑤無面鳥（N2-Z4L）
⑥粘土層石環（N2-Z4）
⑦玉環（N2-Z4-M15）
⑧髷形玉箍（N2-Z4-M16）
⑨髷形玉箍（N2-Z4-M15）

〔図35-1　第2地点4号塚の各墓の玉器類〕

87

第Ⅱ章　牛河梁遺跡とトーテム連合

◇5号塚（第5単元、N2-Z5）は4号塚の東北側にある。長方形で、縦15m、横10mの長さがある。墓の境界の内側には筒形器がある。墓の南側では人骨が発見された。5号塚を上から見ると、「日」の字と形が酷似している。

〔図36　第2地点5号塚（N2-Z5）〕

筒形器（N2-Z5-H2）

1. 牛河梁遺跡の特徴

◇6号塚（第6単元、N2-Z6）は円形祭壇の後方（正北方向）に石を一筋に積んだもので、範囲は10m程度である。

〔図37　第2地点6号塚（N2-Z6）残存部分〕

塔形器残片（N2-Z6）

③第3地点

　第2地点（N2）からまっすぐ南に向かった尾根の上にある第3地点（N3）は、一つの円形単塚である。郭大順はこれを「単体積石塚」という。海抜高度629mである。円形短銃の直径は17m、すべて石棺墓である。傾いた筒形玉器、玉腕輪、玉珠、玉臂飾などの玉器が出土した。また、石球（石臼）なども発見された。墓の境界を囲んだ環壕（溝の施設）が一つあることが特徴である。第2地点の付設墓の主張もある。G2で壊れた男の顔像（残片）も見つかった。底からは戦国時期の陶器彫刻も見つかった。[注18]

〔図38　第3地点の全景（N3）〕

1. 牛河梁遺跡の特徴

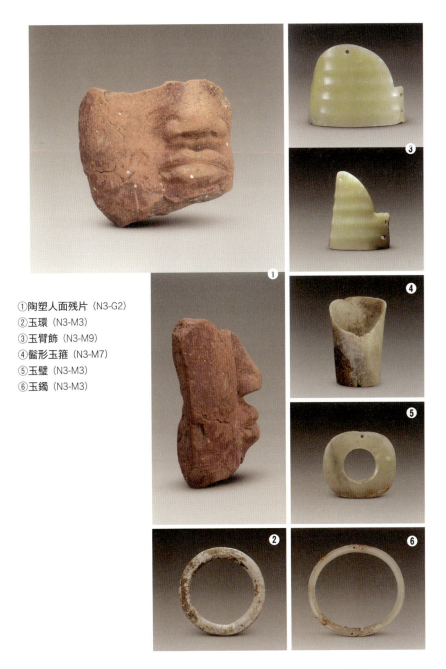

①陶塑人面残片（N3-G2）
②玉環（N3-M3）
③玉臂飾（N3-M9）
④髷形玉箍（N3-M7）
⑤玉璧（N3-M3）
⑥玉鐲（N3-M3）

〔図 38-1　第３地点の各墓および玉器類〕

第Ⅱ章　牛河梁遺跡とトーテム連合

④第 5 地点

　第 3 地点から西方 882m の尾根に第 5 地点（N5）が位置し、海抜高度
618.4m である。第 1、第 2 単元は積石塚で、第 3 単元は祭壇式建物である。
筒形陶器が一列に配置された跡がある。郭大順は中央の祭壇式建物を 2 号塚で
あると説明しているが、『牛河梁 ― 紅山文化遺址発掘報告』（中）では左側か
ら 2 号塚、3 号塚、1 号塚と区別している。[注19]

　・1 号塚 1 号墓で勾雲形玉器、玉鐲、玉亀などが出てきた。

　・2 号塚 2 号墓では玉鐲、彩陶罐が出土された。

　・中央の 3 号塚の祭壇（N5-SC-Z3）は長方形である。

　比較的完全に保存されていた。方向は 148 度である。壇体は断層の石塊で敷
いてあった。石塊の材料は基本的に白色の石灰岩質で、すべての壇体は純白色
のものがほとんどであった。規模は最も長いところが東に 8.6m、それから西
の方に 7.6m、北に 5.5m、短いところが南に 5.3m である。壇体の北側中心の
石塊の下に 4 体の人骨が敷かれていた。南北向けの一時型で置かれ、「2 次埋
葬」であると思われる。柱状偏刃石斧が 2 つ出土された。[注20]

　祭祀と関係があるのかどうかいまだわからないが、左右の墓を率いていると
いう面から、2 地点の円形祭壇に比較される方形祭壇として見てもよいだろう。
2014 年に出版された『牛河梁』には、方形祭壇と明示している。[注21]この第 5 地
点から見える山は、猪山または熊山という。

92

1. 牛河梁遺跡の特徴

〔図39　第5地点の全景（N5、左東南右西北、1998年写真）〕

〔図40　第5地点1号墓他、全景（N5-Z1-M1〜M7）〕

第Ⅱ章　牛河梁遺跡とトーテム連合

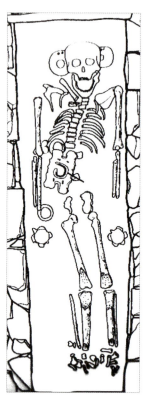

〔図41　第5地点1号塚1号墓の墓室（男性人骨、N5-Z1-M1）〕

1. 牛河梁遺跡の特徴

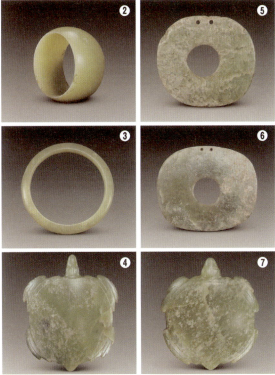

①勾雲形玉器（N5-Z1-M1）
②鼓形玉（N5-Z1-M1）
③玉鐲（N5-Z1-M1）
④玉鱉（N5-Z1-M1）
⑤玉璧（N5-Z1-M1）
⑥玉璧（N5-Z1-M1）
⑦玉鱉（N5-Z1-M1）

〔図41　第5地点1号塚1号墓の墓室の玉器類〕

95

第Ⅱ章　牛河梁遺跡とトーテム連合

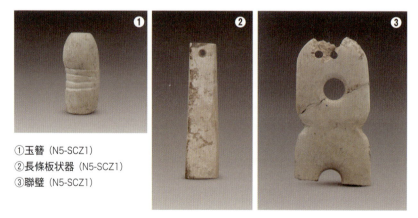

①玉簪（N5-SCZ1）
②長條板状器（N5-SCZ1）
③聯璧（N5-SCZ1）

〔図42　第5地点2号塚の各墓室（N5-Z2-M1～M3）（玉器類）〕

1. 牛河梁遺跡の特徴

①玉鐲（N5-Z2-M2）
②彩陶罐（N5-Z2-M2）
③墜飾（N5-Z2-M2）

〔図43　第5地点2号塚2号墓の墓室（N5-Z2-M2）および玉器類〕

第Ⅱ章　牛河梁遺跡とトーテム連合

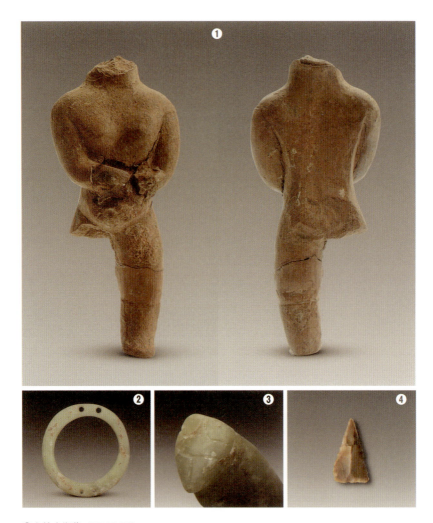

①女性小塑像（N5-SC-Z2）
②玉鐲（N5-Z2-M3）
③玉キリギリス（N5-Z2-M9）
④石鏃（N5-SC-Z2）

〔図44　第5地点2号塚3号墓の墓室（N5-Z2-M3）他〕

1. 牛河梁遺跡の特徴

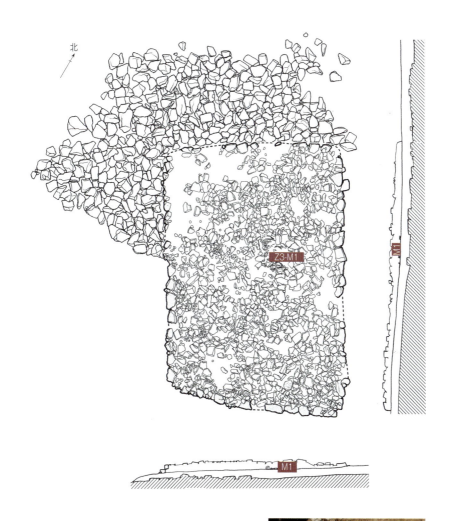

人骨(N5-Z3-M1)

〔図 45　第 5 地点 3 号塚の方形祭壇（N5-Z3）〕

第Ⅱ章　牛河梁遺跡とトーテム連合

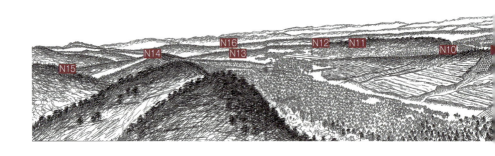

⑤第 13 地点

　第 16 地点（N16）に最も近い第 13 地点（N13）は独立した土丘である。ここを轉山子と呼ぶ。いわゆる東方のピラミッドがあるところである。エジプトのピラミッドより規模は小さいが、1000 年も前のものだ。ピラミッドが崩れないように堅緻石と交互に積む方法は、紅山文化から夏家店下層文化へと引き継がれている。また、高句麗の積石塚と同じ系列としても分類される。双小口器の陶器の残片が出土された。
(注22)

〔図 46　第 13 地点（N13-T39）〕

⑥第 16 地点

　朝陽市凌源県三官甸子城子山遺跡が第 16 地点（N16）である。1979 年 6 月に初めて発掘されたときは、「凌源県三官甸子城子山遺跡」と称した。牛河梁遺跡の西部尾根に位置し、海抜高度は 560m である。紅山文化と夏家店下層文化の二つの時期を含んだ文化遺跡として知られた。こちらは家の跡地遺跡 1 座（79F1）、古墳はすべて 3 基（79M1 〜 M3）である。2 号墓は大型の古墳で、1.3 号墓は小型の墓である。2002 年、2 号墓から北に約 5m のところに大きな墓が発見された。これを 4 号墓（M4）という。M4 は縦 3.9m、横 3.1m の大きさで、成人男性一人を埋葬し、玉人と玉鳳など副葬品 8 個の玉器が出土した。

100

1. 牛河梁遺跡の特徴

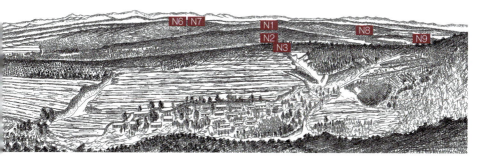

〔図47　地点別立体図〕

　また、1号墓では玉棒3個と双熊像、彩色陶器筒形器物が出土された。さらに、夏家店下層文化時期の家の跡地遺跡1座、灰坑を3個も発見された。2002年には夏家店下層文化堆積が紅山文化堆積の上に積み重なって押さえられた地層関係を発見した。紅山文化堆積は上から下へ順に、上層積石塚段階堆積、下層積石塚段階堆積と垂直横穴土壙古墳の三つに分けることができる。夏家店下層文化の遺存は生活住居遺跡の形式で現れたが、合計8座の（房址）遺跡と灰坑75個、窖穴3個、灰溝4個、石砦墻（石垣の塀）2区間が発見された。[注23]

　以上のことから、次のようにまとめることができる。第16地点は夏家店下層文化の要素を強く受けたため、墓のすべての構造はすでに本来の構造を保たれていない、ということである。[注24]つまり、第16地点が夏家店下層文化と重なっていることを意味する。筒形器や腕輪、幾何形玉器、鳥などの玉器を比較し、夏家店下層文化の玉器は、紅山文化の玉器をそのまま受け継いでいるという見解も参考になる。[注25]

101

第Ⅱ章　牛河梁遺跡とトーテム連合

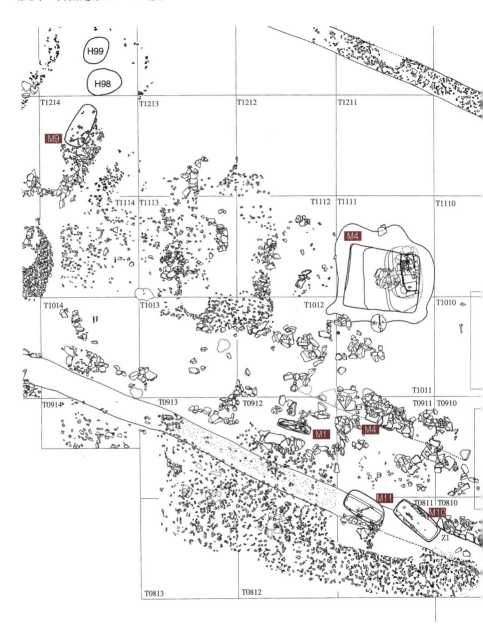

〔図48　第16地点（N16）配置図〕

1. 牛河梁遺跡の特徴

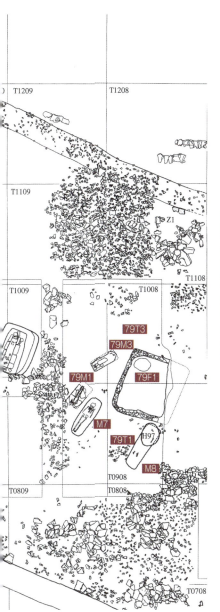

〔図48-1　第16地点（N16）4号墓〕

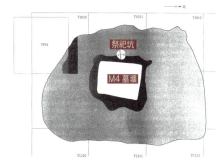

第16地点4号墓（M4）の墓壙と祭祀坑

103

第Ⅱ章　牛河梁遺跡とトーテム連合

①陶塑人像手残塊（N16-Z1）
②双聯璧（N16-M1）
③三聯璧（N16-M1）
④玉璧（N16-M1）
⑤玉環（N16-M1）
⑥玉璧（N16-M11）
⑦玉環（N16-M10）
⑧髶形玉箍（N16-M10）
⑨玉勾角（N16-M13）
⑩西側墓玉鱉（N16）
⑪西側墓玉飾（N16）

〔図49　第16地点1号墓の墓室（N16-M1）他〕

1. 牛河梁遺跡の特徴

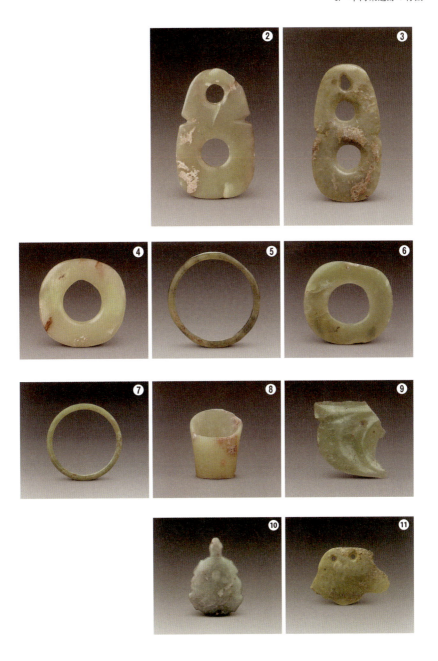

〔図 49-1　第 16 地点 1 号墓の墓室（N16-M1）他および玉器類〕

第Ⅱ章　牛河梁遺跡とトーテム連合

①玉人（前後及び顔像）
　（18.6cm、N16-M4）
②玉鳳（19.5cm、N16-M4）
③玉鐲（N16-M4）
④玉環（N16-M4）
⑤緑松石墜飾（N16-M4）
⑥髻形玉箍（N16-M4）
⑦陶塑人体残塊（N16-M4）

〔図50　第16地点4号墓の墓室（男性人骨、N16-M4）および玉器類〕

106

1. 牛河梁遺跡の特徴

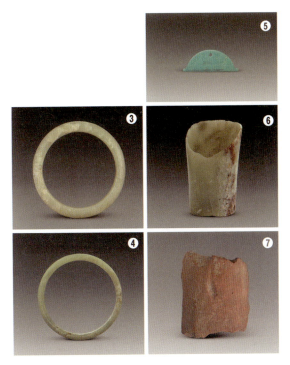

〔図50-1　第16地点4号墓の玉器類〕

第Ⅱ章　牛河梁遺跡とトーテム連合

〔図51　第16地点14号墓の墓室（女性人骨、N16-M14）および玉器類〕

1. 牛河梁遺跡の特徴

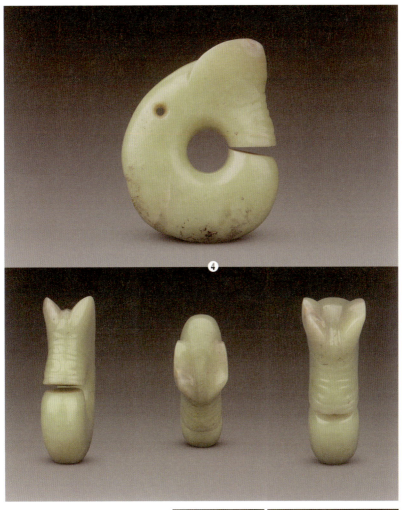

①玉鐲（N16-M14）
②玉璧（N16-M14）
③細石器石刀（N16-M14）
④玉龍（N16-M14）
⑤髷形玉箍（N16-M14）
⑥玉環（N16-M14）

〔図51-1　第16地点14号墓および玉器類〕

第Ⅱ章　牛河梁遺跡とトーテム連合

①双目勾雲形玉器（N16-M15）
②玉玦（N16-M15）
③玉環（N16-M15）

〔図52　第16地点15号墓の墓室（N16-M15）および玉器類〕

1. 牛河梁遺跡の特徴

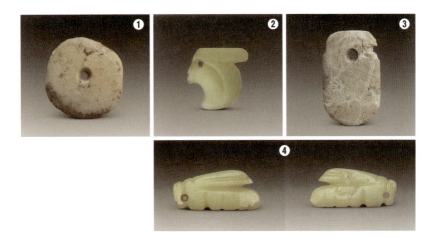

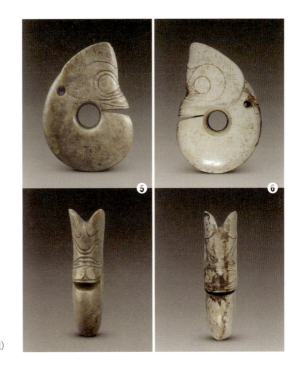

①玉璧（N16-Z1）
②勾角（N16-Z1）
③鉞（斧）（N16-Z1）
④玉蝗（N16-Z1）
⑤牛河梁遺跡採集品（玉龍）
⑥牛河梁遺跡採集品（玉熊龍）

〔図53 第16地点1号塚（N16-Z1）の玉器類〕

111

第Ⅱ章　牛河梁遺跡とトーテム連合

①髷形玉箍（15.5cm、N16-79M2）
②勾雲形玉器（22.5cm、N16-79M2）
③玉璧（N16-79M2）
④玉環（N16-79M2）
⑤玉鳥（N16-79M2）
⑥陶筒形器残片（N16-79M2）
⑦管珠（N16-79M2）

〔図54　第16地点 79M2号墓（N16-79M2）および玉器類〕

112

1. 牛河梁遺跡の特徴

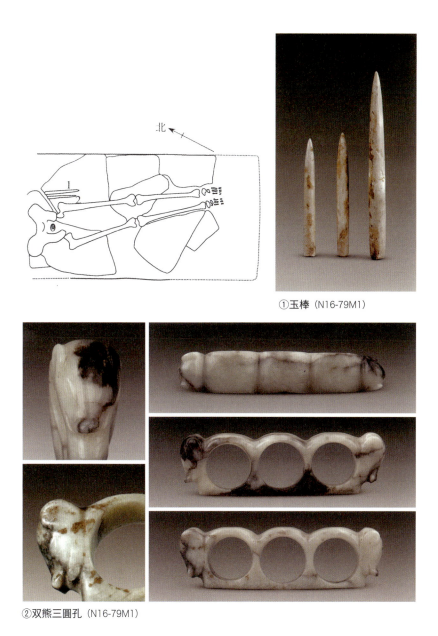

①玉棒（N16-79M1）

②双熊三圓孔（N16-79M1）

〔図55　第16地点79M1号墓の模写図（男性人骨、N16-79M1）および玉器類〕

第Ⅱ章　牛河梁遺跡とトーテム連合

①盤状器（N16-H88）
②骨針（N16-H73）
③石人面（N16-H95）

〔図56　第16地点 H88 等夏家店下層文化（N16-H88）他、盤状器など〕

1. 牛河梁遺跡の特徴

④卜骨（N16-F1）
⑤石磬（N16-F7）
⑥石核（N16-F3）

檀君史話の聖地である牛河梁国家公園前で筆者（2018.5）

〔図 56-1　第 16 地点 F1 等（N16-F1）〕

115

第Ⅱ章　牛河梁遺跡とトーテム連合

　劉国祥は小河沿文化の次に登場した夏家店下層文化の編年を今から3500〜4000年前として考えていた。この時期は古朝鮮文化と重なる。夏家店下層文化は紅山文化から続いたとして知られているが、紅山文化の祭壇文化がそのまま夏家店下層文化

〔図57　城子山三石祭壇〕

につながっているという面で重要な意味を持つ。今でも城子山には石で作られた３つの祭壇が置かれている〔図57〕。

〔図58　城子山山城模型図（相生放送キャプチャー）〕

　内蒙古赤峰の城子山には山城〔図58〕があり、その頂上には夏家店下層文化の代表的な遺跡地として四角形の広い祭壇の跡が残っている。最近の研究により、城子山にある祭壇と同じ跡が、城子山正南側に位置する鴨鶏山で祭礼儀器とともに発見さ

れたことから、城子山は、祭天儀式の場所として使われたという説も提示された。また、城子山城跡の南側岩で発掘された北斗七星形のホームと、六個の岩に彫られた星座形の星穴は星座の跡だと解釈された。石を積んで作った山城の中心は周辺より高く長方形で石台と石が積まれているが、その方位を測定した結果、正南北（真南北）方向に配列されていることを確認した。

　また、星穴は築造当時から続いていたと見られる。山城の土台を造成する当初から、太陽の影の変化を棒で観察する立竿測影等を用い、正南北方向に配置したと考えられる。城子山の城跡で南北の方向に配置されていることと岩に彫られた星座ホール（星穴）は、紅山文化の牛河梁と東山嘴にある祭壇の配置方向（南北）と立竿測影遺跡など、いくつかの共通点がある。祭壇として知られた紅山文化と夏家店下層文化遺跡地においても、すべてが正確に正南北の方向に配置されていることが確認された。つまり、当時の天文観測（プラネタリウム）は南北方向を測定し、祭壇も天文方向により配置する体系的な構造を備えていた。これらの祭壇遺跡で天圓地方の形態と星座ホームまで発見されていることは、祭壇が単純な祭礼だけではなく、祭天儀式としても使われたと解釈さ

1. 牛河梁遺跡の特徴

れている。[注27]

　次は、積石に関することである。枠の平面は方形（牛河梁第2地点2号塚）、正方形方形（第2地点1号塚）、円形（第3地点、第5地点1号墓）、前方後円形（第2地点4号塚）等がある。また、祭壇は東山嘴の円形祭壇と同じで、第2地点3号塚は3段の円形祭壇、第5地点は墓の間にある方形祭壇である。第16地点は墓のみで、祭壇はない。

　ところで、第2地点の第4号、第5号塚には共通して、筒形器が配列されていた。筒形器は韓国語の固有語では壇地または檀地（韓国語漢字音読み단지 danji、昔の壺の漢字表記）である。筒形器は言葉どおり底が開いていて、天と地の気が通じるようにした。玉琮にたとえて、陶琮ともいう。天と地の気が通じる標本は地天泰卦である。空の気は下に降りてきて、土地の気は上昇し、中間で相交わることを意味する。筒形器は上と底が開いている壺であり、言葉を変えれば通檀地（tongdanji）である。通檀地（壇地）であるため、天と地の気が自由に行き交うことができる。

　牛河梁遺跡の第2地点に通檀地が置かれていたことは、そこが檀地と関係があることを象徴している。この通檀地（壇地）が墓から家庭に入ってきてからは、その用途が変わる。家庭では、居間に置く三神檀地、台所に置く扶婁檀地などと個別の呼称がつけられた。筆者は、檀地の起源は紅山塚の筒形器が元であり、やがて三神檀地、扶婁檀地になったと考える。

　しかし、同じ檀地であるが、三神檀地、扶婁檀地とは別に、塚の通檀地はその名前をなくしてしまった。筒檀地の名前を探すためには、檀地の本来の意味を探せばわかる。筒檀地は死んだ人が天の気と土地の気の円滑な交流によって、天に上がっては下りようとする念願を象徴したであろう。これは、朝夕で天と地を上がっては下りて国を治めるのを見て、世の人々は解慕漱を天から来た若い王様、天王郎と呼んだことから知ることができる。

　このように、檀地は天を意味する「檀」

〔図59　紅色は陽、黒色は陰を象徴。陶筒形器 (N2-Z4-M6)〕

と土地を意味する「地」の合成語である。檀君の檀に天の意があるということはテングリ（tengri）の変遷過程でも周知の通りである。したがって、牛河梁人が墓にこの筒形器を設置したときから「檀地」という言葉が「天と地の気を入れた器」の意で使われたと察するに難くない。中国式筒形器ではなく、韓国語の「檀地」または「通（筒）檀地」と呼べるはずである。合わせて、このときから檀君の概念が形成され始めたと考えられる。したがって、檀は「オノオレカンバ（檀木）の檀」から一歩進み、「明るい天の檀」として考えるべきである。

（3）牛河梁遺跡の鳥崇拝

　まず、牛河梁遺跡で出土された玉器に関する調査である。動物形玉器の題材は非常に豊富で、構造とスタイルが多様、造形は独特で、具象、抽象、具象と抽象の結合など様々な表現形式を持っている。このような動物形玉器の中に、構想的・写実的造形の玉器には二種類の表現手法がある。その一つは、動物の生体的形態を彫刻（全身彫刻）したものとして、玉鳥や玉亀、玉貝、玉蚕、玉鷺、玉蟬、玉蝗などがある。もう一つは、動物の特定の局部を彫刻したもので、たとえば動物の頭部を表現した獣面形玉器と玉鳳首や、横になる姿勢の玉鳳がある。構想的・写実的造形の玉器は、立体彫刻を主としたが造形が簡潔で洗練され、それぞれ特色を持っている。[注29]

　次は、崔岩勤が提示した牛河梁遺跡の動物形玉器図形である。動物形玉器の彫刻工芸は、立体彫刻、片雕、鏤雕（陽刻）、胸掘、模様装飾（刻划紋飾）、穴開き（钻孔）、光沢（抛光）等の特徴がある。立体彫刻玉器は、動物の輪郭を三維立体形式で表現した。牛河梁遺跡で出土された動物形玉器は玉龍〔図61⑧⑨〕、双猪首三孔玉器〔図61⑩〕、玉亀〔図60②③〕、玉鷺〔図60⑤⑥〕、玉蟬〔図60⑦〕、玉蝗〔図60⑧〕等である。玉器は今にも動き出しそうな造形で、動物の頭部には簡略な模様装飾が刻まれている。[注30]

　この模様装飾の一つが網模様（網格紋）ではないかと考える。特に獣面形玉器〔図60⑪〕は立っている耳の形から熊像のように見えるが、ブタの像（猪像）と考えられる。[注32]この熊像の玉佩式は亡者の下丹田（臍から約9cm下）の上に置かれていた。玉蟬〔図60⑦〕は虎形と誤って認識されやすい。また、い

1. 牛河梁遺跡の特徴

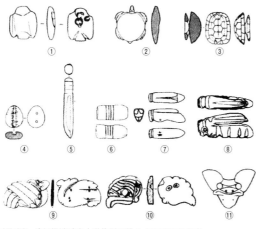

① 玉鳥
② A形玉亀
③ B形玉亀殼
④ 玉貝
⑤ A形玉蠶
⑥ B形玉蠶
⑦ 玉蝍
⑧ 玉蝗
⑨ 玉鳳
⑩ 玉鳳首
⑪ 獸面(熊)形器

〔図60　牛河梁遺跡出土動物形玉器1（崔岩勤の分類）〕

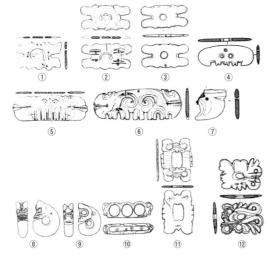

① A a形勾雲形玉器
② A b形勾雲形玉器
③ B形勾雲形玉器
④ A形帶歯類獣面形器
⑤ B形帶歯類獣面形器
⑥ B形帶歯類獣面形器
⑦ B形帶歯類獣面形器（残件）
⑧ A形玉龍
⑨ B形玉龍
⑩ 双獣三孔器
⑪ 双首形器
⑫ 龍鳳形器

〔図61　牛河梁遺跡出土動物形玉器2（崔岩勤の分類）〕

わゆる双獣三孔玉器〔図61⑩〕もブタ（猪）像ではなく、熊像の双熊像として理解するのが正しいと考える。

　紅山文化中ので牛河梁遺跡は、小河西文化、興隆窪文化、査海文化、富河文化、趙宝溝文化を継承、発展させてきたことで評価されている。また、遺跡地別で見ると、牛河梁第1地点では女神像がある女神廟が発掘された。ここで熊骨、熊の足裏がともに出土した。積石塚群と円形祭壇が発掘された第2地点で

119

は、ブタまたは熊のような玉熊龍（または玉猪龍）、玉箍、玉環、玉璧、双連璧、箍形器、菱形器などが発掘された。鳥形像〔図62〕では牛河梁第2地点で鴞形玉、玉鳥（無面鳥、鳥形玉坠）〔図64〕、双鴞首玉佩、玉鳳首形などの他、獣面（熊）玉器も出土した。(注33)

〔図62　牛河梁玉鳥（第16地点）〕

また、第16地点（城子山三官甸子遺跡）では、玉人、玉鳳凰〔図63〕、鴞形玉佩などが発掘された。(注34)ブタは足（脚）に点があることから北斗七星と関連され、民間では大切に考えていた。しかし、家畜として飼育されることでトーテムの意味が薄れていったのである。

この中で関心を引くのは、牛河梁第16地点4号塚から出土した鳳凰である〔図63〕。(注35)鳥の形をしており、3つの線で表された翼が頂点を表し、静寂と和やかさを象徴している。そして、第2地点から出土した顔のない鳥を、筆者は任意に無面鳥と名づけた。一つの直線と二つの斜線で高度な芸術性を発揮し、鳥が飛んでいく様を表したと思われる。このように、玉器の形は材料と工芸の水準によって異なる。

〔図63　牛河梁鳳凰（第16地点4号墓）〕

〔図64　牛河梁無面鳥（第2地点）〕

牛河梁遺跡から出た玉器の中で、発掘報告書に登載された玉器は183件である。この他にも、第2地点で98件、第3地点9件、第5地点23件、第16地点で53件が発掘された。種類別には人形、動物形、玉璧などに区別される。この中で動物形は19件あり、そのうち龍3件、鳥6件、獣面2件、カメ4件、蚕2件などである。(注36)

牛河梁遺跡を含んだ紅山文化の動物形玉の中で重要なものの一つに、玉鳥がある。これに対して郭大順は、全鳥形と非全鳥形に分けて詳しく説明している。

一つは、完全な鳥の形をした全鳥形である。最も多く見つかっている。比較的典型的なものでは、胡頭溝1号墓で3個、三官甸子（牛河梁第16地点）1号

墓で1個、阜新県福興地で1個、内蒙古巴林右旗那斯台遺跡で2個が出土された。これらはすべて、鳥が正面から翼を広げた形態であり、詳細部分は概略的に表現され、引き上げた尻尾に彫られた模様は羽毛を表現した。五官（耳目口鼻など）は明確で、耳が立っていることから「ミミズク」といえるが、目、口の部分は大まかにかすかに判断できる程度である。牛河梁第16地点の玉鳳は詳細であるが、他の玉鳥（無面鳥）は鳥形の輪郭だけを持っている。

〔図65　牛河梁鷹形像の玉鳳首（第2地点）〕

他の一つは、鳥頭だけを表現したもので、牛河梁遺跡第2地点1号塚17号墓で出土（玉鳳首）〔図65〕された。嘴は曲がった鉤形で頭の上に冠があり、臣の字形の目を持っていて、当然タカ（または、ミミズク）の種類と見ることができる。また、他にも牛河梁遺跡だけで見られるものとして、龍鳳模様の佩玉（第2地点1号塚23号墓）〔図66〕で、その中の鳥頭形像は玉鳥の頭と似ている。嘴は大きな鉤で丸い目を持っていて、やはりタカの種類である。(注37)その他、上下合体の双鴞首は幾何学的で対称を成していてミミズクの目と耳をよく表現している〔図67〕。

〔図66　牛河梁龍鳳佩玉（第2地点）〕

〔図67　ミミズクの耳の白眉である牛河梁双鴞首玉飾（第2地点1号塚26号墓）〕

このように、牛河梁の墓で多様な玉鳥が発見されたのは、韓国古代の三韓時代の人々が葬儀を行う時、大きい鳥の羽を埋めたことに由来しているといえる。(注38)

一方、キム・ソンジャは批判的な視点から、中国人が龍であっても龍鳳という語を乱発することは、北方シャーマニズムとの関係を敬遠するところにその理由を探している、とする。(注39)

（4） 牛河梁遺跡の稲妻模様と太陽

今から5000～5500年前、凌家灘（安徽省所在）文化から出た太陽を象徴するもう一つの遺物〔図68〕がある。いわば陽鳥である。これはタカが両翼にブタを抱いて太陽（八角の星模様）に力強く飛翔する姿で、鳥と太陽が一体という認識を表象している。では、紅山文化ではどうなのか。

〔図68　凌家灘太陽文様〕

これより先立つ紅山文化の石器からも八角形模型の「太陽石」が発見された。碧玉多頭器という見慣れない名前で、敖漢旗の太陽玉もある。〔図69〕は、韓国禮山から出土された八珠鈴（青銅鈴、国宝255-1号）〔図70〕のように8つに分かれた光のエネルギーを発散している。子細に見れば、図69の八珠は中心部に十字模様（十）と各辺が内に曲がった八稜形図像で抽象化されている。十字模様は中心軸を象徴し、宇宙の中心に置く光を観念を直観的に表す。十字は太陽の象徴模様といえる。

〔図69　碧玉多頭器敖漢旗七度卍字遺址（敖漢旗博物館所蔵）〕

筆者は牛河梁女神廟で発見されたある壁画の図に注目する。この図は幾何学的で、子細に見れば十字が上下の真ん中に立ち並んでいて、左右には寺を意味する卍字が逆さまに合わせた形である。これは太陽文様と似ている。稲妻模様であると具体的に考えてもよい〔図71、72〕。

フレイザーによれば、古代人は、稲妻が木に乗って降りてくる様子から、天と木の神と稲妻の閃光を同一視していたという。古代人

〔図70　忠南禮山青銅鈴（韓国国宝255-1号）〕

〔図71　牛河梁女神廟壁画の稲妻模様〕

にとってこの稲妻は天の跡であり、稲妻模様はそれを描いたということである。換言すれば、稲妻の起源は太陽で、そこから降りてきた神の痕跡である。ところで、牛河梁の遺跡を1つのトーテム文化として考えるのが難しい理由の一つが、この稲妻模様である。稲妻模様は太陽トーテムを表現している。後に、朝陽県十二台営子で出土された銅鏡にも、これと類似の稲妻模様が表れている〔図73〕。

〔図72　牛河梁女神廟壁画の稲妻模様（模写本）〕

牛河梁第2地点の円形祭壇と方形積石塚は天と地の宇宙模型を象徴し、円形祭壇を囲んだ浅い赤色の石は、太陽の光が周辺に広がる姿のように見える。(注46) 同時に、牛河梁第2地点墓の中で21号墓、14号墓で見るように、頭が東向であることは太陽崇拝を象徴する。

そうであれば、この牛河梁遺跡は、熊トーテムと鳥トーテムとともに太陽トーテムも現

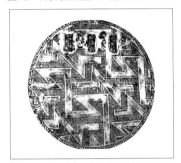

〔図73　朝陽県十二台営子出土銅鏡の稲妻模様（遼寧省博物館所蔵）〕

れるが、太陽トーテムは本来、鳥トーテムを含有するため、牛河梁遺跡は熊と鳥の「連合」として考えるべきである。「連合トーテム」に対しては先述した通りである。連合トーテムは、ある種族が二種類のトーテムを同時に用いることを意味する。鳥トーテム族が太陽トーテムも用いる、というケースである。こういう場合は「共同トーテム」または「二重トーテム」という言葉が適切である。反面、異なる種族の間にトーテム結合が成り立つことも可能である。こうような場合には、連合トーテムというよりは「トーテム連合」を用いることの方がその意味に合うだろう。したがって「トーテム連合」は、二つの種族間の「共存トーテム」を意味し、二つのトーテムの共同体構成にも直結される。このことから、牛河梁遺跡で鳥トーテムと熊トーテムが互いにトーテム連合（164頁参照）を成していることを理解できるだろう〔図74〕。

第Ⅱ章　牛河梁遺跡とトーテム連合

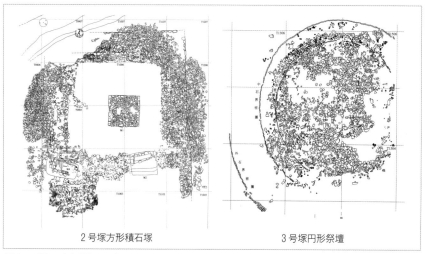

〔図74　地と天を象徴化した牛河梁第2地点2号塚（西側）と3号塚円形祭（東側）〕

注
(1) 孫守道「牛河梁与紅山文化」『孫守道考古文集』遼寧人民出版社、2017年、193頁。
(2) 郭大順主編『紅山文化』イ・ジョンスク訳、東北亜歴史財団版歴史財団版、219頁。
(3) オデカン「遼西地域積石塚文化の起源と形成過程」『東北亜歴史論叢』45、2014年9月、217～218頁
(4) 李亨求の分類：石墓、積石塚、石棺墓、石槨墓、石室墓、支石墓（コインドル）―李亨求『韓国古代文化の秘密』金英社、2004年、96頁。
(5) 田広林「論中国古代崇龍礼俗的起源」『紅山文化論著粋編』遼寧師範大学出版部、2015年、158頁。
(6) 卜箕大他『遼西地域初期新石器文化研究』周留城、2016年、139頁。
(7) 孫守道「紅山文化玉熊神考」『孫守道考古文集』遼寧人民出版社、2017年、214頁。
(8) 徐廷範『国語語源辞典』報社、2000年、187頁。
(9) 前掲注2書、109頁。
(10) 文崇一「濊貊民族文化及其史料」『中央研究院民族学研究所集刊』5集（台北）、1958年春、135頁。
(11) 同上書、135～136頁。文崇一は最初から「鳥夷族」と釘を刺している。鳥夷族は鳥トーテム族、鳥崇拝族の具体的で実存的な表現である。韓国民族に「賽神（saesin）」という言葉がある。他言語での鳥神と同じである。筆者は鳥崇拝族―鳥トーテム族―鳥夷族を同義語でみるものの、段階的に表現を試みている。
(12) 大凌河（Daling）は長さ397km、流域面積2万200km^2、中国遼寧省西部で流れる河川である。北側の努魯児虎山と南側の黒山に源を発し、喀喇沁左翼蒙古族自治懸大城子東側で合流して北東に流れた後、北票市大板付近で再び南東側へと流れて凌海市を抜けて遼東湾に流れ込む。含沙量が高く、土地が流失する（『斗山百科』）。
(13) 遼寧省文物考古研究所編『牛河梁――紅山文化遺址発掘報告（1983～2003）』（上）文物出版社（北京）、2012年、1頁。
(14) 遼寧省博物館編『古代遼寧』文物出版社（北京）、2017年、101頁。
(15) 佟柱臣『中国考古学要論』鷺江出版社（福州）、2004年、519頁。
(16) 趙賓福『中国東北新石器文化』崔茂蔵駅、集文堂、1996年、121頁。

1. 牛河梁遺跡の特徴

(17) 前掲注 13 書、132 頁。

(18) 遼寧省文物考古研究所編『牛河梁——紅山文化遺址発掘報告（1983 ～ 2003）』（下）文物出版社（北京）、2012 年、図版 195 番。

(19) 同上書、図版 199 番。

(20) 遼寧省文物考古研究所編『牛河梁——紅山文化遺址発掘報告（1983 ～ 2003）』（中）文物出版社（北京）、2012 年、333 頁。

(21) 朝陽市牛河梁遺址管理処『牛河梁』2014 年、62 頁。

(22) 李亨求、イ・キファン『コリアンルートを探して』ソンインダン、2009 年、137 頁。

(23) 前掲注 20 書、350 頁。

(24) 前掲注 2 書、106 頁。

(25) 卜箕大「紅山文化と夏家店下層文化の連関性に関ある試論」『文化史学』27、2007 年、138 頁。

(26) 劉国祥「西遼河流域新石器時代至早期青銅時代考古学文化概論」『赤峰学院学報・紅山文化研究専輯』赤峰学院、赤峰市文化局、2006 年 8 月、71 頁。

(27) 梁洪鎮「中国考古天文遺跡の地域分布と特性に対して—紅山文化と夏家店下層文化遺跡を中心に」『東アジア古代学』32、2013 年、353 ～ 354 頁。

(28) 李讃九「檀と弘益人間に対ある哲学的理解」『仙道文化』23、2017 年 8 月、84 頁。

(29) 崔岩勤「牛河梁紅山文化遺址出土動物形玉器探析」『赤峰学院学報（漢文哲学社会科学版）』38 巻、2017 年 5 月、2 頁。

(30) 同上書、5 頁。

(31) 韓永愚『再び探す私たち歴史』経世院、2015 年、2 頁（画報）；姜華『牛河梁遺址女神廟』吉林文史出版社、2017 年、75 頁。

(32) 趙春青、秦文生『図説中国文明史』(1)、創元社（東京）、2006 年、157 頁。

(33) 『牛河梁』朝陽市牛河梁遺址管理処、2014 年、94 ～ 97 頁。

(34) 同上書、106 ～ 108 頁。

(35) 陳逸民、陳鶯『紅山玉器図鑑』上海文化出版社、2006 年、83 頁。

(36) 前掲注 20 書、473 ～ 475 頁。前の姜華はこの鳳凰を白鳥（天鵝川）と結びつけて説明している。

(37) 前掲注 2 書、169 頁。

(38) 「以大鳥羽送死其意欲使死者飛揚」（『三国志』魏書、東夷伝、弁辰）；または〈『通典』巻 185、「辺防一東夷上辰韓」〉にも出てくる。

(39) キム・ソンジャ「紅山文化の黄帝領域説に対する批判—熊神話を中心に」『東北亜熊神話と中華主義神話論批判』東北亜歴史財団、2009 年、224 頁。

(40) 張緒球「長江河游史前玉器的神霊化和礼器化過程」『中国玉文化玉学論叢』4 編、上、紫禁城出版社、2006 年、87 頁。

(41) 田広林、劉国祥主編『紅山文化論著粋編』遼寧師範大学出版部、2015 年、画報 4 頁。

(42) http://bbs.chinajade.cn/announce/announce.asp?boardid=101&id=1089327

(43) 金晟煥「韓国古代仙教の光の象徴に関ある研究（上）」『道教文化研究』31 集、2009 年、38 頁。

(44) 遼寧省文物考古研究所朝陽市文化局編『牛河梁遺址』学苑出版社（北京）、2004、15 頁。前掲注 18 書、図版 24。前掲注 13 書、33 頁。

(45) ジェイムズ・ジョージ・フレイザー『黄金枝』イ・ヨンデ訳、ハンギョレ出版、2003 年、895 頁。

(46) 陸思賢・李迪『天文考古通論』梁洪鎮、申月仙、卜箕大訳、周留城、2017 年、101 ～ 102 頁。

2. 牛河梁人のDNA

(1) 牛河梁人の遺骨分析と褊頭

　牛河梁の女神像は、その地域の文化主体の族源を明らかにするための重要な端緒となっている。この女神像が、その時期の標準的な人物の顔立ちを実際の大きさで作ったと推定できるからである。孫守道はこの女神像を、古代の中華人種学と民族史を研究する典型的な標本とした。また炎黄（炎帝、黄帝）の子孫たちに、5000年前に初めて黄土で彫刻した祖先の形像を見せたが、この土で作った「黄土の神（黄土之神）」がまさに中国民族の神だと断言した。(注47) 牛河梁の女神像を中華民族の神として規定している。

　まず、復元された女神像〔図75〕の大きさに対しては先に説明した通りである。額の上から顎の下の部分までの長さは22.5cm、横幅は16.5cmであり、両耳間の長さは23.5cmである。次は、頭像に対する初歩的な分析に対する説明である。

〔図75　牛河梁女神像（模写本）〕

　　第一に、これらの彫刻像は立体彫刻手法が用いられている。背後に壁あるいはその他の構造材の断裂面に付けた跡が見える彫刻品もある一方で、これらは一般的な浮き彫り（陽刻）または、高浮彫彫刻法とは違う。
　　第二に、すでに中国伝統の彫刻塑造組の基本工芸製造手続きが備わっている。
　　第三に、彫刻塑造技術はすでに一定のやり方に則った特徴を備えており、専業匠人の手から生み出されたのであろう。(注48)

孫守道は人物の特徴に対して次のように説明している。

　　顔の部位は人種特徴を確定する主な根拠になる。この頭像の顔立ちと目、

鼻などの部位は、精巧で特徴が鮮明なゆえに、その所属する人種を鑑定するに当たり手っ取り早い根拠となりうる。

・方円形、平べったい顔で、寛骨がはっきりと突起している。蒙古人種特有の主要な特徴である。

・つり上がり縦に「引き上げて開けた目（弔眼）」で、上まぶた、特に目の内側の角に比較的発達した赦皮（モンゴル皺）がある。上まぶたは鮮明ではなく、目穴が浅い。これは蒙古人種の典型的な目の形態である。

・鼻において特に著しい特徴は、低くて短い鼻先と丸い小鼻、鼻の下が扁平で鼻の穴は少し上向きで、鼻飾りがないなど、蒙古人種の鼻の特徴を備えている。

・上唇が比較的長くて薄いのは、やはり蒙古人種の特徴に属する。

この頭像の顔面に表現されたこれらの要素から、蒙古人種の特徴を明確に示していることが確認できる。(注49)

中国人が自ら明らかにしたこのような研究結果は、「蒙古人種」という単純な結論で締めくくっている。これに対し韓国の李亨求は、「広い意味での東方人を意味し、決して今の蒙古人を指し示すものではない」(注50)という。東方の黄色人種に対する一般的な指摘である、ということだ。また、林燦慶は「蒙古人種とは、大分類の下にさらに細分化された小分類の一種であり、紅山文化形成の主体の独特性を位置付けることができないある種の学術的事情が、当時存在したのではないだろうか、という推定も可能」(注51)だと主張した。これは、この研究結果が外部的要因によって制約されたことを暗示していると考えられる。

さらに、牛河梁遺跡で出土した紅山文化時期の人骨に対する総合的な研究を通じての次のようないくつかの収穫もあった。(注52)

遺跡から発掘された人骨をすべて、性別や年齢について鑑定分析した。その結果、男性個体は合計 31（全体の 42.47%）、女性個体は 27 例（同 36.99%）だった。未成年個体はわずか 2 例（同 2.74%）、男女の比率は約 1.15：1 だった。この遺跡から出土した人骨の死亡年齢に関する分析結果を踏まえれば、基本的に嬰児期、幼児期および少年期の個体は出土していない。青年期と壮年期の個体比率も比較的低い。男女とも死亡年齢は中年期に集中し、老年期の個体は非常に少なかった。

第Ⅱ章　牛河梁遺跡とトーテム連合

　以上のことから、この遺跡群は成年個体を中心に埋葬し、おそらく未成年個体は埋葬できないようにしたのであろう。平均死亡年齢の鑑定結果をみれば、男性は約 34.85 歳、女性は 30.24 歳であり、両性の死亡年齢は 32.70 歳である。これらの墓地に埋葬されなかった幼い死亡個体を考慮すれば、彼らの当時の平均寿命はさらに低いだろう。

　頭蓋骨の特徴的形態の観察を通して、牛河梁組紅山文化住民の体質的特徴がわかった。彼らは概して高い頭蓋骨型であり、比較的額は狭い。広くて扁平な額面部を持ち、上面の形態は高い軸で、広い頬骨の絶対値は比較的大きく、広い口蓋、中型の顎（中顎）、中型の目（中眶）、狭い鼻などの傾向がある。

　対比分析を通じて、牛河梁組紅山文化の住民がアジア州蒙古人種に属し、頭蓋骨の特徴から最もよく似ているのは現代アジア州蒙古人種、北アジア類型であり、その次に東アジア類型であることがわかる。それぞれの近代組との対比では、その形態距離が最も近いのはモンゴル組であり、次はエスキモー組である。近隣地域の古代の各組と比較すると、頭蓋骨の顔の特徴から、大甸子３分組とでより多くの類似性を表している。このことから十分に同一体質類型として見ることができる。

　頭蓋骨から、顔の特徴は頭蓋骨形が比較的高く、顔の形態が比較的広いながらも扁平な特徴を持った「古東北類型」住民と最も似ている。牛河梁組紅山文化の原始住民は当然、東北地域遠古時期の土着住民であり、少なくともこの地域で最も主要な土着住民の一つである。

　牛河梁遺跡で出土された人骨に対する病理学的鑑定分析を通じて知ることができたのは、牛河梁原始住民の中には歯周炎、歯根の膿腫と歯槽膿腫など口腔患疾患が多く存在したことと、虫歯は相対的に少なかったことである。保存状況の影響により、少量の退行性関節病気を発見した。頭蓋骨枕部の人工的変形は牛河梁紅山文化の原始住民たちの中で、比較的よく見られる特徴である。

　回帰方程式計算を通じて、牛河梁組紅山文化の男性住民の平均身長は約 165.64cm、女性住民は約 161.93cm であることがわかる。また、計算を通じて牛河梁組男性住民の平均的脳の容量は約 1631.02ml、女性住民は約

1479.51ml であることがわかる。

　以上を通じて、我々は牛河梁男女の生物学的特徴を部分的ながら知ることができた。現代人類の脳の容量が 1500 ～ 1800ml であることから勘案すれば、ほとんど差がないと考えられる。この中で紅山人の普遍的現象であった頭蓋骨枕部、すなわち「褊頭」に対して追加的な説明が必要である。褊頭は石のような外圧によって人工的に変形した頭蓋骨をいう。一般的に「褊平頭」というが、遊牧民によく現れる風習である。「子供が産まれるとすぐに、石で頭を押して平たくさせようとするので、今、辰韓人の頭は全部平たい」と言われた。実際、韓国金海礼安里 85 号墳被葬者人骨で褊頭が確認されたが、金海は弁辰（または弁辰韓）12 国の狗邪国であると見られる。
　文定昌は、辰韓は古朝鮮の真朝鮮系で、卞韓は番鮮系であると考えた。そして褊頭（頭蓋骨が長く伸びたこと、頭蓋変形）の分布圏と東夷文化圏を比較した結果、頭蓋変形は東夷文化の拡散とともに周辺地域に伝播し、特に西側では中国の河北省、東は韓国の南部や日本で発見されると指摘し、褊頭の特徴を次のように要約している。

- 東夷族の神人である伏羲、蚩尤、顓頊、后稷はすべて頭蓋変形をしていた。
- 韓国の始祖母である柳花と閼英、そして新羅の王たちにも頭蓋変形が見られる。
- 文献と遺物を通じて発見される羽人、すなわち伏羲、蚩尤、顓頊、后稷、羽人、雛兜、新羅土偶像の羽人、柳花、閼英はすべて鳥の姿に変装した巫堂であり、同時に神である。
- 東夷文化の鳥崇拝は太陽鳥崇拝という特徴を持つ。
- 頭蓋変形をした理由は、闇に対する恐怖に勝つためのもので、鳥の魂を憑依することで太陽神と神人合一することができた。
- 褊頭（頭蓋変形）は鳥 ＝ 太陽 ＝ 神 ＝ 巫 ＝ 頭蓋変形の関係として表すことができる。

　このように、褊頭は山東の東夷族のように紅山の鳥トーテム族が鳥頭に似せることによって太陽と合一しようとする共通的風習であったことがわかる。牛

河梁、大汶口、金海の三角関係に対する研究が出そろえば、褊頭に対する理解の幅が広くなるだろう。

　禹実夏によれば、紅山文化遺跡で発掘された頭蓋骨17個のうち13個が褊頭と中国の学界が発表した。また、鄭亨鎮は古朝鮮では褊頭をした政治共同体を辰人集団としてみなし、辰人に属する粛慎、真番、辰国、辰韓、弁辰の人々がこれに該当すると指摘した。残りの古朝鮮の人々は褊頭をしなかったが、フン族（匈奴族）では褊頭が発見されると分析した。

　メキシコの古代文明であるマヤ文明やペルーのインカ文明も、褊頭の風習があった。韓国語でいう「鳥頭のようだ」という表現は、長らく伝来してきた過去の習俗を表したものであり、今日では頭が小さい人や心が狭い人を遠回しに言う俗語に変わった。先述で張碧波が北佳夷＝古辰国と指摘したことを思い出すと、褊頭をした牛河梁人は北佳夷＝鳥トーテム族＝古朝鮮の辰国＝鳥頭という関係が成立する。言い換えれば、牛河梁人の褊頭風習は東夷の伝統をそのまま大事に継承したということであり、古朝鮮の時期には辰国等を通して伝えられたということがわかる。「辰」は本来、明け方の辰の字から後日、明け方「晨」で具体化されたということがわかる。明け方の「새」は鳥を意味し、明け方に関する伝承の中では「鶏」の意も入っている。一方、褊頭形玉人がその時代の世相をよく物語っている〔図76〕。

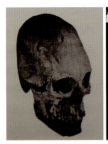

〔図76　フン族の褊頭（左）、牛河梁人骨（中）、褊頭形紅山玉人（右）〕

（2）mtDNAでみた遺伝的分析

　ここで、中国吉林大学から発表された趙欣の分子考古学論文を中心に説明をしたい。ただし、各種数値に誤りが生じる可能性もあって、筆者がその専門性を備えていないために、今の段階では参考資料のみの活用とし、金或の資料に

2. 牛河梁人の DNA

〔表 1　牛河梁紅山文化の積石塚サンプル HVR-1 半数体型類群帰属〕

Type	Sample number	HVR- I （16038-16391）16000+	SNPs	Haplogroup
T1	N1	184-223-298-319	10400T	M8a
T2	N2, N15, N18, N22, N25, N26, N27	172-223-257A-261-311	10400C_2 5417A	N9a
T3	N3, N4, N16, N19, N24, N31	182C-183C-189-223-360-362	10400T2 5178A	D5
T4	N5	183C-189	10400C_2 COII-tRNA^{Lys} 9-bp deletion	B
T5	N6, N8	129-213-223-290-319	10400C_2 663G	A
T6	N7	223-234-293-316	10400T	M9a
T7	N9	111-140-182C-183C-189-234-243	10400C_2 COII-tRNALys 9-bp deletion	B5b
T8	N10	114G-290-319-362	10400C_2 663G	A4
T9	N11, N12	129-223-335-362	10400T_2 5178A	D4
T10	N13	179-185-223-260-298	10400T	M8Z
T11	N14	136-183C-189	10400C_2 COII-tRNA^{Lys} 9-bp deletion	B4b
T12	N20	172-223-257A-261-270-311	10400C_2 5417A	N9a
T13	N21	223-257A-261-294-311	10400C_2 5417A	N9a
T14	N29	172-223-257A-261-294-311	10400C_2 5417A	N9a
T15	N30	294-304	10400C_2 3970T	F

〔表 2　牛河梁紅山文化の積石塚サンプル半数体型類群頻度分布〕

Population	Sample Size	Haplogroup frequencies （%）							
		A	B	D	F	M8a	M8z	M9a	N9a
牛河梁紅	28	10.71	10.71	28.57	3.57	3.57	3.57	3.57	35.71

第Ⅱ章　牛河梁遺跡とトーテム連合

よって再構成した比較表を提供することに本節の目的を置く。

　趙欣は自身の論文で、次のように主張している。

　　本稿は、遼西地域の先秦時期の人骨資料を研究対象として体質人類学と
　分子考古学の二つの方面から着手し、考古学、古気候学の研究成果を結合
　した。人間本体から出発して遼西地域の先秦時期の住民たちの従属、遺伝
　構造に対してつぶさな考察を進めた。同時に、その根源や流向、発展、移
　動、周辺住民たちとの相互関係などに対して探索した結果、遼西地域、さ
　らに中国北方の長城地帯の先秦と、この時期の考古学文化派閥などの問題
　に関する探求のために豊富な人種学と遺伝学資料として提供できるだろう。
　　本稿の研究結果により、新石器時代の遼西地域で「古東北類型」住民は、
　この地域において最も原始的な土族で、彼らの遺伝子は比較的単一で、当
　然、相対的に独立的環境で発展してきたことがわかった。続く青銅器時代
　に入った後の生産力水準の向上、人的流動性の増加、群体間の遺伝子交流
　の増加により、遼西周辺地域「古華北類型」住民の支派が遼西に進入し、
　少しずつ「古東北類型」に代わって遼西の主体群体となった。青銅器時代
　末に至って、流動性と移動性が比較的強く、形態特徴が「古蒙古高原類
　型」に属する支派が南下して遼西地域に進入し、遼西地域人種造成と遺伝
　子の多様な形態性のための新しい人的要素を加えた。この時期の遼西地域
　の古代住民の人種類型は、交錯分布の状態を現わしている。最終的に、遼
　西地域の先秦時期の住民種族の系統成分は複雑で、多元的である。[注62]

　趙欣はさらに、牛河梁紅山文化の住民は「アジア州系譜の東アジア分派に位
置して、その遺伝子の距離が最も近いのは中国南方の漢族群体（0.03961）であ
り、その次は中国北方の漢族群体（0.04212）、そして日本人群体（0.05158）で
ある。系統樹から我々が十分に知ることができるのは、牛河梁紅山文化住民と
東アジア人群体、特に中国漢族群体とは最も近い遺伝距離であり、両者間には
最も近い母系遺伝関係がある。牛河梁紅山文化の住民のうちN9a頻度は相対
的に高いが、中国漢族群体と比較するとき中国南方の漢族群体とより一層接近
する」[注63]と研究結果を記している。

しかし、表2のAが表1ではAとA4、同様にBがBとB4b、B5b、DがD4とD5、そしてFがFであることなどを基準として、筆者が改めて金彧の詳細資料を検討して国別（中国朝鮮族、モンゴル人、満洲族、北京漢族、日本人、韓国人）で比較分類した結果、表3の結果となった（趙欣が表2でAとして示したものを、金彧は表1の通りAやA4などに細分した）。

〔表3　牛河梁人と東アジア集団のmtDNAハプログループ頻度分布比較（金彧資料部分引用、%）、筆者作成〕

ハプログループ	牛河梁	中国朝鮮族	蒙古人	満州族	北京漢族	日本人	韓国人
A（A, A4）	10.71	7.8	4.3	10.0	5.0	3.8	4.8
B（B, B4b, B5b）	10.71	5.9	2.1	0	10.0	1.9	1.1
D（D4, D5）	28.57	25.5	10.6	22.5	20.0	40.2	27.0
F	3.57	2.0	0	7.5	7.5	0	0
M8a	3.57	0	2.1	2.5	0	0.5	1.1
M8z	3.57	-	-	-	-	-	-
M9a	3.57	2.0	0	2.5	0	0	1.6
N9a	35.71	9.8	4.3	5.0	7.5	1.9	6.5

※表中、牛河梁の頻度は先述の趙欣の資料で、残りは金彧の資料である。

表3から、たとえばハプログループDの牛河梁人（28.57）をみれば、韓国人（27.0）と中国朝鮮族（25.5）が最も近接していることがわかる。このD系統は東北アジア人種に主として現れる特徴を持っている。韓国人集団において最も高い頻度を現わす母系起源のmtDNAハプログループはD4である（金彧の表1資料、46頁）。そこで筆者はD系統を中心に調べたのである。参考として、北方系列のハプログループはD、A、Gなど、南方系列のハプログループはB、F、N9などである。ただし、研究に用いた標本個体数が少ない場合、思いがけない結果が出るため注意が必要である。

また、趙欣は赤峰市東北の側哈啦海溝墓小河沿文化遺跡を対象に、次のような調査をした。[注65]

〔表4　哈啦海沟墓地サンプル HVR-1 半数体型類群帰属〕

Type	Sample number	HVR-Ⅰ（16038-16391）16000+	SNPs	Haplogroup
T1	S1, S5, S8, S30	182C-183C-189-223-360-362	$10400T_2$ 5178A	D5
T2	S2, S13	172-223-257A-261-311	$10400C_2$ 5417A	N9a
T3	S3	182C-183C-189-311	$10400C_2$ 12705C	R11
T4	S4	093-223-290-319-362	$10400C_2$ 663G	A4
T5	S6, S14	218-223-295-360-362	$10400T_2$ 5178A	D4
T6	S7	111-140-182C-183C-189-234-243	$10400C_2$ COII-tRNA[Lys] 9-bp deletion	B5b
T7	S9, S33	223-278-362	$10400T_2$ 4833G	G2a
T8	S10	093-223-227-278-362	$10400T_2$ 4833G	G2a
T9	S11, S15, S29	093-223-362	$10400T_2$ 5178A	D4
T10	S12	148-223-274-298-327-357	$10400T_2$ 14318C	C
T11	S16, S19, S22, S24	223-362	$10400T_2$ 5178A	D4
T12	S17	218-223-295-362	$10400T_2$ 5178A	D4
T13	S18	093-114A-223-362	$10400T_2$4833G	G3
T14	S20	182C-183C-189-197-223-360-362	$10400T_2$ 5178A	D5
T15	S21, S34	223-290-319-362	$10400C_2$ 663G	A4
T16	S23	111-140-183C-189-234-243	$10400C_2$ COII-tRNA[Lys] 9-bp deletion	B5b
T17	S25	072-223-298-327	$10400T_2$ 14318C	C
T18	S26	148-172-223-228-257A-261-311	$10400C_2$ 5417A	N9a
T19	S27	223-319-362	$10400T_2$ 5178A	D4
T20	S28, S37	223-311-362	$10400T_2$ 5178A	D4
T21	S31	182C-183C-189-232A-249-304-311	$10400C_2$ 3970T	F1b
T22	S32	140-183C-189-243	$10400C_2$ COII-tRNA[Lys] 9-bp deletion	B5b
T23	S35	136-183C-189-217	$10400C_2$ COII-tRNA[Lys] 9-bp deletion	B4b
T24	S36	183C-189-223-290-362	$10400T_2$ 4833G	G

2. 牛河梁人の DNA

〔表5　哈啦海溝墓地サンプル半数体型類群頻度分布〕

Population	Sample Size	Haplogroup frequencies（%）							
		A	B	C	D	F	G	N9a	R11
哈啦海溝小河沿	36	8.33	11.11	5.56	47.22	2.78	13.89	8.33	2.78

〔表6　哈啦海溝人と東アジア集団の mtDNA ハプログループ頻度分布比較（金或資料部分引用、%）筆者作成〕

ハプログループ	牛河梁	中国朝鮮族	蒙古人	満州族	北京漢族	日本人	韓国人
A（A、A4）	8.33	7.8	4.3	2.5	2.5	0	3.2
B（B4b、B5b）	11.11	5.9	2.1	0	5.0	1.9	1.1
C	5.56	2.0	17.0	2.5	0	0.9	1.6
D（D4、D5）	47.22	25.5	10.6	22.5	20.0	40.2	27.0
F（F1b）	2.78	2.0	6.4	5.0	5.0	4.3	4.3
G（G、G2a、G3）	13.89	2.0	17.0	2.5	7.5	3.3	5.9
N9a	8.33	9.8	4.3	5.0	7.5	1.9	6.5
R11	2.78	2.0	0	0	0	0	0

　これに対して趙欣は、「半数体型（または単倍型）頻度分布を見れば、D 型頻度が最も高く 47.22% に達し、次は B 型と G 型である。その他、半数体型類型群体 A、C、F、N9a、R11 の分布頻度は相対的に低い。哈啦海溝住民の中で一定数量の東アジア特有の半数体型類型群体（B、F、N9a、R11）が出現し、北アジアの群体はきわめて少ない出現頻度である。この方法を通じて、哈啦海溝哈の古代住民と東アジアの群体が比較的接近していることが十分に考えられる。同時に、そのうちの半数体型類型群体 B と F のアジア州の分布は、南側から北へますます減少する傾向なのに、これらの哈啦海溝古代住民の中での比率は、南方漢族中の比率より低く、東北アジア地域の北方漢族、日本人、韓国人などにより一層近い。全体的に半数体型の構成を見れば、哈啦海溝古代住民は東北アジア地域の蒙古人種の東アジア類型である群体と近接している」と分析した（ハプログループ（Haplogroup）を中国語では単倍型類群というが、ここでは半数体と訳した）[注66]。

　だが、筆者が表6で提示した内容によれば、小河沿文化の哈啦海溝住民は、韓国人と日本人に近接すると解釈できる。哈啦海溝古代住民の D、A、G 系列

135

第Ⅱ章　牛河梁遺跡とトーテム連合

の合計数は 72.22% である一方、韓国人集団で高い頻度として現れる D、A、G
系列の合計数は 61.1% で、日本人は 62.6% である。北方漢族は 50% で低い。

　趙欣はさらに、朝陽市北側にある大甸子墓地（夏家店下層文化：夏下）も調
査した。[注67]

〔表 7　大甸子墓地サンプル HVR-1 半数体型類群帰属〕

Type	Sample number	HVR-Ⅰ（16038-16391）16000+	SNPs	Haplogroup
T1	P1	129-192-223-362	$10400T_2$ 5178A	D4
T2	P2	223-290-362	$10400T_2$ 5178A	D4
T3	P3	189-223-362	$10400T_2$ 5178A	D5
T4	P4, P12	223-362	$10400T_2$ 5178A	D4
T5	P5	223-256-278-295	$10400T_2$ 6455T	M7c
T6	P6	187-223-291-311	$10400T_2$ 8793C	M10
T7	P7	223-278-362	$10400T_2$ 5178A	D4
T8	P8	223-295	$10400T_2$ 6455T	M7c
T9	P9	232A-249-304-311	$10400C_2$ 3970T	F
T10	P10	223-290-319-362	$10400C_2$ 663G	A4
T11	P11	223-325-362	$10400T_2$ 4833G	G
T12	P13	185-209-223-260-298	10400T	M8Z
T13	P14	223-234-316-362	10400T	M9a

〔表 8　大甸子墓地サンプル半数体型類群頻度分布〕

Population	Sample Size	Haplogroup frequencies（%）							
		A	D	F	G	M7c	M8Z	M9a	M10
大甸子夏下	14	7.14	42.86	7.14	7.14	14.29	7.14	7.14	7.14

　趙欣の分析結果によれば、以下の通りである。

　　半数体型類型群体 M7c と M10 は遼西地域の新石器時代住民（先述し
　た牛河梁紅山文化と哈啦海溝小河沿文化住民）の中では見られなく、その他、
　各半数体型類型群体はすでに、すべて出現していた。半数体型の頻度分布
　から見れば、D 型分布頻度が最も高く（42.86%）、A、F、G、M7c、M8Z、
　M9a、M10 がそれぞれ少量分布している。群体の半数体型の頻度分布図表

136

と比較すると、F、M7c、M8Z、M9a、M10 が東アジア人群体の中で分布頻度が最も高い一方、北アジアである群体の中では少なく、分布頻度がきわめて低い。A は東アジア、北アジアの群体で分布頻度が似ており、D と G は東アジア地域と北アジア地域に広範に分布している。北アジア人群体での分布頻度は中国漢族人より高いが、東アジア人群体である日本人と韓国人中の分布は北アジア人群体と近似している。大甸子古代人群体の D 頻度が比較的高く、北アジア人群体と似ている。しかし、その他半数体型類型群体分布と総合すると、その半数体型頻度分布と東アジアである群体の日本人、韓国人および中国北方漢族と比較的接近して、南方漢族とは一定の距離があるが北アジア人群体、中央アジア人群体とは距離が比較的遠い。[注68]

〔表9 牛河梁（紅山文化）居住民と国別現代人分析度（1番を基準として）〕

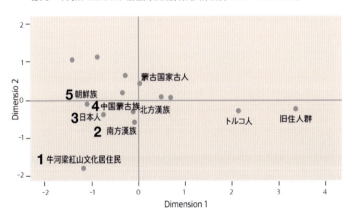

〔表10 哈啦海溝（小河沿文化）居住民と国別現代人分析度（1番を基準として）〕

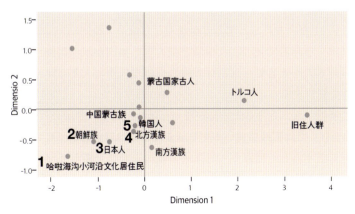

第Ⅱ章　牛河梁遺跡とトーテム連合

〔表 11　筆者が作成した大甸子墓住民と東アジア集団の mtDNA ハプログループ頻度分布比較（金㷀資料部分引用、%）〕

ハプログループ	大甸子墓	中国朝鮮族	蒙古人	満州族	北京漢族	日本人	韓国人
A（A4）	7.14	7.8	4.3	2.5	2.5	0	3.2
D（D4,D5）	42,86	25.5	10.6	22.5	20.0	40.2	27.0
F	7.14	2.0	0	7.5	7.5	0	0
G	7.14	0	4.3	0	2.5	0.5	0.5
M7c	14.29	0	2.1	2.5	0	0	0.5
M8z	7.14	-	-	-	-	-	-
M9a	7.14	2	0	2.5	0	0	1.6
M10	7.14	3.9	0	0	0	1.4	0.5

※表中、大甸子墓の頻度は先述の趙欣の資料で、残りは金㷀の資料である。

　以上、提示した大甸子墓住民に対する比較解釈は省略して牛河梁人以下のすべての資料を総合的に比較整理すれば次の通りである。

　（a）牛河梁紅山文化遺跡出土古人骨（1）で抽出した mtDNA で相互距離を比較した結果、現代日本人（3）、現代朝鮮族（5）が比較的近く、その次に現代中国南方漢族（2）が近い集団として出てくる。

　（b）哈啦海溝墓地で出土された小河沿文化遺跡出土古人骨（1）で抽出した mtDNA で相互距離を比較した結果、現代朝鮮族（2）が最も近く、続いて現代日本人（3）、北方漢族（4）、韓国人（5）の順に出てくる。

　（c）表 11 だけで見るとすると少なくとも母系（mtDNA）で検討したとき、紅山－小河沿文化の古代種族と最も近い集団が現代朝鮮族で、それから日本人、そして一部遺跡の場合には現代韓国人とも関連がある可能性を見出せる。事実がそうだと結論づけているのではなく、表 11 だけで解釈すればこうした結論が導かれる。ただし、韓国と日本は父系（Y 染色体）では明確な違いが生じるが、母系はほとんど似ているという点を考慮すると、朝鮮族と日本人、韓国人が似た距離で現れるのは珍しいことではない。

　（d）しかし問題は、表 11 で朝鮮族と現代韓国人の距離が非常に遠いとい

う点である。朝鮮族がほとんど近世以後に移住した集団で、対日抗争期以後には韓半島南部地域から大規模に満州に移住して朝鮮族化されたという点で、朝鮮族と現代韓国人の距離がこのように大きく出てくるのは疑問を生じざるを得ない。さらに日本人や漢族との差より、朝鮮族と韓国人の差がさらに大きい場合もあるということは、上記論文の信頼性に非常に疑問を抱くことになる。過度に小さい標本を用いたことによる歪曲現象と考えざるを得ない。

(e) 研究に用いた個体数があまり少ないという問題点の他にも、何より東北アジア地域でmtDNA（母系）に伴う地域別の差より、Y染色体（父系）に伴う地域別の差がさらに明確であるという点で、母系に限定してアプローチしたこのような研究は根本的に限界がある。だが、牛河梁遺跡や小河沿文化を通じてみれば、N9aが紅山文化遺跡地で大多数を占める集団として発掘されたことはY染色体DNAデータに比べて分散的なmtDNAの分布上、ある程度画期的なことといえる。さらには、このN9aの16172の下位ハプログループの絶対多数変移が韓国と日本地域に現れるということはほとんど疑う余地もなく、現代韓国人と日本人が紅山文化創造の主役であった種族の子孫であると主張できる。

(f) また、他の最近の資料でパク・ソヒョンが論文で明らかにしたハプログループ分布構成の対比を見れば、北方系列であるDと東北アジア系列であるA、G系列の中でD、Aを合わせれば、39.28：38.71で非常に近接しているように見えるが、正確度という面では差が起こり得る。韓国人の頻度で金彧はD系列を27％、N9aを6.5％、パク・ソヒョンはそれぞれ27.96％、5.91％と記している。これは標本の差から出た結果である。

(g) 金彧の資料によれば、韓国人（母系）の北方系列であるmtDNAハプログループ（D、A、G系列）は60％で、南方系列であるハプログループ（B、F、N9等）は40％と記している。一方、牛河梁人

〔表12　牛河梁人と現代韓国人比較〕

ハプログループ	牛河梁人	現代韓国人
A	10.71	10.75
B	10.71	10.75
D	28.57	27.96
F	3.57	8.60
G1a1	-	10.22
M8a	3.57	-
M9a	3.57	9.14
N9a	35.71	5.91

第Ⅱ章　牛河梁遺跡とトーテム連合

〔表13　東アジア人9個の集団で調査された mtDNA ハプログループ頻度分布比較（金哦総合資料例示、%）〕

Haplogroup	Korean-Chinese	Mongolian	Manchurian	Beijing-Han Chinese	Guangdong-Han Chinese	Vietnamese	Thai	Japanese	Korean
A	0 (0.000)	0 (0.000)	3 (0.075)	1 (0.025)	0 (0.000)	0 (0.000)	0 (0.000)	8 (0.038)	3 (0.016)
A4	4 (0.078)	2 (0.043)	1 (0.025)	1 (0.025)	0 (0.000)	1 (0.024)	0 (0.000)	0 (0.000)	6 (0.032)
A5	1 (0.020)	0 (0.000)	0 (0.000)	0 (0.000)	0 (0.000)	1 (0.024)	0 (0.000)	11 (0.052)	5 (0.027)
A5a	0 (0.000)	0 (0.000)	0 (0.000)	0 (0.000)	0 (0.000)	0 (0.000)	0 (0.000)	0 (0.000)	1 (0.005)
B	0 (0.000)	0 (0.000)	0 (0.000)	2 (0.050)	0 (0.000)	0 (0.000)	1 (0.025)	0 (0.000)	0 (0.000)
B4	0 (0.000)	2 (0.043)	2 (0.050)	0 (0.000)	6 (0.087)	3 (0.071)	0 (0.000)	1 (0.005)	7 (0.038)
B4a	2 (0.039)	1 (0.021)	1 (0.025)	0 (0.000)	10 (0.145)	1 (0.024)	0 (0.000)	1 (0.005)	11 (0.059)
B4b1	0 (0.000)	0 (0.000)	0 (0.000)	0 (0.000)	0 (0.000)	0 (0.000)	0 (0.000)	14 (0.066)	4 (0.022)
B5a	1 (0.020)	0 (0.000)	0 (0.000)	0 (0.000)	0 (0.000)	1 (0.024)	3 (0.075)	2 (0.009)	2 (0.011)
B5b	1 (0.020)	1 (0.021)	0 (0.000)	0 (0.000)	1 (0.014)	0 (0.000)	0 (0.000)	4 (0.019)	2 (0.011)
D4	11 (0.216)	5 (0.106)	8 (0.200)	5 (0.125)	5 (0.072)	7 (0.167)	1 (0.025)	75 (0.355)	44 (0.238)
G2	1 (0.020)	0 (0.000)	0 (0.000)	1 (0.025)	1 (0.014)	0 (0.000)	0 (0.000)	1 (0.005)	7 (0.038)
N9a	5 (0.098)	2 (0.043)	2 (0.050)	3 (0.075)	1 (0.014)	3 (0.071)	1 (0.025)	4 (0.019)	12 (0.065)

の頻度分布（131頁参照）を見ると、北方系列が 39.28（A+D）であり、南方系列が 49.99（B+F+N9a）である。このような結果は、現在の韓国人と異なる面がある。原因は母系を中心に調査したことにあり、これに対する今後のさらなる検証を期待したい。

(3) 牛河梁人と古代朝鮮人との比較

牛河梁人と古代朝鮮人との人類学的接近のために、次のような先行研究である二種類の頭骨計測分を紹介し、比較しながら説明する。

まず、牛河梁人の頭骨（顱骨）の比較である〔表 14〕。[注73]

〔表 14　牛河梁人の頭骨（顱骨）比較表（単位：mm）〕

馬丁号	項目	牛河梁組	現代北アジア類型	現代東北亜類型	現代東亜類型	夏家店大旬子、全組
1	顱長 （頭蓋骨の長さ）	171.00	174.90～192.70	180.70～192.40	175.00～182.00	176.89
8	顱寬 （頭蓋骨の幅	160.00	144.40～151.50	134.30～142.60	137.60～143.90	143.22
8:1	顱指數 （頭蓋骨の指数）	93.38	75.40～85.90	69.80～79.00	76.90～81.50	81.04
17	顱高 （頭蓋骨の高さ）	142.00	127.10～132.40	132.90～141.10	135.30～140.20	141.22
17:1	顱長高指數 （頭蓋骨の長高の指数）	83.17	67.40～73.50	72.60～75.20	74.30～80.10	80.83
17:8	顱寬高指數 （頭蓋骨の幅高の指数）	89.04	85.20～91.70	93.30～102.80	94.40～100.30	98.24
52:51	眶指數 （眼窩、眼孔の指数）	77.93	79.30～85.70	81.40～84.90	80.70～85.00	77.64

表 14 の人骨資料は、牛河梁遺跡第 2 地点の人骨 37 個（そのうち男女比率 17：16、残り未詳）、第 3 地点の人骨 5 個（同 3：2）、第 5 地点の人骨 10 個（同 2：0、残り未詳）、第 16 地点の人骨 11 個（同 5：3、残り未詳）など 63 個体と、その他 10 個体を基本としたものである。表 14 によれば、牛河梁人は現代北ア

第Ⅱ章　牛河梁遺跡とトーテム連合

ジアの人の類型と最も似ている。もちろん、頭骨の高さや頭骨の幅の指数では
牛河梁人が夏家店下層文化の大甸子全組と非常に似ていることがわかる。特に
眼孔（眶）の指数は一致しているとみなされる。

　次に、表15は最近北朝鮮から出た頭骨計測値である。[注74]頭骨資料は全35個体
で、男性18個体、女性17個体である。地域別に見れば、咸北吉州郡の古代墓
から男性12個体、女性13個体、平南徳川市勝利山遺跡から男性1個体、女性
4個体、遼寧省鄭家窪子遺跡から男性2個体、吉林市西団山遺跡から男性2個
体、吉林省農安県兄加点遺跡から男性頭骨1個体などである。

〔表15　古代朝鮮人の頭骨（顱骨）計測値（単位：mm）〕

M	徴表	男子（18）	女子（17）	牛河梁組	夏家店大甸子、全組
1	頭蓋骨の長さ	177.5	173.3	171.00	176.89
8	頭蓋骨の幅	142.6	136.8	160.00	143.22
8:1	頭蓋骨の指数	80.0	79.0	93.38	81.04
17	頭蓋骨の高さ（Ba）	139.9	134.0	142.00	141.22
17:1	頭蓋骨の長高の指数	78.4	78.1	83.17	80.83
17:8	頭蓋骨の幅高の指数	98.7	97.3	89.04	98.24
52:51	眼窩、眼孔の指数	85.0	85.6	77.93	77.64

　アジアの過去の住民たちは一般的に、頭骨がやや長く、幅は広い方である。
標準統計値が185.6 ± 6.81mmである。これと比較すれば古代朝鮮人は頭骨の
長さが177.5あるいは173.3で短い方である。この数値は牛河梁（171）と夏家
店（176.89）とほとんど同じである。

　古代朝鮮人の頭骨幅も牛河梁（160）より小さいが、男性の場合、夏家店
（143.22）とは非常に近い。また、頭骨指数が男性80.0、女性79.0なのに、80
以上から頭骨を短頭形といい、男性は短頭型に属する。頭骨下点（Basion）か
ら測る頭骨の高さは男性が139.9で、これはアジアの古代人の平均統計値より
高い。

頭骨の大きさを現わす代表的な兆候はその長さと幅と高さで、古代朝鮮人の場合、最も特徴的なのは「高さ」である。古代朝鮮人はその長さや幅よりも高さが相対的に非常に大きい。したがって、古代朝鮮人を特徴づける「頭骨高さ」の場合、牛河梁142、夏家店141.22、古代朝鮮人139.9である。これは現代東北アジア類型と現代東亜類型ともほとんど一致し、北アジアや東北アジアとは違いが生じる。同時に「頭骨の長さ高さ指数」も牛河梁83.17、夏家店80.83、古代朝鮮人78.4で、時代別にますます小さくなっているということがわかる。頭骨を基準として単純比較することには問題があるが、骨の変形はその速度が遅いだけに参考とする価値があるようだ。

注

(47) 孫守道、郭大順「牛河梁紅山文化女神頭像的発現与研究」『紅山文化論著粋編』遼寧師範大学出版部、2015 年、395 頁。

(48) 同上書、391 頁。

(49) 同上。

(50) 李亨求『韓国古代文化の秘密』キムヨンサ、2004 年、125 頁。

(51) 林燦慶「女神像を通した紅山文化建設主体批正」『国学研究』15、2011 年、12 頁。

(52) 遼寧省文物考古研究所編『牛河梁 ―紅山文化遺址発掘報告（1983 ～ 2003）』（中）文物出版社（北京）、2012 年、503 頁。

(53) 「児生 便以石圧其頭 欲其褊 今辰韓人皆褊頭」（『三国志』巻第 30、42 章「烏桓鮮卑東夷伝」辰韓）

(54) 金廷鶴『韓国上古史研究』汎友社、1990 年、327 頁:李鐘浩『韓国 7 大不可思議』歴史の朝、2007 年、95 頁。

(55) 文定昌『古朝鮮史研究』柏文堂、1969 年、109 頁。

(56) 金仁煕「頭蓋変形と巫の通天意識」『東アジア古代学』15、2007 年、422 ～ 423 頁。

(57) 鄭亨鎮『韓半島は辰人の土地だった』アレイチコリア、2014 年、203 頁。

(58) 同上書、205 ～ 206 頁。

(59) 孫成泰『私たちの民族の大移動（メキシコ編）』コリー、2014 年、146 頁。

(60) 張雪秋、張東中『紅山文化玉器』黒龍江大学出版社、2010 年、380 番。

(61) 趙欣『遼西地区先に秦時期居民的体質人類学与分子考古学研究』吉林大学、2009 年、博士論文。

(62) 同上論文、内容提要便。

(63) 同上論文、50 頁

(64) 金煜「ミトコンドリア DNA 変異と韓国人の起源」『ミトコンドリア DNA 変移と韓国人集団の起源に関する研究』高句麗研究財団、2005 年、37 ～ 38 頁。本文　　頁総合資料参照。

(65) 前掲注 61 論文、74 頁。

(66) 前掲注 61 論文、74 ～ 75 頁。

(67) 前掲注 61 論文、133 頁。

(68) 前掲注 61 論文、133 ～ 134 頁。

(69) N9a は 3 万 6000 年前にベトナム北部や中国南部で出現し、2 万 3000 年前に再び 16129 系列と 16172 系列に分かれた。このうち 16172 系列は中国、韓国、日本だけに現れる。

(70) chojae 資料の部分引用（http://egloos.zum.com/lyuen/v/5480480#type=comment&page=1）

(71) パク・ソヒョン『次世代塩基序列分析技法を利用した韓国人のミトコンドリア全体塩基序列分析』

第Ⅱ章　牛河梁遺跡とトーテム連合

　　　　ソウル大学校大学院、2017 年 8 月、94 頁

（72）　前掲注 64 書、48 〜 49 頁。本文　　頁総合資料参照。

（73）　前掲注 52 書、495 〜 498 頁。

（74）　キム・ソンイル、ペク・ソングォン「頭骨計測値を通じてみた古代朝鮮人の人類学的特徴」『朝
　　　　鮮古考研究』社会科学院考古学研究所、2016 年、3 号、14 〜 17 頁。

3. 牛河梁遺跡の鳥トーテムと熊トーテム

(1) 那斯台遺跡の鳥トーテムと熊トーテム

1980年秋に発見された内蒙古巴林右旗巴彦漢郷那斯台（または那日斯台）遺跡は、紅山文化に該当する。この遺跡は大青山の東側、赤峰の北側に位置する。東西1,500m、南北1,000m、総面積150万㎡で、広大な遺跡である。1987年の調査報告の結果「那斯台遺跡は当然紅山文化に属する」と認められた。

〔地図 8　巴林右旗那斯台遺跡〕

那斯台遺跡からは櫛目文（之字形）と網模様が彫られた陶器の他、鳥形石玦〔図77〕も出土した。この石玦の胴体は薄く曲げられた柱型で、首尾は顔に近く、明らかにとがった嘴、隆起した額、浮き彫りで刻んだ丸い目、外に飛び出した翼の先がある。尾の先は円弧形で、肩の部分には穴があけられており、体は白色（白系色）で模様はないが、彫刻からは繊細、温厚、簡潔、素朴を感じさせる。体全体の高さは5.5cmで、胴体の幅は1.1cmである。[注75]

〔図77　鳥形石玦（巴林右旗博物館）〕

鳥形石玦に続き、玉鴉も2個出土した。一つは、三角形の長い嘴が下へ付き刺さるような形で、両羽と尾の部分まで三つの線が引かれている〔図78〕。もう一つは、頭の上に二つの耳が外にふっくらと出てきた円弧形であり、腹も若干突き出たものである〔図79〕[注76]。さらにもう一つ「鳥形装飾」があるが、扇形の尾はふっくらとした凹凸の模様で表し、腹部にはもう一つの片月模様の陰刻がある〔図80〕[注77]。那斯台から出土した石斧の総体的形体は比較的短いものの、趙宝溝遺跡と小山遺跡で出土された斧型器物と形像構造が同じである。[注78]

ところで、この遺跡からは熊の形像とよく似た石獣が発見された。[注79] 表側か

145

第Ⅱ章　牛河梁遺跡とトーテム連合

〔図80　鳥形装飾〕

〔図78　那斯台ミミズク（玉鴞、巴林右旗博物館）〕　〔図79　那斯台ミミズク（玉鴞）〕

ら見れば確実に熊といえる。紅山文化（紀元前4500年）に属する那斯台遺跡で鳥と熊の形の陶器が互いに混在または、共存していることを考えると、ある意味では牛河梁遺跡より500〜1000年ほど早い時期ではないかと思われる。特に、男女と推定される石彫神像（または石人）

〔図81　那斯台石獣熊像〕

〔図82〕が発掘されたことは、女神中心の牛河梁とは違った容貌を見せているという点が対照的だ。もちろん、明確に区別することは大変難しいことではあるが、男神像と女神像をもとに説明を試みたい。我々は一般的な観念上、頭に何かを乗せている像を女神像としてとらえる。那斯台遺跡の女神像は俗称「三個の餅」を乗せているようである。今日の表現からすれば、「三端拝頭」といえる。

　巴林右旗博物館の資料によれば、女神像は高さが19.4cmで、光彩を出すた

〔図83　男女神像の頭（拡大）〕

〔図82　那斯台男神像(左)、「三個の餅」を乗せた女神像(右)〕

146

めに全体を磨光したという。頭頂部には３段になった相輪形装飾が施され、上部は平たい。顔の部分は菱形に近く、垂れ目状の目と上まぶたは、浮き彫りは「八」の字形で、口の部分は明確な彫り跡がない。両腕は胸の前で合掌する状態であり、腰はきつく締められひざまずいた姿勢である。裸体に素足であり、性的な特徴がない。[注82]

　もう１つは男神像と思われる。35.5cmの高さで、うずくまって座った状態であり、花崗岩で作られている。出土するとき、トラクターのシャベルにぶつかって胴体と頭が断絶、腹部や胸元、目などいろいろな部分が損傷を受けた。石像には上まぶたから始まり、前額の上に少し顕著な背筋のようなものがあり、頭頂部中央は二つの乳首（乳釘）形を成している〔図83〕。こちらも若干損傷を受けたので、元の状態の詳細はわからない。上まぶたが隆起し、二つの目はくぼんで目玉がない。口は若干開いた状態で、下唇が明確である。両腕は曲げて腹前に出しているが、腹部が損傷を受けたので両手の様は不明である。両脚は曲げられ、尻と足の裏は損傷を免れていた。[注83]

　男女の奇異な形像——二つの乳首のような角、三個の丸い餅〔図83〕。文字がなかった時代には、このような奇異な形像で意思を伝達しようと考えたのだろう。男神像の頭にある二つの角は、わき上がる二つの花火を象徴したように思われる。核心は「火」である。また、女神像の三個の餅はすなわちご飯を象徴するようである。したがって角は「火」を意味し、餅は生命のご飯を意味する。

　一方の女神像は、輪形の「とぐろ（똬리・또애）」三個を頭に揚げた形像としても解釈できる。かつて、女性たちが物を運ぶための籠や水甕を頭に乗せるとき、縄で作った円形のとぐろを頭の上に置いて重い荷籠や水甕を支えた。このとぐろはドーナツのような形に似ていて、「輪」を象徴する。縄やワングルで編んだもので、口で噛めるほどの長さでひもを付けておく。「새끼（セキ）」という言葉は幼獣を意味するが、「내새끼（ネセキ）（私の子）」というときは、人間にも適用されたということがわかる。新生児が生まれた時、家の門に縄を揚げることも、子（赤ん坊）が生まれたという生命と関連したこととして理解できる。

　特に、とぐろと口で噛む細い縄は、へその緒を連想させる。縄の「列」や「ヘビ」の形像は、生命の原型を理解するきっかけとなる。このような意味で、餅三個を「三本のへその緒」と関連して説明できる。[注84]

　いわゆる三個の餅は輪概念に結びつき、歴史に現れた藁離国、槀離國、高

礼などと関連しているのではないかと推測できる。1世紀頃の書物である『論衡』の「吉験譚」に「北夷槀離国」が登場するが、位置からみると北夷であることを考えれば、槀と藁の字が似ていたために混同した可能性もある。もちろん、藁離国という国名はテングリ（tengri）と檀君に繋がるという主張もある。

次に、この三個の餅は三神信仰と関係があるとみることができる。過去の民俗風習で、財布の中にきれいな米を入れ、斧折樺で作った木針につけて壁に掛けて丁寧に奉ることを「三神帝釈」といった。「檀君古記」にも三神信仰に関連した話がある。李恩奉は風伯、雨師、雲師を三神と定義し、この三神は古朝鮮だけでなく東夷族の宗教文化であることを明らかにした。この三神信仰を受け入れられたかどうかが、自らのトーテムのアイデンティティを決める基準になっただろう。これを三伯組織として説明されることもある（後に詳述）。

那斯台の人々にとって三神は、農耕神として最も重要な敬拝の対象であったことだろう。三神としての三個の餅は遊牧や狩猟時代が終わり、農耕時代に入ったのを意味する風伯、雨師、雲師の農耕神を受け入れた兆候だと見ることである。農耕社会で風、雨、雲の絶対的重要性が強調される。

また興隆溝第2地点で出土した土で作られた陶塑三人像〔図84〕は、三人の女神が一つになって絡まっている三女神像で、豊かさを祈る女神像として、韓国民族のトーテムの中の三神婆の原型として推定したりもする。三神と関連した解釈は参考に値する。形から見ると女神像だが、男女の区別は大きな意味がないだろう。三神信仰の三は「㚒（セッ）」であり、それが「세」となり、また「새（鳥）」と音が似ていることから、その根源は鳥崇拝信仰に通じているといえる。

〔図84　興隆溝遺址陶塑三人像〕

以上のことから考えると、那斯台遺跡は今の西拉木倫河の北側で発見された、比較的規模の大きい原始文化遺物の一つである。この地域は水土が肥沃で、古代人の農業および漁業の発展のためにきわめて良好な自然条件であった。遺跡の中で比較的多く出土したのが生産道具であった。これは、当時の西拉木倫河北側の原始農業がすでに一定の水準に達していたことの表れである。石矢尻は細かく精巧な作りで、形も多様である。これらは狩猟だけでなく漁でも銛とし

3. 牛河梁遺跡の鳥トーテムと熊トーテム

て使われ、漁業の向上に影響を及ぼしたことを反映する。

特に、玉器と石彫刻の発見は那斯台遺跡の文化をより一層豊かにした。このような玉石製品はおおむね材料が同じで、磨き方や体裁が似ていて、同一時期または同一文化系統の遺物であることを説明する。現在でも地層資料だけではそのつながりを直接証明できない状況であるが、紅山文化遺物と比較的多くの共通点が存在するため、これら玉石製品が紅山文化に属する可能性を排除する理由はない。遼寧省喀左県東山嘴と凌源県三官甸子など紅山文化遺跡で出土された玉鳥、玉鴞、三連璧、勾雲形玉器などの装飾品は、同類の玉器時代を区分するのに参考となる。

以上のことから、那斯台遺跡は敷地面積の大きさや範囲の広さ、また、一部玉器の発見により、一般的な原始文化遺跡をはるかに超越していることがわかる。こちらには密集した家の跡地遺跡や土穴の遺跡があるだけでなく、塹壕など防衛施設もある。これは氏族社会の繁栄を表していて、一つの重要な集落遺跡である。すでに発見された各地の紅山文化遺跡と関連づけてみるとき、西拉木倫河の北側もやはり紅山文化分布の重要な地域の中の一つといえる。特に、鳥と熊トーテムとの間の共存を通じて紅山文化を発展させたということと、櫛目文（之字形）陶器が出土されたという点で、これら一帯も神市文化圏として推定できる。これに対しては、後の牛河梁遺跡（162〜163頁参照）と、ミミズクの分布図（198頁）を参考にすることができる。

ここで、通称C字形玉龍（略称でC字龍）、玉雕龍（郭大順の命名）に対して再解釈を試みたい。たてがみとC字形など二つの側面から探ってみる。このC字龍は1971年に那斯台遺跡で、南寄りの内蒙古翁牛特旗三星他拉村で農夫によって発見された。当初、ブタ形の玉猪龍（孫守道の説）^(注93)と呼ばれた。孫守道はC字龍の出現過程に対して「猪龍または紅山文化の獣形玉器が変化し、玉龍が表れた」と見る。^(注94)しかし、玉龍の名前に対する疑問はすでに提起された^(注95)ことと同じである。特に二つの身体が一体（二体合身）のようになったことが神秘性を増している。筆者の考えでは、いわゆるC字龍の特徴は「長い口」と「丸いC型」、「巻き上げたたてがみ」に重点を置いて製作されたものである。

まず、背中にあるたてがみは魚のヒレ^(注96)、あるいは^(注97)羽化したときのセミの^(注98)、そ

149

第Ⅱ章　牛河梁遺跡とトーテム連合

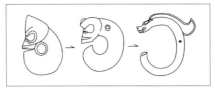
〔図86　C字龍の変遷過程（孫守道の図）〕

〔図88　玉雕龍（玉熊神）の獣面〕

〔図85　熊などのたてがみと立像の熊（自由人ブログ）〕　〔図87　翁牛特旗三星他拉の玉雕龍（高さ26cm*21cm）〕

うでなければ熊のたてがみと見る〔図85〕。たてがみは馬にも猪にもあるが、熊にも現れる。特に、熊は冬眠から目覚めることから、復活を象徴したりもする。たてがみと体の組み合わさった形態は、熊の不死を象徴していると思われる。また、二つの目と5本の歯などを表現した勾雲形玉器（N2-Z1-M27）にも、上段左右に「たてがみ」が表現されたのではないかと思われる。

　熊を象徴するものは、歯と口である。熊は木の根を抜き取るほどの怪力の口を持っている。実際の、熊と虎が戦う時、最後に疲れて逃げるのは虎である。熊の口の力に対抗できないためである。そこで、熊の口を強調して長く作ったと思われる。その変化の過程も考えてみる必要がある〔図86〕。

　では、なぜC字形なのか？

　三星他拉玉雕龍〔図87〕の形が丸いC字形であるのは壊れないようにするためであり、また円形は、神霊なものを象徴する点もある。この円形の大きな空間（直径26cm）は、人間の完成された霊体や生命が宿っていることを象徴している。全体を総合すれば、上段は熊の顔で〔図88〕、後面のたてがみは天気の移り変わりを、下段の蛇頭のスタイルは土地の精気を象徴する。さらに、このC字龍は鳥トーテムと熊トーテムの共存期に現れた。鳥よりも熊を通じて神性が強調されているという側面から、玉熊神やその形状に意味を付与した

大円玉熊印といえる。一方でC字龍は、ブタやウナギの姿のようで、西洋星座の大熊座星〔図89〕とも類似する点があることから、天水が集まっている北斗七星に比喩できる。また、男根崇拝の観点から見れば、C字龍は男根の力を形像化したと解釈することもできる。

〔図89　西洋の大熊星座（韓国天文研究院）〕

（2）牛河梁遺跡に現れた鳥トーテムと熊トーテムのアイデンティティ

牛河梁遺跡の玉器のほとんどは大型の墓から出土されたものであり、その墓の主人に関する情報は重要である。精巧で美しい玉器を所有している墓の主人は、神に仕える祭祀長、すなわち神霊と疎通する大巫であったという見方がある。2002年、牛河梁第16地点第4号墓で、またしても重大な発見があった。玉人〔図90〕、玉鳳〔図91〕などの重要器物が出土されたことから、墓の主人の身分が気になるところである。玉鳳の墓はその主人（男性人骨）が鳥トーテム族で、高い身分を象徴し、玉鳳と玉人がともに出土されたことから、玉人も鳥トーテム族と関係する象徴物だと筆者は考える。

中国の陳逸民は玉鳳が長さ19.5cm、板状、横になった姿勢、曲がった首、回した頭、高い冠、丸い目などは非常に珍しい国宝だと絶賛した。また、玉人が誰かということに対しても

〔図90　牛河梁玉人（第16地点4号墓）〕

異説があり、巫師、部落の首領、祭司長など様々な意見があるが、陳逸民は巫師（祭祀長）とする理由を次の通り説明する。ただし、このような小型人形または神像の頸部（首の部位）には、すべて両側に突き抜けた穴があり、これは、崇拝の対象として製作されたというよりは、胸にかける小さな装飾物の用途として使われたことを語る。副葬用玉器はほとんどが装飾品として使われた。

〔図91　牛河梁玉鳳（模写本、第16地点4号墓）〕

巫師が術法を行う時、胸に付けるこのよ

第Ⅱ章　牛河梁遺跡とトーテム連合

うな玉器は、部落の祖先またはトーテムを武士の体に付けていたことを表す。巫師が歌い踊りながら術法を行う時、神懸かりの状態に陥るようにして、彼が話す全てのものとすべてのことは、すべてこの小さい玉器が代表する祖先または、トーテムが指揮することだと信じさせる。[注107]

　玉人はこの墓の被葬者の身分を表した着用物として考える。この玉人は生きて神と玉とともに三位一体を成し、祀る特権を持ち、天地を貫く能力を持ち、神権の指導者として君臨したことを象徴している。[注108] このような意味からすると玉人の主人は、一般的な意味の巫師でなく、祭司長や天軍だと見なければならないだろう。玉人の印堂に第3の目（上丹田）〔図92〕があるのは、神人や天君の役割を果たしたことを意味する。玉人が玉鳳とともに出土されたことからも理解できる。

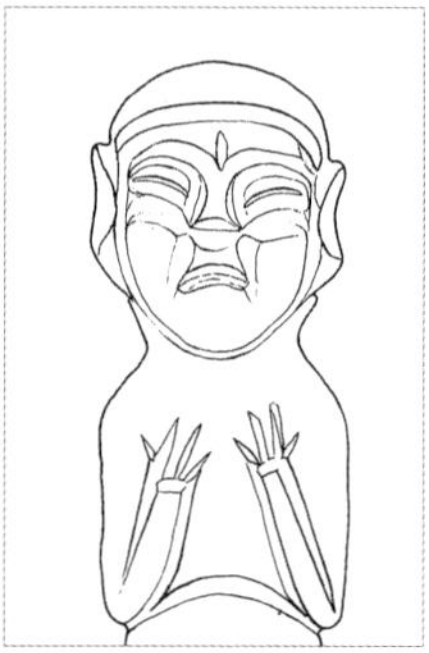

〔図92　第3の目を象徴する玉人の印堂（模写本）〕

　特に、玉人の出土からは、すでに動物でなく人を対象にした原始宗教的儀礼があったとのことを意味する。言い換えれば、祖先儀礼が表面化し始めただろう。その上、女神廟での色々な群神崇拝は、当時に以前と違う祖先崇拝が高級段階に入ったという主張も参考にできる。[注109] 祖先崇拝は自然に父系血統を強化させる契機になる。フレイザーも「母系近親制が母権統治権を伴うのではない」[注110] といった。

　ここで、牛河梁第16地点の双熊像（113頁参照）〔図93、94〕を詳しく見る必要がある。[注111] 双熊像の通称は、双熊首三孔玉飾である。この三孔器はたいてい巫具や祖先への祭祀用の礼器として知られている。従来、これをブタ形像ともみなしていたが、耳が強調された点から、熊の頭であることが明らかである。このように玉人、双熊、玉鳥は牛河梁第16地点の三神物である。前の第1地点の女神廟区域のように、ここ第16地点からも熊トーテムと鳥トーテムがともに発見された。

　また、これと類似したものに、両面に人の頭を刻んだ双人像がある。この双人像〔図95〕（70頁参照）は、牛河梁第2地点1号塚で出土された。このように、牛河梁に熊と人間を刻んだ三孔器が二つ存在するということは、「熊＝人」という熊則人を象徴していたと解釈できる。

152

3. 牛河梁遺跡の鳥トーテムと熊トーテム

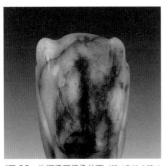

〔図93 牛河梁双熊像前面（第16地点第1号墓）〕

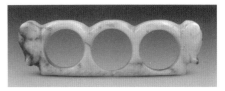

〔図94 牛河梁双熊像（第16地点第1号墓）〕

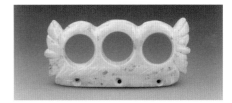

〔図95 牛河梁双人像（第2地点第1号塚）〕

　こうした三孔器は、すなわち三個の空のあいた三円孔である。これを幻日現象の三個の太陽として理解されることもある。(注112) ところで、三つの太陽という意識は、原始人の原初的宇宙観から生み出された。ウルチ（Ulchi）族の神話によれば本来、天の太陽は三個であった。あるとても暑い日、地下の貯蔵庫も燃えて、魚も燃え死ぬようになり、ある男が二つの太陽に向かって石を順に投げて消滅させた、という話である。(注113)

　したがって、三つの太陽を表現したこの三円孔は、人間の原初的な罪の意識を自ら告白することを象徴すると考えられる。これを繰り返し行うことによって、罪を贖い再び本来の人間に生まれ変わるのである。このような反復的行為は、自己を無に戻る無化儀式である。この無化儀式が本来、巫の意味であったと考えられる。無に復本すれば、本来3である。『天符経』に析三極という言葉があるが、無に復本すれば本来が三極という意味である。(注114)

　太陽は目に見える太陽を意味するけれども、実質は内面の光を象徴する。三つの内面の光のうち人間は二つを殺した。自ら殺したことであって誰かが誰かを殺したのではない。3は完全数なのに、二つに去勢した人間が不安定な一つだけで生きているだけである。例えば、天地人も三で、赤ん坊のへその緒も三本である。(注115) 人間がこの世の中に生まれる瞬間にへその緒を切らざるを得ない矛盾に陥ったのと同じことである。

　したがって、筆者は三円孔を暫定的に天地人3太極の3太陽と解釈しよう

第Ⅱ章　牛河梁遺跡とトーテム連合

と思う。換言すれば、天太陽、地太陽、人太陽といえる。『天符経』の他の一節「本心本太陽昂明」と同じ文脈で理解することができる。このような意味で、この双熊像は『天符経』で表現された韓国人の3の数の思想の原型の根源であると考えるのである。すなわち、1が間もなく3で、3が間もなく1になるという道理である。[注116]

　このように、牛河梁の代表的な動物造形の副葬品は玉鴞と玉鳳と双熊像である。すなわち、鳥と熊の形像である。すると、この鳥と熊の形像が持つ意味は何なのか？　これを知るために、牛河梁遺跡の出土玉器を再分類してみる。

〔表16　牛河梁墓別玉器副葬品で見たトーテム区別〕

地点・塚	塚の番号	鳥	熊	人
N1（第1地点）		鳥の翅	熊の爪	女神像
N2-Z1 （第2地点1号塚）	M12			双人像
	M17	玉鳳首（鳳凰）		
	M21		熊獣面（佩飾）	
	M23	龍鳳玉佩（鳳凰）		
	M26	双鴞首（ミミズク）		
	M27	双目勾雲形玉器（ミミズク）		
N2-Z4 （第2地点4号塚）		造形玉推（無面鳥）		
N3G2				男性像（残片）
N5SCZ2				女性像
N16 （第16地点）	M4	玉鳳（鳳凰）		玉人
	79M1		双熊像（熊）	
	79M2	玉鳥（鳥）		
	H95（夏家店）			石人

　表16は第2地点（N2）98個、第3地点（N3）9個、第5地点（N5）23個、第16地点（N16）53個など、牛河梁から出土した全183個の玉器を鳥と熊、そして人間形像で区分して抜粋したのである。牛河梁で出土された183個の玉器は、限定的なものだという主張もある。副葬品としての玉器は墓室の中にもあるが、墓室の外にも置かれていると現地専門家たちは言う。彼らによれば、墓の外の頭側に1個の穴、足側に6個の穴を掘って玉器を副葬するという。墓

154

3. 牛河梁遺跡の鳥トーテムと熊トーテム

の中よりも外の方がさらに多い、ということになる。(注117)

　表16から、特に女神廟神殿を除き、鳥と熊は同じ墓の中から一緒に出土してこなかったという点である。それは他の二つのトーテムが個別的存在であること、すなわち鳥トーテムと熊トーテムがそれぞれ独立した存在でありながら、共存していたことを明確に意味する。また、一つの墓の中に同じトーテムであっても複数存在しないことは、それぞれの墓の主人が自分のトーテムの所属性を明確にしていたためだと考えられる。このように、副葬品の動物形像はそれぞれ自己の正体性を象徴し、その墓の主人の所属トーテムを反映するものの、隣のトーテムの共存の邪魔はしなかったようである〔図96〕。

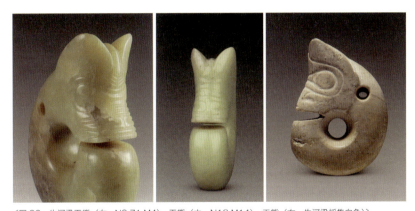

〔図96　牛河梁玉熊（左、N2-Z1-M4）、玉熊（中、N16-M14）、玉熊（右、牛河梁採集白色）〕

　一方、前の図で見たように、今まで玉龍、玉猪龍、玉熊龍などで多様に知らされた牛河梁の玉器に対して、新しい解釈が必要である。筆者は、この玉龍の耳はミミズク（鶚）、口は熊を表現した器物として繋がりを探ってみた。口の形がブタの形像（玉猪龍）と似ているものは、実は子熊を形象化したと考える。したがって、その名前も当然、玉猪龍でなく、玉熊龍であるべきで、龍という名前が無分別に使われているという指摘を考慮すれば「玉熊」が妥当だろう。韓国語の熊、（곰、熊、固麻）の音は柿（감、神、甘）と同じである。このように熊という動物は韓国の古語では、人間の神性を象徴し、特に子熊の口を形象化したことは、人間の霊性修錬が初歩的段階であることを暗示していると考える。

155

反面、ミミズクは森に生息するが、家の中にも棲みつき、人間と最も近い関係を結んでいる。それだけでなく、羽角（頭上に耳の角のように立った羽毛）が大きいのが特徴のミミズクは、双鴞首（N2-Z1-M26）とともに目も強調する。それで、ミミズクの顔は「目」字形で、羽角がないフクロウは「〇」字形という話もする。

特に、勾雲形玉器の中で二つの目（双目）の形像をしているのを「鴞形勾雲形玉器」といって、ミミズクの形像で見たりもする〔図97〕。そうだとすると、第２地点の様々な勾雲形玉器の中で二つの目が明らかな玉器を「双目勾雲形玉器」（N2-Z1-M27）と呼ぶことができる。筆者はこの双目がミミズクの二つの目を幾何学的に強調した点で、ミミズク像をよく表現していると思う。カメとともにミミズクは、宇宙観を表現する動物であると考える。

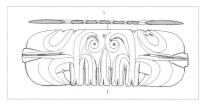

〔図97　ミミズク形状の白眉の双目勾雲形玉器（模写本、第２地点）〕

〔図98　女神廟の女神頭像（高さ22.5cm）〕

(3) 牛河梁神殿の鳥トーテム族と熊トーテム族の「トーテム連合」

1983年から発掘が始められた牛河梁遺跡に世界の耳目が集中したのは、1984年10月31日のことである。牛河梁第１地点で5000～5500年前に作られた女神像の出現であった。高さ22.5cm、厚さ16.5cmで、西側室と主室の間から発掘された。この発掘を担当した遼寧省文物考古研究所研究員の郭大順は興奮を隠しきれず、「泥の塊りが一つ落ちたところから人間の頭の輪郭が現れ始めました。そこで土を用心深く取り除いてみると、あたかも生きて動きそうな額と目が現れました」と胸いっぱいの感激を興奮気味に吐露したという。このニュースは1986年７月末に初めて、中国語で公開された。女神頭像の大き

さと形態は次の通りである。

　女神像の頭像は頭頂部の主要な部分が失われ、左側の耳の欠損、下唇の脱落および左側頬と鼻の部分にひびが入っていたが、顔面全体は完全に保存されていた。

　現存の高さは22.5cm、顔の広さは16.5cmであり、両耳の間の距離は23.5cm、瞳の長さ6.2cm、両目の間隔3cm、鼻の長さ4.5cm、鼻の広さ4cm、耳の長さ7.5cm、耳の広さ3.5cm、口の長さ8.5cm、唇の高さ2〜2.5cmである。

　彫刻した土は黄土質で比較的粘性が大きく、草や稲藁のようなものを混ぜて作られ、焼かれていなかった。顔面の土質は比較的粗く、各部位は柔らかい。表面は磨いてつやを出し、出土したときには鮮紅色を帯び、特に目の穴（眶）と頬には顕著で、唇の部分は赤い色が塗られていた。頭の半分は切れてないが、比較的扁平であった。彫刻した後、壁にかけようとしたのかどうかは、さらに分析しなければならない。背面の断裂面に一つの木柱の跡を見ることができる。その直径は約4cmで、首の下から頭てっぺんまでまっすぐに通され、木柱には藁や草をくくった跡がある[注120]〔図99〕。

のちにこの女神像は復元され、それにより5500年前の女神の本来の姿をイメージすることができるようになった。その姿はあぐらを組み、両手は下丹田に置き、宗教的な動作の姿をよく表している[注121]。ただし、牛河梁女神頭像の脳天の部分が若干切られていったように見えて残念である。明確に頭の上に何かの兆候のようなものが据えられていたのは確かだろう。この女神像と類似した玉器を探した結果、頭の上に円盤のようなものを乗せ玉神面を発見することができた[注122]〔図100〕。

　孫守道はこの女神頭像を、原始宗教の女神崇拝として考えた。

　古代社会において女神は、生命と大地、収穫を象徴するもので、民族にとって生命力の体現であり、広く崇拝されていた。女性彫刻の形像は旧石器時代末期から青銅器時代初期に至るまで、ユーラシア大陸から中央アメリカにかけての古代遺跡や古墳の中で、比較的多く見られる。中国で女性彫刻像が発見しされたのは、1979年に発掘された喀左県東山嘴紅山文化

第Ⅱ章　牛河梁遺跡とトーテム連合

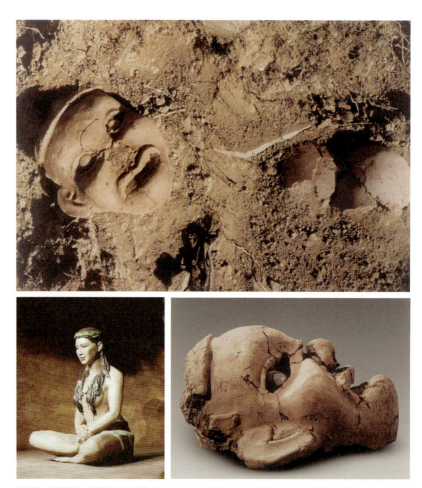

〔図99　西側室前で発掘当時の頭像（上）、出土した頭像（下右）、復元された女神像（下左）〕

〔図100　女神像と類似した玉神面（19cm）〕

3. 牛河梁遺跡の鳥トーテムと熊トーテム

遺跡が初めてであって、学術界から注目され。東山嘴遺跡で発見された陶器彫刻像はすべて中小型に属し、完全な資料ではなかった。今回、東山嘴から遠くなく、同じ紅山文化に属する牛河梁で規模がさらに大きな祭祀遺跡群を発見した。さらに、出土品の一つに彫刻水準が比較的高く、造形が比較的確実で生命を感じさせる大型女性頭上の彫刻像がある。これは確実な考古資料として、女神に対する崇拝は、中国の原始宗教の儀式形態の中でやはり主導的地位を占めることを実証した。(注123)

また、牛河梁は女神廟近隣でも、石で積んだ墓（積石塚）が調査された。そこでは玉で作ったブタ形像が発掘された。ブタはたいてい、穀物精霊の化神として知られているが(注124)、熊とは区別する必要がある。特に牙が上下に交差したことは熊の形像である玉熊龍であると主張することもある。(注125)本来、この玉龍は玉玦に該当する動物の耳目口鼻を象徴的に表現したものなどである。また龍鳳形像の玉佩も発見された。(注126)

ところで、我々は一つの難問に陥らざるを得ない。女神廟の内外で出たこのように多くの動物玉器形像の中に、どれをトーテムとしてとらえるのかが問題である。墓の中にある数多くの動物像がすべてトーテムというわけではないだろう。かつてフロイトは、部族トーテムに対し「相互間の共同義務とトーテムに対する共同信仰を通じて堅く結束する」(注127)ものとして考えた。

では、どの動物像が真のトーテム動物であろうか？　我々が太極旗には敬礼をするが、ムクゲの花には敬礼をしないという点に留意すれば、女神廟に注目せざるを得ない。人神像も一つだけでなく、主室では人の３倍の大きさの神像とともに、実際の人間と同じ大きさの神像が発掘された一方、西側室では実際の人間の２倍の大きさの神像などが発掘された。指の大きさが違う神像の発見で、これを立証することができる

〔図101　指の大きさが違う神像一部〕

159

第Ⅱ章　牛河梁遺跡とトーテム連合

〔図101〕。亜字形（✚→亜 古代の墓の部屋を上から見た形）によって主室をはじめとして北室と南室、東側室、長方形室などの7室に、部屋ごとに神像が安置されたとすれば、7体の神像があることになる。各室の名前は学者によって異なるが、筆者は配置図の意味を生かして付けることにした。問題の女神像は、図102で見ると西側室前（★）で発掘したのである。

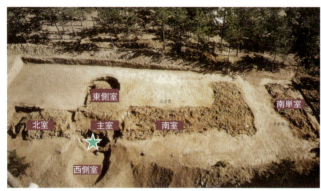

〔図102　筆者が付けた女神廟各室の名称（★は女神像発掘地）〕

　このような意味で、この女神像およびともに出土された他の彫刻像は、祖先崇拝と関係がある偶像であることは確かだ。これを一つの「主神と衆神を囲んだ、並列された多室構成の神殿遺跡」と理解した孫守道は、原始社会の宗教はほとんどが自然崇拝、トーテム崇拝と祖先崇拝の三つの形式の変化を経たものであると言及した。紅山牛河梁女神廟の祭祀対象を見れば、神格化された人々の彫刻像もあれば、同じく神格化された動物の彫刻像もあるという。[注129]

　牛河梁の女神像は黄土で作った塑造像であるが、顔には鮮紅色顔料が塗られ、目には深い青緑色の玉が瞳のように置かれていた。目に丸い玉が打ち込まれていた、女神像は年代測定が可能であった。学界では、その年代を紀元前3500年から紀元前3000年ほどとしてとらえている。また、イヤリングをした痕もあった。

　動物像では熊のあご（泥塑熊下顎）や足の爪（泥塑熊爪）が代表的である〔図103、104〕。この破片が熊なのかどうか疑問を提起した韓国学者もいるが、熊として認識する方が大勢である。一般的に言えば、熊崇拝は当然、トーテム信仰と祖先崇拝と関係がある。熊の体格は胸と腹部が豊満で、人間のように二足[注130][注131]

歩行ができる。前後の足は中に回せるし、前足はあたかも人の手の平のように、餌を握り、口に運ぶことができるし、目に前足をかざして光をさえぎって遠くを眺められることも可能で、その生殖器と母熊の二つの乳なども人間と同じな上に、その力で木を引き抜くこともでき、人々に恐れを感じさせる。

北方の民族の中には、熊を神と考え（視熊如神）、様々な伝説や神話が生み出され、熊と人間は親縁関係であると認めている。人間と熊が一つになる人熊合一の威力は未来永劫、一切の動物に対する崇拝を超越して熊を敬畏し、尊尚し、熊を祖先として祀っている。[132]

〔図103　女神廟から出土した大型熊の足の爪〕

また、もう一つの動物像として、泥で作った鳥（または、タカ）の足の爪や翅（翼）（泥塑鳥翅）[133]もある〔図105〕。すべて大型の熊と対になる鳥形像という点から、二つの動物像は他の動物玉器と区別される。これは墓の中から発見された小さな玉器の鳥や熊ではなく、神殿で発見された大型神像という面から、鳥と熊は神格化された神像であるとみなすこと

〔図104　女神廟から出土した熊の下あごの歯〕

ができる。牛河梁遺跡の副葬品からも、鳥と熊の形像がいくつか発見された。鳥の形像では龍鳳、双鴞首、玉鳳などが出土され、熊の形像では双熊像がある。こうしたことから、神殿から出土した大型の熊の足の爪（泥塑熊爪）と鳥の翼像（泥塑鳥翅）は、他の墓の副葬品の動物造型より特別な意味を持つため、この神殿から出た鳥と熊をはじめて鳥トーテム、熊トーテムといえる。[134]梁大彦も、主室の熊と北室の巨大な鳥の彫刻像を牛河梁人が崇拝した熊トーテムと鳥トーテムとして考えた。[135]筆者がカザフスタンで目にした、成人の背丈ほどある大型のワシ像[136]〔図106〕は、牛河梁鳥トーテム像がどのようにできたのかを暗示するのに十分である。このようにワシを神格化した像は中国新疆省のウイグ

第Ⅱ章　牛河梁遺跡とトーテム連合

〔図106　筆者がカザフスタンで撮影したワシ像〕

〔図105　女神墓から出土した大型の鳥の足の爪と翅〕

ル（維吾爾）自治区のタジク族にとっては民族の守護神である。フレイザーに よれば、ワシやフクロウなどは動物の友人（自分の外在的魂の委託動物）になる 場合があるということだが、ここでは友人になって個人的な霊魂同盟を結ぶ次 元ではなく信仰の対象という点で、トーテムといえるだろう。

ところで、墓の中では個別に存在していた二つのトーテムが、一つの神殿 の中ではどのように共存するのか、という疑問がある。この問題は、先述の 「トーテム連合」で説明したことと同じである。鳥トーテム族と熊トーテム族 という二つのトーテムが出会い、「一つの連合共同体」を構成したことを意味 するものと解釈する。鳥と熊は太陽と月のように陰陽的関係を成す。鳥が陽な らば熊は陰である。鳥とともに象徴美学の極致を表す玉熊の出土は、紅山文化 の中でトーテムの多様性が保障されているという意味で、非常に重要である。

そして、女神像と熊形像を中心に、牛河梁遺跡を韓国の「檀君古記」にある 熊女族と結びつけて説明できることから、女神像は熊女とも言われ、熊トーテ ム族はもともと貊部族であると断定されることもある。しかし、さらに検討 すると、熊トーテムの対象として熊神像〔図107〕と女神像とは区別する必要が ある。熊トーテム族にはその女神像が「熊母神」になることであり、反面、鳥 トーテム族には鳥母神になるためである。このような理由から、牛河梁の女神 像は、熊母神や鳥母神のどちらか一方ではなく、天神の仲間として見る方が妥 当である。一般的に、檀君神話の解釈では、「熊女は地母神であり、生産神（三

162

3. 牛河梁遺跡の鳥トーテムと熊トーテム

神)を意味」すると把握されているが、檀君神話の中の熊女と牛河梁女神廟の女神とは、その役割を区別する必要がある。したがって、牛河梁の女神像は地母神であり、生産神として三神婆であり、また、修行の姿勢であることから、宗教的権威を持つ神権者だったと考える。こうした宗教的神権の代行者

〔図107 紅山文化の玉熊（孫守道の図録）〕

もやはり女性であったのであろう。『三国史記』「雑誌」の編にも、新羅第2代南解王の妹、阿老が始祖である朴赫居世の祭祀を主管したと伝えていることからも、ある時期まで神権代行者が女性であったことがわかる。熊トーテム族の中でも、熊女がそのような女神の役割を部分的に代行していたのかもしれない。

　我々はこの間、牛河梁第1地点である女神廟神殿で女神像とともに熊形像と鳥形像が同時に出土したという事実を、事実としてのみ知っていて、その意味を解釈するのに消極的であった。この三つが同時に出現したことは重要な意味を持つのに、その中の一つを疎かにした。鳥トーテムも熊トーテムに劣ることなく直視しなければならないのに、我々は『三国遺事』の「檀君古記」の熊トーテムだけに重点を置いたあげく、鳥トーテムを説明する心の準備ができていなかった。「檀君古記」は我々に熊トーテムの熊女や虎トーテムの虎女を教えたが、鳥トーテムやその主人公に関しては語ってくれなかった。神話の中で鳥トーテムは説明が省略されたのである。しかし、

〔図108　武氏祠堂の画像石に描かれた鳥〕

鳥トーテムを語らないのは、韓国人の歴史において「主語」を省略したことと同じであると考える。逆説的ではあるが、省略された鳥トーテムに対する解明は、韓国史における最大の秘密を解くことになるだろう。この問題はのちに再び取り上げるが、山東省嘉祥県の武氏祠堂壁画に熊、虎とともに鳥が描かれているという点をあらかじめ言及しておく〔図108〕。

　これまで説明した通り、女神像が母系祖先（女祖）または地母神ならば、ここに現れてきた鳥獣（禽類）彫刻像は、女神像と同じ地位と品格を備えた他の一つの崇拝対象であろう。すなわち、すべての氏族が仕える鳥神であり、鳥

163

トーテムの祖先であるという見解だ。これは女神と鳥神を同等と考えた見方で
あるが、反面、熊トーテムの場合、熊神は天神および地下世界の女神の次に追
尊されるという見解もある。言い換えれば、鳥神も女神と同じ地位ではなくそ
の下である、ということだ。しかし、実際の女神廟を見ると、女神と熊トーテ
ムの熊神（熊祖神）、そして鳥トーテムの鳥神（鳥祖神）の三神は、同じ地位で
ある。女神にだけ神権が付与されたのだろうか。

　熊神のトーテム族が檀君神話の中の熊族ならば、祖神鳥神のトーテム族を直
ちに鳥族（賽族、鳥族）として理解することができる。鳥トーテムと熊トーテ
ムが女神の神的権威の下、トーテムとして互いに連合した共同体、すなわち
トーテム連合を構成したと見ることである〔図109〕。ここで、鳥トーテムの鳥
族に関して付け加えることがある。ソウル大所蔵品である秋葉隆の資料にもあ
るが、京畿道徳勿山にある神閣の名前が「賽神閣」である。『鶏林類事』にあ
るように「새（鳥）」を吏読式で「새（賽）」で書いたことからも、賽神が直ち
に鳥神だと理解できる。

　では、檀君神話で熊トーテムの指導者である熊女に対応する鳥族、鳥トーテ
ム（後に語る鳥夷族）の指導者は誰なのか言及しなければならないだろう。

　趙芝薫によれば、鳥が雄ならば熊は雌として比喩される。また、太陽が父な
らば水は母に例えられる。「부（父）」は「불（火）」、「모（母）」は「물（水）」
と音が通じる。宇宙万物は太陽と水という陽と陰の結合で創造されたと信じる
結果である。また、丸は卵（生獣）であり、四角は四つ足の獣、牛は三角形で
ある。

　「水は青黒い」という話からわかるように、水と「검（黒い）곰（熊）」は互
いに通じる。熊と水、龍はすべて土地の女性性を象徴するが、ここに雨を伴う
「黒い雲」を加えることができる。雲は天と地の間にある霊物で、太陽を思い
のままにさえぎったりもする。反面、「날이 새다（夜が明ける）」ことからわか
るように、鳥は太陽と男性の性を象徴する。したがって、女神の神権を中心に、
様々なトーテムの中で鳥の鳥族（鳥夷族）と熊の熊族は、天地、陰陽のように
相互依存的な存在で結びついたと思われる。決して一方だけで存在したのでは
なく、お互いが調和を成し遂げた「調和共同体」であったことを、この玉器が
立証している。

3. 牛河梁遺跡の鳥トーテムと熊トーテム

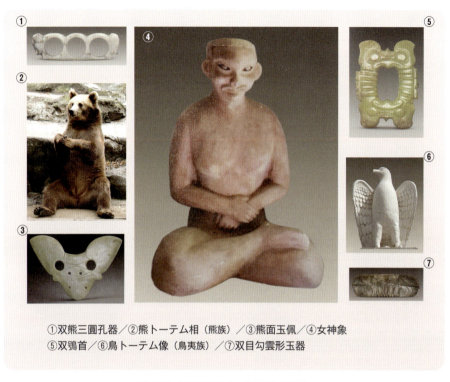

①双熊三圓孔器／②熊トーテム相（熊族）／③熊面玉佩／④女神象
⑤双鴞首／⑥鳥トーテム像（鳥夷族）／⑦双目勾雲形玉器

〔図109　女神廟神殿とトーテム連合（推定）〕

注
(75) 巴林右旗博物館「内蒙古巴林右旗那斯台遺址調査」『中国考古集成』（東北4巻）、北京出版社、1997年、541頁。
(76) 同上書、542、543頁
(77) 同上書、542、544頁
(78) 索秀芬、李少兵「那斯台遺址再認識」『紅山文化論著粋編』遼寧師範大学出版部、2015年、264頁。
(79) 前掲注75書、543頁。
(80) 田広林外『紅山文化論著粋編』遼寧師範大学出版部、2015年、画報14頁。
(81) http://chicnews.mk.co.kr/article.php?aid=1463887780109390009（韓国俳優ソルリ）
(82) 前掲注75書、541頁
(83) 前掲注75書、541頁。この石人像を黒皮玉人という人もいる。
(84) キム・ヨンギュン「へその緒と数字3研究」『比較民俗学』44、2011年4月、153頁。
(85) 孫成泰は濊族を槀離族だと称した。槀離族は満州大平原とアムール川一帯に住んだ。（孫成泰『私たちの民族の大移動（メキシコ便）』コリー、2014年、277頁）これに関しては、より多くの研究が要請される。
(86) キム・ジョンミン『檀君の国カザフスタン』グローバルコンテツ、2016年、257頁。
(87) 金教献『神檀実記』李民樹翻訳、ハンプリ、1986年、42頁。
(88) 李恩奉「檀君神話を通じてみた天神の構造」『檀君神話研究』全世界、1986年、181頁。

第Ⅱ章　牛河梁遺跡とトーテム連合

(89) 崔南善『檀君論』景仁文化社、2013年、287頁。

(90) 邵国田『敖漢文物精華』内蒙古文化出版社、2004年、20頁。

(91) 禹実夏『3数分化の世界観』松、2012年、203頁。

(92) 前掲注75書、543頁。

(93) 郭大順、洪殿旭『紅山文化玉龍鑑賞』文物出版社、2010年、28頁5番。

(94) 孫守道「三星他拉紅山文化玉龍考」『孫守道考古文集』遼寧人民出版社、2017年、182頁。

(95) 卜箕大「試論紅山文化原始龍に対する再検討——孫守道の「猪龍」に対する批判的検討を中心に」『白山学報』77、2007年。

(96) 郭大順はこれを「脊飾捲体（背中に付けて巻き上げたからだ）」といった。（郭大順主編『紅山文化』画報説明）

(97) 前掲注95書、62頁。

(98) セミの羽化に対しては第Ⅲ章1節（184頁）で詳述する。

(99) 前掲注93書、73頁41番。

(100) ユーチューブ（You Tube）には、熊と虎が対決する動画がたくさんある。両者の戦いは焦眉の関心事で、虎が勝つ場合もあれば熊が勝つこともある。

(101) この部分は李又永から得た情報に基づいた（2018年5月8日）。

(102) 「円而神方以知（丸くて神霊らしくして、角張って賢い）」（「繋辞」上、11章）。この部分に対して趙仙尤は紅、山玉器が持つ霊性を強調する。

(103) 前掲書注95書、62頁。

(104) 参考に『北京日報』2018年5月18日付20面には黒皮玉が紹介された。三星他拉村で出土したC字龍と同じ形の「黒皮玉C字龍」で、C字龍の中に女性性器を表した裸婦像の姿が特徴的である。C字龍には解明されていない文字形像がある。

(105) 朱成杰「従玉神物説来理解紅山文化玉器的本質内涵」『中国玉文化玉学論叢』（3編上）、紫禁城出版社、2005年、23頁。

(106) 陳逸民外『紅山玉器図鑑』上海文化出版社、2006年、83頁。

(107) 同上書、74頁。

(108) 鄭健宰「黒皮玉文化と半人半獣神像」『世界桓檀学会誌』2冊1号、2015年6月、213頁。

(109) 郭大順主編『紅山文化』イ・ジョンスク訳、東北亜歴史財歴史財団団版、140頁。

(110) ジェイムズ・ジョージ フレイザー『黄金枝』イ・ヨンデ訳、ハンギョレ出版、2003年、468～469頁。

(111) 遼寧省文物考古研究所、朝陽市文化局編『牛河梁遺址』学苑出版社（北京）、2004年、75頁。

(112) 禹実夏「紅山文化玉猪龍、双獣首璜形器、双獣首三孔器の象徴的意味と（幻日：Sundog）現象」『東アジア古代学』24集、2011年、102頁。

(113) クァク・ジンソク『シベリア、満州——ツングース族神話』ジェイアンドシー、2009年、72頁。

(114) 李讃九『天符経』相生出版、2014年、58～59頁。

(115) 前掲注84書、153頁。

(116) 前掲注91書、参照。

(117) また、中国の現地の人々によれば、積石塚（墓）の外にはさらに多くの玉器が埋蔵されていて、その相当数が民間収集家の手に入った、という。このことから、博物館所蔵玉器だけでなく、民間収集家の玉器も調査し、その価値を認めなければならない。玉器は同じ玉器であるからだ。

(118) 李新偉「紅山文化玉器与原始宇宙観」『紅山文化研究』文物出版社、2006年、349頁。

(119) 梁大彦「遼河文明論と紅山文化の考察」『国学研究論叢』5、沢民国学研究院、2010年6月、226頁。

(120) 孫守道、郭大順「牛河梁紅山文化女神頭像的発現与研究」『紅山文化論著粋編』遼寧師範大学出版部、2015年、390頁。

(121) 安耕田訳注『桓檀古記』（普及版）相生出版、2016年、108頁。

(122) 徐強『紅山文化古玉精華』藍天出版社、2004年、283番。

166

3. 牛河梁遺跡の鳥トーテムと熊トーテム

(123) 前掲注 120 書、393 頁。孫守道「牛河梁紅山文化女神頭像的発現与研究」『孫守道考古文集』遼寧人民出版社、2017 年、188 頁。

(124) 前掲注 110 書、562 頁。

(125) 禹実夏『東北工程向こう側遼河文明論』松、2007 年、324 頁。遼寧省文物考古研究所編『牛河梁──紅山文化遺址発掘報告（1983 ～ 2003）』（下）文物出版社（北京）、2012 年、図版 319。

(126) 遼寧省文物考古研究所編、同上書、図版 96。模写本は（上）、107 頁。

(127) ジークムント・フロイト『トーテムとタブー』キム・ジュンオブ訳、文芸の広場、1995 年、154 頁。

(128) 前掲注 120 書、394 頁。孫守道、前掲注 123 書、190 頁。

(129) 前掲注 120 書、393 頁。孫守道、前掲注 123 書、7、188 頁。

(130) 前掲注 111 書、21 頁。

(131) 金正烈「紅山文化の理解」『私たちの時代の韓国古代史』(1)、周留城、2017 年、184 頁。

(132) 孫守道「紅山文化玉熊神考」『孫守道考古文集』遼寧人民出版社、2017 年、216 頁。

(133) 前掲注 111 書、20 ～ 21 頁。

(134) ここで鳥はミミズクやワシと推定される。ミミズクも大きいものであれば翼が 2m にもなる。

(135) 前掲注 119 書、228 頁。

(136) 筆者が 2018 年 4 月 13 日にカザフスタン、アルマティから東にバスで 2 時間移動したときに立ち寄ったサービスエリアの入口には、成人の大きさの大型のワシの石膏像が台の上にあった。セメントで作られていることから、最近のものであろう。この村にこのような風俗が伝わってきたので復元できたのであろう。カザフスタンの国旗にもワシが描かれている。

(137) キム・キュヒョン『パミール高原の歴史と文化散歩』グローバルコンテンツ、2015 年、391 頁。

(138) 前掲注 110 書、870 頁。

(139) 趙芝薫『韓国文化史序説』探究堂、1981 年、69 頁。

(140) 孫守道『紅山文化玉器新品新鑑』吉林文史出版社、2007 年、図版 164。

(141) 前掲注 125 書、禹実夏、327 頁。

(142) 韓永愚『再び探す私たちの歴史』経世院、2015 年、79 頁。

(143) 慎鏞廈『古朝鮮国家形成の社会史』知識産業社、2010 年、101 頁。

(144) 孫晋泰「三国遺事の社会史的考察」『学風』524、乙西文化社、1949 年 1 月、35 頁。孫晋泰は熊母祖先、熊祖崇拝（熊トーテム）、熊母説などを言及したことがある。

(145) 柳東植『韓国巫教の歴史と構造』延世大出版部、1975 年、31 頁。

(146) 王其格「紅山諸文化〈神鳥〉崇拝与薩満〈鳥神〉」『学報大連民族学院』2007 年 11 月、97 頁。

(147) 前掲注 144 書、35 頁。

(148) 赤松智城、秋葉隆『朝鮮巫俗の研究』（下）沈雨晟翻訳、東文選、1991 年、真の高度録 127 番。

(149) 趙芝薫『韓国文化史序説』探究堂、1981 年、78 ～ 80 頁。

(150) パク・ピョンシク『語源で明らかにする私たちの上古史』（上）、龍仁大人文社会科学研究所、2010 年、60 頁。

(151) 朴容淑『韓国の始源思想』文芸出版社、1985 年、179 頁。

第Ⅲ章
桓雄の「神市古国」

1. 紅山文化と鳥夷族の登場

(1) 鳥夷族の登場と紅山文化牛河梁遺跡の帰属関係

　前章では鳥をトーテムとする人々が、一方では太陽をトーテムとすることを明らかにした。ところで、鳥をトーテムとする牛河梁人を『史記』に出てくる「鳥夷皮服」の、その鳥夷族と同じ部族としてみなすことはできるだろうか？牛河梁の鳥トーテム族と鳥夷族は同じ範疇の文化圏にあったのか？　李倍雷は、紅山文化に現れた東夷の玉鳥が、鳥を崇拝する鳥夷の形状物であると考えたが、(注1)その理由は何か？

　上記の疑問に応えるために、本章では紅山文化で出土された多くの玉鳥を通じて、紅山人がなぜ鳥を崇拝し、その鳥を通じて何を伝えようとしたのか、遼西地方の新石器文化を中心に鳥トーテム族と鳥夷族との関係を明らかにする。

　まず、後世の文献である『尚書』や『史記』、『漢書』、『左伝』などの史籍の中から、「鳥夷」と「島夷」を混用した多くの事例を目にすることができる。一部の学者は考証を経た上で島夷は鳥夷の誤記だと認めたが、『唐石経』に続き、王先謙が鳥夷を島夷に訂(注2)正した。だが、鳥夷と島夷は本来その(注3)音が同じであるという主張があった点を考慮すれば、混用も起こり得ただろう。特に、汪石琴家の蔵本「禹貢図」〔図1〕には、莱夷、嵎夷とともに島夷が登場するが、北島夷もあり、南島夷もある。「史記正義」(「括地志」)によれば、韓国の韓致奫が認めたように島

〔図1　江西汪石琴家蔵本「禹貢図」〕

夷を百済と理解したのは、「南島夷」を示したようである。ならば「北島夷」は、高句麗を意味することなのか？

顧頡剛は問題の『尚書』「禹貢篇」の「鳥夷皮服」について、これは鳥夷が東北の山間地帯で生活しながら、冬には狩猟によって大量の獣類、例えばキツネやテン、タヌキ、オオヤマネコ（猞猁）などを捕らえ、珍しい革をはがして革製品を加工したこととして伝えている。『史記』の「碣石を右側に挟んで海に入る（夾右碣石入于海）」の中で、「海」は「河」の誤字である。また、『漢書』（地理志）では「大掲石山は右北平郡驪城県の西南にある」とあるが、漢の驪城県は現在の河北省楽亭県西南で、古代の黄河は現在の天津市から海に流れていったので、これにより間もなく東北の鳥夷の革製品は渤海湾の西岸に沿って航海して碣石山に達した後、方向を変えて黄河に進入し、都城に達したことを語る、と解釈した。

また、鳥夷は一種族の名称であり、中国の殷代にはすでに存在し、殷商と一定の関係があったと推測できる。この推測は多くの史料ですでに実証された。鳥夷が生活した地域はほとんど渤海湾沿の海に面した平原であり、着るものや容貌、行動がすべて鳥に似ていたといわれる。鳥夷に対する説明のなかで、鄭玄は『尚書』の注釈で「鳥夷は東北の民で鳥と獣を捕って食べる者」と説明したし、王勇は「鳥夷は東北夷の国名」と説明している。こうして、島夷（鳥夷）を北島夷と南島夷として認識して北側地方を分離してみた考察と、鳥夷を東北夷として見た考察とを、山東や渤海沿岸を越えて遼西にも目を向けることができる根拠が用意されたと考える。

日本の考古学者の濱田耕作（1881～1938）、水野清一（1905～1971）は、1938（昭和13）年『赤峰紅山後』〔図2〕という報告書を発表した。本来この報告書は、「赤峰第1次文化：彩陶文化」、「赤峰第2次文化：紅陶文化」として分けて叙述された。彼らは、この地域の古代住民が稲作をした農耕民で漢族でなく長頭型の東胡（烏桓、鮮卑族）であると提示し、董狐と西側の匈奴や東側の濊貊との人種的関係に対して信憑する資料がないので、将来の発掘作業に期待するという余地を残した。

〔図2 1938年『赤峰紅山後』考古報告書表紙〕

第Ⅲ章　桓雄の「神市古国」

　これに対して北朝鮮の学者・李址麟は、「第１次文化（彩陶文化）のその連帯は概略紀元前3000年代である。その文化は北方系であり、東北および朝鮮の新石器文化と関連がある。この文化の主体は遊牧民でなく農耕民だ」(注8)と要約し、自らの見解を明らかにした。李址麟はまず、東胡がどの民族の先祖か断定できないことに疑問を持つ。烏桓と鮮卑族を除いた種族の中で、農耕を早期に発展させた強大な種族は貊族だったことから、彼らが新石器時代に今日の遼西熱河一帯を中心に定着した、と反論を提起した。(注9)

　李址麟の反論によれば、その時代に東胡は遊牧生活をしただけで、農耕生活はなされなかった、ゆえにひたすら農耕生活は貊族がしたという考えに基づいたものである。このような李址麟の主張は、当時は先駆的であったが、今日のように紅山文化の遺物などを目にすることができなかったという時間上の限界もあった。鳥夷族が活動した時は貊族を見ることはできなかったが、その後、貊族が占領したところは、かつて鳥夷族が生きていた場所だという文崇一の指摘は参考に値する。(注10)

　筆者はこれを、先鳥後貊であると整理できると考えるが、李址麟が、紅山の鳥夷族に対しこれ以上明らかにできなかったが、古朝鮮の原住民を鳥夷族であると指摘したことは高く評価できる。例えば、新石器時

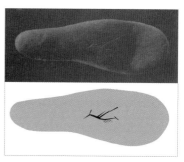

〔図３　楊平仰徳里支石墓で出土した砂利石に彫られた、飛んでいく鳥と模写本〕

代と推定されるソウル付近の楊平仰徳里支石墓（コインドル）で出土した遺物の中に、線刻で刻んだ鳥形相が出てきた〔図３〕。ワシが飛んでいく姿で、死者を葬送する意味と見て、鳥トーテムと連結して説明することもある。(注11)これは、早い時期に韓半島に鳥夷族（鳥トーテム族）が存在したという一つの資料になることができる。

　紅山文化より遅れて広がった中国大陸東部沿海渤海湾から山東半島一帯南側に至るまで、広大な地域にわたる東夷族は、鳥をトーテムにした。人々から「鳥夷族」と呼ばれたが、商族の鳥トーテムと東夷族の鳥トーテムとは、起源からみて密接な関係がある。だが、時間と地域上で検討する時、紅山文化の鳥トーテムは、当然のこととして北方民族の鳥トーテムの嚆矢であったことを見(注12)

れば、遼西の鳥トーテムは山東や渤海沿岸より進んでいた、ということを意味する〔地図9〕。中国学者の何光岳も様々な鳥トーテム族を「東胡」と呼んだが、東胡と東夷は同じ意だと考えた。これは、鳥トーテム族が政治的実態を持った鳥夷族に発展したことを意味する。

〔地図9　春秋時期の遼西地域（譚其驤『簡明中国地図』）〕

譚其驤の地図を見ても、夏商周時期まで遼西地域は中国と何ら関連がなかったことがわかる。春秋戦国時代までも、遼西地域には東胡と山戎、屠何しか存在しなかった。秦時期に初めて遼西郡と遼東郡が設置されただけであった。郭沫若の西周春秋時期の地図にも、遼西地域は南側の承徳一帯に山戎だけを表記し、その北側地域は地図上にもともと存在していない。

しかし、中国学術界の現在の大勢は、黄帝時代と紅山文化後期の大まかな連帯が互いにつながると強調する。王大有は、黄帝時代の活動中心を直接、牛河梁を代表とする遼西諸般の紅山文化祭祀遺跡と対応する年代に合わせている。さらに、牛河梁の女神廟に祀っている神は、黄帝の母系祖先女媧およびその娘たちであると主張する。

ところで、黄帝が北方民族であるという根拠は脆弱だ。黄帝の出生地は山東曲阜で、墓は陝西省沿岸にある。特に、遼西の小河西文化と興隆窪文化から出土した櫛目文（櫛文）土器を製作した人々が黄帝文化と関係がないという点を考慮すると、古朝鮮の原住民が鳥夷族であったという李址麟の主張に再び注目せざるを得ない。

このような混乱の中で、紅山文化の帰属および主導勢力が誰かについて、緻密な論理で論文を発表した中国学者がいる。李民は「試論牛河梁東山嘴紅山文化の帰属―中国古代文明探源の一つ」で、紅山文化（牛河梁、東山嘴）は鳥夷族に帰属すると主張している。彼が紅山文化を主導した勢力として「鳥夷族」に注目したことと、中国学界の偏向性を拒否した点において、韓国人に新しい覚醒を与えている。彼の論文の一部を翻訳し、次に記載する。特別な注釈がない限り、李民の論文内容である。

中国の広大な大地で、近年、いくつかの重要な遠古文化遺跡を発見、発掘した。これは文明あるいは文化揺籃と呼ばれる黄河流域、中原沃野に制

第Ⅲ章　桓雄の「神市古国」

限されたことだけではない、江南水郷や遠い青海高原、大漠北側でも絶え
ず発見された。特に注意すべきことは最近、黄河流域から離れた中原地区
の遼西牛河梁、東山嘴で、今から5000年前の文化遺跡を発掘したことで
ある。その中に女神廟、祭壇と積石塚など重要な遺跡があった。この重大
な発見が世界の注目をあびることになった重要な理由は、中国古代文明の
起源に関する重要な資料だけでなく、文献だけでは探すことのできない実
物の資料を提供してくれたためである（論文8頁）。

　牛河梁遺跡は遼河西部である凌源県城の北側15㎞に位置する。1983年
から1985年にかけてここで分布面積1.2㎢に達する紅山文化遺跡10ヵ所
余りを発見、多くの重要文物も見つかった。例えば、陶製婦女裸体、小さ
な塑像、人間に近い大きさの女神彩色塑頭像、人間の三倍の大きさに相当
する大塑像の残体、大量の祭祀用で使われた陶磁器などの他、精密で美し
い玉器で作られ、特に人の注目を集めるブタ形相の玉猪龍、玉飾なども
あった。その他、女神廟と積石塚などの遺跡があった。

　東山嘴遺跡は遼寧喀左県の大城子鎮から東南に約4㎞離れたところに位
置し、牛河梁遺跡からはわずか30～40㎞である。1979年と1982年の二
度にわたる発掘により、面積が約2,250㎡で大型石器建築基地と大量の陶
磁器が発見された。陶磁器は遺物全体の90％にのぼり、主として紅陶が
発掘された。紋飾は、主に之字形圧印模様と平行縞模様であった。陶磁器
の他、人形や玉、石飾などの遺物があった。さらに、円形祭壇遺跡もあっ
た。

　牛河梁、東山嘴の紅山文化の遺跡と遺物を総合分析すれば、比較的明確
に、それが持っているある重要な特色があることがわかる。紅山文化を中
原の遠古文化と比較するなら、少なくとも下記の三点において我々は注意
を必要とする（論文9頁）。

（a）これは今までなかった中原地区から比較的遠くて、また、東北地区
　　で発見された一つの重要な新石器文化であること。
（b）その年代は中原地区の龍山文化よりも早く、炭素14測定により「女
　　神廟」のような廟蹟の年代は今から5575±80（樹輪校正）年であること。

(c) 中原地区の同一時代の文化と比較したとき、文化内在的なものに少なくない特色と差異があること。例えば、整然とした石建築グループの営造、神秘な色彩が施された女神廟、人間の大きさの三倍になる大きな鼻や耳の塑像、珍奇な女神頭像などはすべて、初めて発見された。中原地区で見つけるのは難しいものばかりである。

　これら三つの特徴から考えると、牛河梁、東山嘴の紅山文化を中国の古代文献からその足跡を探すことができるだろうか？　それと中原文化との関係はどうなのか？　その文化の主導者は誰なのか？　このような疑問に、当然答えなければならない。もう一つ重要な疑問は、牛河梁、東山嘴の紅山文化遺跡が社会発展のどの段階に置かれているのか、という点である。

　冷静に分析してみれば、牛河梁、東山嘴の紅山文化と中国古代文明の起源には直接的な関係があるというのは、非常に浅学であるといえる。我々は当然、遼西紅山文化を一定の歴史的範囲の中でみなければならない。出土した石製の生産工具、農業中心の生活方式、「女神廟」に基づけば、牛河梁、東山嘴遺跡が部落集団（あるいは部落連盟と称する）文化に属すると考えることは非常に適切である。また、紅山文化が広範な区域に分布しており、農業中心の社会経済とともに出現した精密な玉工芸技術、牛河梁、東山嘴の紅山文化の原始住民は、かつての蒙昧な段階を抜け出して、部落連盟の段階へ発展したと説明できる（論文8頁）。

　これに対して、古文献には遠古先民の足跡に関するいくつかの記録がある。まず、『尚書』の「禹貢篇」である。冀州に「鳥夷皮服」という話がある。おおむね二つの特徴を説明できる。
　一つは、「鳥夷の人はすべて革でできた服を着る」ということである。これは、鳥夷の風俗が他の地域と違うことを記している。[注20] もう一つは、鳥夷を民族の名前として見て、「鳥夷族の供物（貢物）が革衣」とみなしたことである。[注21] こういう場合、鳥夷は「東方の土地」、「東方種族」である。
　次に『後漢書』（「東夷列伝」）には、東方のことを夷といい（東方曰夷）、「夷者柢也（根源）」と記してある。九夷とは、畎夷、于夷、方夷、黄夷、白夷、赤夷、玄夷、風夷、陽夷のことだ。鳥夷はこの九種類の中に入らな

いが、九夷の種族であることは疑う余地がない。同じ夷に属すると見る。

また、『漢書』(「地理誌」)を探してみれば、「鳥夷皮服」に対する顔師古の注釈に「東北の夷族は鳥獣を捕らえてその肉を食べ、その革を着た」とある。また、陸徳明は『経典釈文』で馬融の話を引用して、「鳥夷は北側の夷国(北夷国)」と論じた(論文11〜12頁)。

先述の「禹貢」の「冀州」項で言及された鳥夷皮服の他に、青州項で言及された嵎夷既略や莱夷作牧、徐州項で言及された淮夷蠙珠曁魚、揚州項で言及された和夷底績、そして雍州項で言及された三苗丕叙と西戎即叙などにおいて、夏王朝の中心区域と遠く離れているが、鳥夷、嵎夷、莱夷、淮夷、和夷、三苗、西戎などはすべて、夏王朝と様々な関係を持った部落または部落連盟を示す。

これに対して、後世の人々はその真実の情況を理解できず、五服制度のように服従の関係で上古の歴史現象をとらえている。このような現象は、人々により一層神秘の世界に陥るようにしている。すべてを夏王朝が治める範疇に入れ、これで「五服」制度に無理に関連づけ、その元来の意味をなくしている。したがって鳥夷も一定の地位を有し、夏王朝の中心区域から遠く離れ、東北地域で活動していたことを認める必要がある(論文13頁)。

以上で論じた鳥夷の居住地、「禹貢」の中で占める地位および後世の文献記録で確認した通り、鳥夷は牛河梁、東山嘴の紅山文化と次のような関係があると考える。(注22)

第一に、地理的に分析すれば「禹貢」でいう鳥夷の中心居住地が今の遼西地域といえるが、牛河梁、東山嘴遺跡はまさに遼西地域にある。

第二に、時代的に検証すると、通俗的な説によれば夏王朝は紀元前2100年ほどに始まり、2200年と推算する人々もいた。中国の史学者孫作雲は紀元前2300年と推算した。総合的にみて、夏王朝の始まりは今から4000余年以前である。(注23)

「禹貢」に反映されたのも当然、おおむね夏初の王朝と方国、各部落の構成である。したがって鳥夷の時代は(禹貢の夏王朝のような)紀元前2000余年以前として見なければならないだろう。言い換えれば、鳥夷は

早くから東北の遼西を中心に活動した先住民で、彼らの出現は夏初より遅くはなかった。または、それよりもっと早かったことも考えられる。

　牛河梁紅山文化遺存（遺物・遺跡など）の時代は、炭素14測定の結果、早いもので今から4975 ± 85年で、樹輪校正によれば5580 ± 110年である。比較的遅いのは今から4995 ± 110年で、樹輪校正は5000 ± 130年である。ここからわかることは、牛河梁紅山文化遺存は非常に長い時間続いており、牛河梁遺存末期の年代は文献で推算した鳥夷の年代より数百年早い。必ず理解しておかなければならないことは、上古時代の社会の発展は非常に緩やかだったことである。石製や木製の生産道具を主とする条件の下では、数百年という時間の流れがあっても、社会には驚くべき変化は起きない。このような意味で、牛河梁、東山嘴文化の遺存は、直ちに鳥夷文化の一つの分岐であり、または、より一層厳密に言えば、牛河梁、東山嘴の文化遺存はまさに鳥夷が成し遂げた先駆的業績である。[注24]

　第三に、文化の内在的含意で見ると、牛河梁遺存が鳥夷のある分岐または先駆といえることは根拠がある、ということである。例えば牛河梁、東山嘴の紅山文化遺存の住民は農業を主としたが、これは先述で言及した鳥夷族の後裔に関する生活習慣と一致する。遼西の発掘のうち、牛河梁で発見された猪龍玉石器、陶器の鳥彫刻（陶塑鳥）、阜新胡頭溝、紅山文化玉器の墓の中で発見された玉鴞（ミミズク）、玉鳥などのほとんどが鳥夷部落である各氏族トーテムの残存である。したがって、考古発掘と伝説記録はやはり、互いにおおむね符合されるのである。

　総合すれば、牛河梁、東山嘴の紅山文化遺存の帰属問題は、糸口を見つけることができる。今までに発見された考古資料で論じるにしても、これは文献が語る鳥夷の少なくない特徴と合致する。したがって、中国はこのユーゾーンが直ちに今から5000年余り前ないし4000年余り前、中国東北先民の一種である鳥夷部落集団の文化遺存だと認める。このような発見は、中国古代文明の起源や、夏代初期の社会状況を研究するのに一定の意味がある。まさに本稿ですでに言及したように、中国古代文明は非常に悠久なゆえ、その発展の連続性と地域の広範さに鑑みれば世界で初めてのことといえる。

　以上のように、鳥夷族が成し遂げた牛河梁遺跡は一つの小さな花火であり、後に消えてしまおうが、あるいは大火災に乗って広がろうが、これ

第Ⅲ章　桓雄の「神市古国」

　　らはすべて歴史の発展のために特別な貢献をした。遼西の紅山文化は、た
　　とえ後世の歴史記録が詳細でなく、その系統的な記録を探すのは難しいが、
　　すでに頭をもたへていたのである。[注25]

　以上のように、李民は牛河梁、東山嘴の紅山文化は鳥夷族の文化遺存である
と結論づけている。一方、李民の論文に対し、「これは紅山文化を東夷から派
生した鳥夷集団と結びつけた最初の論文ではないかと思う。しかし、のちに中
国学者の論理が、紅山文化の主導集団が黄帝族であるという論理へと変わる点
を記憶しなければならない」[注26]という指摘もある。このような李民の主張にもか
かわらず、当時の鳥夷族が誰で、その後代の民族が誰であるのか具体的な研究
は続かなかった。楊福瑞が紅山文化の鳥トーテムは北方民族の鳥トーテムの嚆
矢だと指摘して鳥夷族の存在を言及したことと、李倍雷が紅山文化の鳥トーテ
ムを東夷系で言及した程度である。[注27]もちろん、「禹貢」に登場する鳥夷に対す
る記録を、歴史的実在を前提にして紅山文化と関連づけるのは問題があると指
摘することもできる。[注28]しかし、筆者が見る限り、中国側の夷族に対する記録は、
もしかしたら事実より過小評価された記録が多いと思われる。「禹貢」の鳥夷
は碣石山に制限された記録にすぎない。
　ところが李民の観点では、鳥夷族は東北地方の遼西に源を発し、その領域は
次第に拡大し、その文化が再び山東半島に移動したと見るのである。換言すれ
ば、東夷文化の始原が山東半島ではなく、東北地方であるという主張も想起す
る必要がある。[注29]
　特に、鳥トーテム族である鳥族（賽族）が、後代に鳥夷族として記録された
ことは、夷に意があったためである。『詩経』の「其追其貊」で、韓国の金庠
基が追を濊として見た反面、[注30]兪昌均は追と夷が等価音であり互いに代替される
と見た。[注31]これら三つの文字に共通するのは、夷の意味が強調されて鳥夷または
鳥夷族という言葉で使われたことであろう。

（2）　隹夷と鳥夷

　殷墟で出土した甲骨文にも、鳥夷を意味する字があるものが発見された。陳
夢家は「隹夷考」（1936年）で、「北隹夷」「西隹夷」の隹夷がやがて鳥夷に

なったと解釈した^(注32)〔図4〕。

　これは鳥夷の起源を明らかにするのに大変重要な端緒になっている。また、夷族が東北の佳夷に源を発し、沿海の南に降りてきて青州に留まって佳夷と莱夷になり、梁州では和夷になり、徐州では徐夷になったと明らかにし、歴史的難題を解決する糸口を提供している。

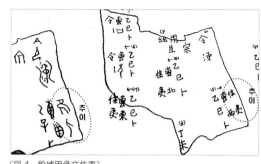

〔図4　殷墟甲骨文佳夷〕

　佳夷（鳥夷）はそのルーツが東北に位置し、その時期は非常に古いということがわかる。尻尾の短い鳥を意味する「佳」を淮夷として見たりもするが^(注34)、佳夷を佳夷と考え、佳夷がつまり鳥夷だと主張されることもある^(注35)。中国の張碧波は、北佳夷はまさに朝鮮半島にあって、古代の辰国と論じた^(注36)。

　そうであれば、辰国はどこなのか？　張碧波が箕子当時の北佳夷を言及したので、商時期の辰国を探せば、その以前の北佳夷も知ることができるだろう。『三国志』（「韓伝」）に注釈で載せられた『魏略』によれば、衛満朝鮮の朝鮮相である歴谿卿が東側の辰国に行ったという一節があり、また『漢書』（「西南夷朝鮮伝」）にも、衛満朝鮮当時の真番と辰国が登場する。

　この二つの話に対して、韓国の尹乃鉉は、衛満朝鮮が灤河流域にあったことから、辰国の位置をその東側である遼東半島と韓半島北部に置いた^(注37)。また、真番国の位置を瀋陽、楊平、海城などにあったとも考えれてもいる^(注38)。したがって商末期の辰国は、大凌河東側の遼東半島として考えても無理はないだろう。一方、商は渤海沿岸に沿って西の方に移動し、二国の起源は遼西であっただろう。

　また陳夢家は、「佳」とは別に。鳥の条件としてとがった嘴、長い尾と多くの羽毛、冠があることなどを示した^(注39)。鳥に対する認識が「佳」から、ますます「鳥」に変わっていったことがわかる。「고추」という時の「추」に男根の意味が入っているのを見れば、「추」や「조（鳥）」もすべて同じような男根の意味で同時に使われたことがわかる。高句麗の官職の名前に古鄒加がある。そして『説文』では鳥「佳」を次の通り説明する。

第Ⅲ章　桓雄の「神市古国」

　鳥佳とは、鳥の中でも尾羽が短い鳥の総称である。象形である。佳に属する字はすべて佳（鳥）の意味を持つ。発音は職と追の半切である。
　鳥之短尾總名也。象形。凡佳之屬皆从佳。職追切。
　尾羽が短い鳥を「佳」、尾羽が長い鳥を「鳥」として区別する。総称と表現したのは、取る数が多いためである。佳は鳥固有の名前である。翩翩者雛（あの飛んでいく佳鳥よ）というときの雛は、「夫不」という鳥の漢字の名前である。本来は佳と書くものを、雛と書いたのである。職と追の半切の音で、15部である。

　（佳）（鳥之短尾總名也）
　短尾名佳。別於長尾名鳥。云總名者、取數多也。亦鳥名。翩翩者雛。夫不也。本又作佳。象形。職追切。十五部。

　このように『説文』によれば、佳は雛であり「夫不（bubul）」と呼ばれたということを物語る。また『説文解字注』の解説にも不（bul）は、鳥が上に飛んでいき降りてこない、という意味であるという。鳥と関連する漢字である。
　夫（bu）の上古音はpĭwaで、不（bul）の上古音もpĭwaである。「夫不（bubul）」はミミズクの鳴き声と酷似している。例えば、ミミズクの鳴き声を「不（bu）〜右（woo）〜部（bu）」として認識したことではないかと思う（訳者注：ミミズクを韓国語で부엉이というのも、鳴き声から名付けられたと考えられる）。
　鳥夷族と関連して、もう一つ考察すべきことは、趙宝溝文化から出土した彩陶の神獣、神霊図案である。この尊形器（38頁図15参照）の彩度図案には鳥とブタ（猪）、シカが登場する。これら三種（鳥・ブタ・シカ）の霊物図案が彫られたものを磨光陶尊という。このような類型の尊形器は、祭祀専用として使う神器または特定の用途がある礼器として考えた。図で見ると、右から鳥、ブタ、シカの順で、それぞれ動物の特徴をよく表現している。この図に熊は登場しない。鳥トーテムが、熊トーテムより時期的に前であることを物語る。牛河梁遺跡を理解するための基礎となっている。

〔図5　鳥を背負った紅山の鳥夷族〕

鳥夷族の鳥崇拝〔図5〕に加えて現れたのが、先述した太陽崇拝である。紅山一帯での太陽文様は岩画に散在している。翁牛特旗白廟子山にある太陽神岩刻画〔図6〕や赤峰地区興隆溝半拉山の太陽岩画がそれである〔図7〕。赤ん坊を抱いた母が太陽を眺めて子孫の

〔図6　紅山翁牛特旗太陽神岩刻画〕

〔図7　赤峰地区興隆溝半拉山の太陽岩画（模写本）〕

繁栄を祈願している。これは太陽崇拝の土着性を示唆するものである。そして、先の「其追其貊」の説明で追、夷、濊の相通性を言及しているが、追（chu）と隹（chu）の上古音が「tiwəi」で同じであるということは、追と隹夷も相通じるという意味を持つ。ここで、「夷」の字の発音上の語源が追、隹と関連すると考えられる。

(3) 鳥夷族と鳥崇拝の根源

紅山文化の中でどの時期の文化から鳥夷族の活動と結びつけて説明できるのかを解明する問題が残っている。ひとまず筆者は、興隆窪文化に注目する。これは牛河梁遺跡以前の時代に遡及しようと思うからだ。文字がない時代の遺物の中でその主体を探そうとするなら、文様やトーテムに注目しなければならない。

劉国祥は興隆窪文化を3期に分けて、第2期の中でも、興隆窪第2期集落、興隆溝集落、査海集落、南台子集落遺跡を代表として選んだ。そして、第2期の主体紋飾を短斜線交叉紋といい、之字紋（빗살무늬）と網格紋などが新しく出現したことを明らかにした。また、劉国祥は交叉型模様である網格紋を、横帯状網格紋であると表記して短斜線交叉紋と区別し、この短斜線交叉紋はすでに第1期に出現した主体紋飾であると言及した。彼は第2期を8000〜7600年前だと考えた。

筆者もこれに基づいて、連続線交叉型模様である横帯状網格紋の最初の出現を、今から最高8000年（紀元前6000年）前として推定する。短斜線交叉型模様も第1期に比べて第2期には重複して強く表現されている。このような横帯

181

第Ⅲ章　桓雄の「神市古国」

〔図8　紅山の玉蟬（孫守道図録）〕

〔図9　興隆窪文化白音長汗遺跡土器網模様〕

〔図10　興隆窪文化白音長汗遺跡熊彫刻像〕

状網格紋を、筆者は「網模様」と称し、この網模様の出現を探索したい。この模様は、8000年前に出現した興隆窪文化から、紅山文化を経て小河沿文化に至るまで、土器や玉器に綿々と伝えられてきたし、韓半島にも変わりなく伝承されてきた。

まず、紅山文化の中にもこの網模様が現れるという点は、前述したことと同じである。もう少しこれを発展させれば、より多くの玉鳥に現れる。

このように、鳥の他にも玉蟬〔図8〕や熊などにも網模様が同時に現れるということは、そのようなトーテムを導いていく巨大な種族があったこと、あるいは、その種族の文化や伝統が伝えられてきたことを意味する。玉器が現れる以前には、土器にこの模様がつけられていた。ところで、興隆窪文化白音長汗遺跡から出土した櫛目文（櫛文）土器の中に網模様〔図9〕があり、この一帯で熊彫刻像〔図10〕や玉玦（玉のイヤリング）も墓から出土した。この網模様の起源は今から7000～8000年前といえる。

〔図11　興隆窪文化玉玦〕

興隆窪文化には前で紹介したようにフクロウ像もあるが、玉玦が主流をなすことが特色である〔図11〕。玉玦の丸い形は太陽を象徴し、それを身に付けるということは、太陽崇拝を極めた結果を表していると考える。太陽崇拝に続いて現れたのが鳥崇拝である。このように、鳥と太陽は鳥夷族を同時に象徴する崇拝物で

〔図12　ミミズクの彫刻像（韓国天安所在のミミズク博物館）〕

あり、興隆窪文化は鳥夷族の初期伝統を大事に保っている。例えば、網模様の「網（ユ물、금울）」は、鳥と関連する道具である。「金」は鉄の金（금）、鳥の禽（금）などで表記することからもわかる。特にミミズク像の足には、足の爪が３つであり、鋭い爪が特徴である〔図12〕。

　ところで、熊と虎の同居と別居(注53)は、歴史の時期を区分する重要な要因となる。もし、鳥、熊とともに虎の遺物が出てくれば、この時期を虎と熊が同じ穴で生きた（同穴而居）と見ることができる。これは神市の初期時代として考えてもよい。虎の遺物が出てこないのであれば、虎が熊と離れ、四海へ追放された（放之四海）時期と見ることができる。したがって、虎族が追放され、鳥と熊だけの結合文化である牛河梁遺跡は神市後期に該当し、それ以前の神市初期は興隆窪文化や趙宝溝文化が該当するといえる。

　そして、興隆窪文化の興隆窪遺跡で発見された石製神像の頭にも、やはり網模様が刻まれている。中国の趙賓福は、これを家の中央に置かれた母神の一種の神霊な形状の跡とし、火神または豊穣の神などの機能として見た(注54)。この網模様は興隆窪新石器人が鳥トーテムの鳥夷族という自らのアイデンティティを表したものである。それだけではなく、網模様を頭（額）に表したことと、火神という側面を同時に考慮すれば、太陽族として太陽をトーテムとして崇拝する、二重の証拠として捉えるのに充分である。

　この当時は、桓（日）から雄（隹）への過渡期で、「太陽がまもなく鳥」となるという観念の形成期としても考えられる。『周易』（繋辞）にも、結縄網罟とした。ひも（노끈）を結んで網を作る仕事は、人類の原初的生産活動を意味する。紅山玉器にも、頭に網模様を描いた玉人(注55)と、下段に網模様がある大型玉神像(注56)が登場する〔図13〕。

　郭大順は、蘇秉琦の話に基づいて査海―興隆窪文化の社会発展の段階がすでに原始氏族共同体の繁栄期を超えて、

〔図13　興隆窪文化石彫神像（10cm、左）、紅山文化玉人（中）、紅山文化玉神像（右）〕

「1万年文明の第一歩の段階に入ったことを知らせている」と評価し、興隆窪神像の網模様は鳥トーテムの神聖化という歴史の転換を知らせる意味を持つと考える。

次に、興隆窪文化の白音長汗遺跡では、熊彫刻像とともに玉蝉が墓から出土した。熊とセミは復活を象徴する動物である。ここで、一つ付け加えて認識すべきことは、玉蝉の問題である。熊は石の像であるが、イヤリングとセミは玉で作られている。それだけセミを大切に護っていたことを意味する。

〔図14　成虫が出てくる段階（左）、成虫が出てきたが羽を広げられない段階（中）、成虫が羽を完全に開いた状態（右）〕

筆者はここで、鳥崇拝の観念の起源がセミから始まったことに関する説明をしたい。興隆窪文化でセミが出てきたことは、特別な意味を持つ。地中でその時を待っていたセミは、地表に出てきて木に登る。夜中に固い殻を脱いで完全なセミとなる。さなぎ（幼虫）が両羽をつけることを言う。羽をつければ飛ぶことができる。生羽而飛である。このように、さなぎから羽が完全に出てきたことを、成虫になったという〔図14〕。このような過程は天敵を避けて深夜から明け方の間に普通3〜6時間程度かけて行われるが、幼虫から成虫になるまでは5〜7年がかかる。

地中の幼虫が木にぶら下がって殻を脱ぎ、成虫になって羽をつける劇的変化を我々は羽化という。セミの目的は羽をつけることで、羽はオスとメスが簡単に出会うための手段である。ところでセミは、真夏の一月も経たないうちにその使命を尽くし、死んでしまう。セミの羽は、無から有を産み出すという一段階高い、激しい変化を象徴する。しかし、その期間はあまりにも短く、人間の欲求をすべて満たすことができない。そこで生まれたのが、鳥崇拝だと考える。

〔図15　玉蝉〕

セミの羽で蘇生と復活を体験するものの、その復活の羽を永遠に大事に保ちたいという望みから、

1. 紅山文化と鳥夷族の登場

鳥の翼に執着したのである〔図15〕。表殻を脱いで出てくる成虫の羽は、新しさと畏敬の極限状態を見せる。翼（羽）の象徴性、すなわち無から有が出てくる新しさを意味する「セミ」がやがて「鳥」という認識になり、鳥崇拝の端緒になったと考える。鳥を通じて永遠の生の翼を持ちたいという人間の欲求の発露が鳥崇拝につながっている。

したがって、鳥崇拝の核心は「翼」にある。この翼の漢字が「隹」である。推の字の形が左右の翼を意味する。(注60) このような意味で興隆窪の玉蟬の羽は、鳥崇拝の端緒となったと思われ、ここからセミと玉文化が結合された状態で鳥夷族が胎動するようになったとみなす。韓国の言葉で見ても、翼「날 (nal)」は「鳥」の古語である。(注61)

鳥がなぜ重要なのか？ 鳥がすべての飛ぶものを代表するためである。「해 (hae 日)」が「해 (hae 年)」、「세 (se 歳)」になるように、また「새 (sae 鳥)」が「해 (hae 年)」になるように、「날 (nal 鳥)」が直ちに「날 (nal 日)」になる。これが韓国語の一貫性である。したがって、「날개 (翼)」＝「새 (鳥)」＝

〔図16 朝鮮王の翼善冠（ソル・ヨンファ韓服）〕

「해 (太陽)」が成立するのである。その起源はセミの羽であった。このセミを象徴して、朝鮮の王たちも自らが太陽の後裔であると示すために翼善（蟬）冠を作って着用した〔図16〕。翼善冠はセミの羽がカギである。二つの羽が後頭部から頭上に上がれば王の翼善冠で、後頭部の両側に繰り下げられれば臣下の翼善冠である。露だけで生きると考えられたセミが臣下の清廉の標本となった。

高句麗の鳥羽冠が翼善冠に変わったが、その起源は翼＝鳥＝太陽である。事実、韓国語の古語に「날개 (翼)」の「날」は「새 (鳥)」であり、「개 (イヌ)」は「해 (日)」である。稲妻の「개 (イヌ)」も「해 (年)」である。(注62) 特に、セミの羽化を象徴的に表現したのがいわゆるC字龍のたてがみである。

この興隆窪文化に続いて登場する趙宝溝文化には、鳳凰が鮮明に現れる。いわゆる第一鳳である。王其格は、「鳥崇拝は、今から約7000年前の趙宝溝文化の時期から、すでに非常に発達した鳥崇拝の信仰があった。その後の紅山文化、小河沿文化、夏家店上下層文化もやはりある脈絡で鳥崇拝の伝統を伝承してきており、地域の特色がある鳥崇拝の体系を形成した」(注63) と、夏家店文化までをも鳥崇拝の体系で説明している。したがって興隆窪文化と趙宝溝文化は、鳥夷族

第Ⅲ章 桓雄の「神市古国」

の出現とともに原始氏族を超えた文明歴史の胎動期ということができる。

ここで再び注目すべきことは興隆窪文化の櫛目模様（櫛文）である。

8000年前の興隆窪文化の土器に櫛目模様（櫛文）が現れる。郭大順は、紅山文化の陶器に対して、次のように言及する。ここで使われている「之」の字紋は、韓国でいう櫛目模様（櫛文빗살무늬）を意味する。

> 紅山文化の陶器には、主に砂を混ぜて作った灰陶と泥で作った紅陶の二種類がある。少量の泥で作った黒陶と灰陶もある。砂が混ざっている灰陶の特徴は、器形の形態が比較的簡単な筒形罐が多く、模様は主に押印した「之」字文様と、平行した斜線模様であり、筒形壺の入口は広くて底は狭く、前部は縦にまっすぐである。査海—興隆窪文化の筒形壺は本体が低く入口は大きく、底は狭くなった。「之」の字文様の線は細くて長く、間隔は広くなり、文様の線も少し広くなった。沿線式「之」の字文様と沸点式「之」の字文様がともに使われ、直線と弧線、波の線も用いられ、横圧竪帯と竪圧横帯がよく似合っている。(注64)

興隆窪文化の櫛目模様（櫛文）(注65)土器以来、韓半島に住んだ新石器人も櫛文土器を作った〔図17〕。このように居住地の遠近を超えて、櫛文土器をひたすら愛用した理由はどこにあるのだろうか？ 単純な櫛の線のように見える櫛文土器から、光のイメージを発見できる。

〔図17 興隆窪第2期網模様〕

紀元前4000から紀元前3000年にかけて、新石器時代の遺物であるソウル岩寺洞櫛文土器〔図18〕を研究した結果、「中心の円とそこから広がって出る三角形の日差し、八つに分かれて広がる光のエネルギー〔図19〕、そして再び外側の円でまとめられる土器の文様は、太陽を象徴すると同時に光のエネルギーで充満した宇宙を表象する」(注66)と明らかにした。このことから新石器人の

〔図18 ソウル岩寺洞櫛文土器〕

186

太陽崇拝がわかり、光に対する観念を察することができる。太陽の本質は光明の光であり、この光を先史人は宇宙存在の気の元と考え、それは、常に中心から外側へ、そして再び外側から中心へと移動するのを宇宙的光の本質とみなし、人間の生命はそのような光の本質の中で生存すると感じたようである。(注67)

〔図19　下から上へと見上げた光のイメージの土器〕

このような意味から、櫛目文（櫛文）土器という名前を光明思想に基づいて「光の模様」と代えて呼ぶことができると主張した金洋東は、櫛文土器に対して「原始人はすべての生命体の原初的なエネルギー源として太陽を崇拝して神と敬い、神に対する限りない愛を表現しようと、光（빛살 日差し）を刻んだ」と解釈する。(注68)

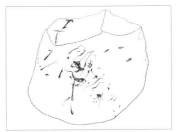

〔図20　公州石壮里2石材鳥紋〕

太陽と光は混同しやすいが、我々は太陽と光（光明）とを区別する必要性を感じる。太陽神が始祖神の役割を果たすならば、宇宙の根源である光は天神として比喩できる。(注69) 韓国古代の思想は、長久な歳月を経て太陽から光（光明）崇拝に移っていたと考えられる。

参考までに、忠南公州石壮里の後期旧石器時代文化層から砂利石（打製石器）に刻んだ鳥紋が出土された〔図20〕。太い三つの陰刻線が水平に並んで刻まれ、垂直に二つの線が引かれており、右側には突かれた点、左側には三角形の峰が刻まれている。最初の鳥絵なのかもしれない。(注70)

注
(1)　李倍雷「紅山文化中玉鳥的図像学意義与芸術風格」『広西芸術学院学報』『芸術探索』20巻4期、2006年10月、5頁。
(2)　文日煥「朝鮮古代鳥崇拝与卵生神話之起源探究」『中央民族大学学報』（哲学社会科学版）30巻6期、2003年、79頁。
(3)　兪昌均『文字に隠された民族の淵源』集文堂、1999年、378頁。
(4)　中国の林恵祥は鳥夷を台湾であるとも論じた（張崇根「鳥夷、東鯷補證」）。
(5)　顧頡剛「鳥夷族的図騰崇拝及其氏族集団的興亡」『史前研究』2000年9月、149頁。
(6)　前掲注2書、79頁。殷商との関係は先の陳夢家の甲骨文発見で立証された。

187

第Ⅲ章　桓雄の「神市古国」

〔図21　大英博物館展示の紅山玉器〕

1. 紅山文化と鳥夷族の登場

(7) 濱田耕作、水野清一『赤峰紅山後 ─満洲国熱河省赤峰紅山後先史遺蹟』（甲種第 6 冊）、東亜考古学会、1938 年、84 頁。

(8) 李址麟『古朝鮮研究』科学院出版社（平壤）、1963 年、197 ～ 198 頁。

(9) 同上。

(10) 文崇一「濊貊民族文化及其史料」『中央研究院民族学研究所集刊』5 集（台北）、1958 年春、135 頁。

(11) 李隆助『韓国の先史文化 ─その分析研究』探求堂、1981 年、244 ～ 247 頁。

(12) 楊福瑞「紅山文化氏族社会的発展与図騰崇拝」『赤峰学院学報（漢文哲学社会科学版）』35、5 期、2014 年、21 頁。

(13) 何光岳「鳥夷族中諸鳥国的名称和分布」『東夷古国史研究』2 輯、三秦出版社（山東）、1989 年、64 頁。

(14) 譚其驤主編『簡明中国歴史地図集』中国地図出版社（北京）、1991 年、12 頁。

(15) 郭沫若主編『中国史稿地図集』中国地図出版社（北京）、1996 年、14 頁。

(16) 朱成杰「従玉神物説来理解紅山文化玉器的本質内涵」『中国玉文化玉学論叢』（3 篇上）、紫禁城出版社、2005 年、23 頁。

(17) 金正烈「紅山文化の理解」『我々の時代の韓国古代史』(1)、2017 年、183 頁。

(18) 李民「試論牛河梁東山嘴紅山文化的帰属 ─中国古代文明探源之一」『鄭州大学学報』2 期、1987 年、8 ～ 14 頁。李民は男性で、1934 年生まれである。1962 年に南開大学歴史系研究生卒業、現鄭州大学殷商文化研究所所長、歴史学院教授、博士生導師（指導教授）、中国殷商文化学会副会長、国際人類学与民族学学会理事、米洲與中国文化研究センター（米国）顧問などを兼職。出版著作 11 巻、学術論文 120 余篇。コロンビア大学、東京大学、香港大学などで短期学術講演および学術報告を行う。1990 年に「全国優秀教師」として評価され、省級優秀専門家で平選。2000 年に中国社会科学院古代文明研究センター専門家委員会委員に招聘される。

(19) 李民「試論牛河梁東山嘴紅山文化的帰属」『鄭州大学学報』2 期、1987 年、8 ～ 14 頁。

(20) 原注：屈万里『尚書今注今釈』台湾商務印書館、1979 年、32 面。

(21) 原注：劉起釪「禹貢冀州地理叢考」『文史』25 輯。

(22) 前掲注 18 書、13 頁。

(23) 中国で堯は紀元前 2357 年、舜は紀元前 2136 ～紀元前 2100、禹は紀元前 2103 ～紀元前 2073、夏王朝元年は紀元前 2070 年である。当時鳥夷が活動していたことから、この時期と同じであるか、もしくはより早い時期でも可能であるという意味である。

(24) 前掲注 18 書、13 頁。

(25) 前掲注 18 書、14 頁。

(26) 禹実夏「遼河文明論の初期展開過程に対する研究」『檀君学研究』21 号、2009 年 11 月、279 頁。

(27) 前掲注 12 書、21 頁；李倍雷「紅山文化中玉鳥的図像学意義与芸術風格」『広西芸術学院学報』（芸術探索）20 巻 4 期、2006 年 10 月、5 頁。

(28) 林燦慶「女神像を通じた紅山文化建設主体批正」『国学研究』15、2011 年、30 頁。

(29) 王恵徳「鳥図騰的濫觴─兼談東夷文化」『昭烏達蒙族師専学報』漢文哲学社会科学版、3 期、1990 年、62 頁。

(30) 金庠基「韓・濊・貊移動考」『東方史論叢』ソウル大出版部、1986 年、357 頁。

(31) 前掲注 3 書、244 頁。

(32) 陳夢家「隹夷考」『陳夢家学術論文集』中華書局（北京）、2016 年、123 頁。

(33) 同上書、126 頁。

(34) 顧頡剛「鳥夷族的図騰崇拝及其氏族集団的興亡」『史前研究』2000 年 9 月、148 頁。顧詰剛は尾羽の短い鳥は「隹」、尾羽の長い鳥は「鳥」と考えた。

(35) 文崇一「濊貊民族文化及其史料」『中央研究院民族学研究所集刊』5 輯（台北）、1958 年春、133 頁。

(36) 張碧波「古朝鮮文化探源」『北方論叢』159、1 期、2000 年、10 頁。

(37) 尹乃鉉『古朝鮮研究』一志社、1994 年、468 頁。

189

第Ⅲ章　桓雄の「神市古国」

(38) 鄭亨鎮『韓半島は辰人の土地であった』アルエイチコリア、2014 年、261 頁。

(39) 前掲注 32 書、126 頁。

(40) 李珍華、周長楫『漢字古今音表（修訂本)』中華書局、1999 年、86 頁。

(41) 同上書、192 頁。

(42) 禹実夏『東北工程の向こうの遼河文明論』ソナム、2007 年、150 ～ 151 頁。

(43) 王其格「紅山諸文化〈神鳥〉崇拝与薩満〈鳥神〉」『学報大連民族学院』2007 年 11 月、96 頁。

(44) 呉甲才『紅山岩画』内蒙古文化出版社、2008 年、107 頁。

(45) 趙国棟「赤峯地区又発現両処岩画」『中国考古集成』東北 6 巻、北京出版社、1997 年、1082 頁。

(46) 前掲注 40 書、46 頁。

(47) 劉国祥「西遼河流域新石器時代至早期青銅時代考古学文化概論」『赤峰学院学報・紅山文化研究
専輯』赤峰学院、赤峰市文化局、2006 年 8 月、65 頁。劉国祥は査海文化を区別せず興隆窪文化
に入れている。

(48) 同上書、64 頁。

(49) 孫守道『紅山文化玉器新品新鑑』吉林文史出版社、2007 年、138 番図版。

(50) 卜箕大 他『遼西地域初期新石器文化研究』周留城、2016 年、114、122 頁。

(51) 同上書、114、139 頁。

(52) 同上書、114、149 頁。

(53) 熊と虎の同居と別居は韓国上古史解決の鍵である。

(54) 趙賓福『中国東北新石器文化』崔茂蔵訳、集文堂、1996 年、266 ～ 267 頁。

(55) 徐強『紅山文化古玉鑑定』華芸出版社、2007 年、385 番図版。

(56) 孫守道『紅山文化玉器新品新鑑』吉林文史出版社、2007 年、挿絵 5 番。

(57) 郭大順、張星徳『東北文化と幽燕文明』（上）金正烈訳、東北亜歴史財団、2008 年、267 頁。

(58) 前掲注 50 書、114、139 頁。

(59) http://news.naver.com/main/read.nhn?mode=LSD&mid=sec&oid=025&aid=0002730370&s
id1=001（韓国の中央日報、写真キム・ソンテ）

(60) 朴文基「ソッテ（鳥竿）文化と天孫民族」『第 1 次材料および破壊部門学術大会論文集』大韓機
械学会、2006 年、4 頁。

(61) 徐廷範『国語語源辞典』寶庫社、2000 年、134 頁。

(62) 同上書、301 頁。

(63) 王其格「紅山諸文化〈神鳥〉崇拝与薩満〈鳥神〉」『学報大連民族学院』2007 年 11 月、96 頁。

(64) 郭大順『紅山文化』イ・ジョンスク他訳、東北亜歴史財団、53 頁。

(65) 前掲注 42 書、124 頁。

(66) 金晟煥「韓国古代仙教の光の象徴に関する研究（上)」『道教文化研究』31 輯、34 頁。

(67) 同上書、37 ～ 38 頁。

(68) 月刊美術世界『金洋東』（月刊美術世界作家叢書）月刊美術世界、1996 年、画報；金洋東『韓国古
代文化原型の象徴と解釈』知識産業社、2015 年、77 頁。

(69) 金晟煥「崔致遠国有玄妙之道説の再解釈」『道教文化研究』34、17 頁。

(70) 孫宝基『石壮里先史遺跡』1993 年；兪泰勇、崔沅鎬「韓国旧石器時代陰刻文の検討」『美術文化研究』
10、2017 年 6 月、118 頁。

190

2.　鳥夷族と桓雄そして檀君

(1)『山海経』と桓雄の雄常

　我々の疑問は、熊族の熊女に対応する鳥夷族の歴史上の指導者は誰なのか、ということである。鳥夷族は太陽と鳥の崇拝から生まれてきた。韓国の「檀君古記」（253 〜 255 頁付録参照）からは、最初に太陽を崇拝した一族は桓因の「ファン（桓：太陽）」と見ることができる。その次に鳥を崇拝した一族は誰だったのか？　これら太陽と鳥が出会って成り立った鳥夷族については、「鳥はまさに太陽で、太陽がまさに鳥[注71]」という、鳥と太陽を一体とする認識を持って検討を試みる。

　桓（ファン）は、太陽の意味の他に鳥の名前とも関連する。『説文』に萑（ファン）という文字が出てくるが、この鳥は角形の毛（羽角）がある「フクロウ치（鴟）、치효（鴟鴞）[注72]」に属すると記されている。角があるという指摘から、フクロウ科のミミズクである。郭璞も注で、ミミズク（鴟鴞）より若干小さい鳥で、ウサギ頭（兎頭）の鳥と表現している。횐（萑）は횐（桓）、または화（和）と音が同じであり、また「추（chu）、익모초（益母草）」の意味も生じる。

　現在の我々が知っているミミズクには、耳のような角（羽角）がある。ミミズクはウサギ頭の姿である。興隆窪のフクロウは、角のないフクロウ像である。甲骨文でも、このミミズクの（萑、桓）を猫の頭のような形をした「タカ」（「猫頭鷹」）と表現した[注73]。角のないフクロウ像は角のあるミミズクとは異なり、太陽の形に近いと理解できる。ミミズクの角は「火」を象徴する。鳥は時代によってフクロウ、ワシミミズク（鷲木菟）、タカ、ワシなど異なる形で現れたと見る必要がある。

　では、鳥トーテムの鳥夷はどの系統の種族なのか？　張守節は「史記正義」で、鳥夷に対する注を『括地志』から引用して説明している。鳥夷は古粛慎であり、洞窟の中での生活、ブタの飼育、弓を射ることなどを特徴として説明している。また、何光岳は粛慎が本来鳥夷から分かれて出た一派だと言及する。これは、すべて鳥夷の存在を示す資料となる[注74]。

第Ⅲ章　桓雄の「神市古国」

　先秦の東夷が特定集団を示す固有名詞として使われたとすれば、一方で、『三国志』以後の東夷は、東方の異民族を示す普通名詞として使われた。両者には文化的な共通点がある。すなわち、祭天儀式に見える敬天信仰、卵生神話と鳥崇拝、弓矢神話などを二つの東夷は共有していた。特に鳥崇拝の場合、卵生神話と繋がっていた。高句麗の冠帽や、埋葬時に、鳥の翼を一緒に副葬する弁辰の風俗を見れば、少昊氏、帝俊集団と同じ鳥崇拝があったとことがわかる。(注75)

　では、紅山文化を主導したその鳥夷族は誰であるのか？　もしかすると、我々の歴史の誰かと関連づけられるのか？

　まず、桓が太陽を象徴するということを念頭に置き、紅山文化を「檀君古記」と比べてみれば、桓因以後で檀君以前である桓雄(ファスン)の時代に該当することがわかる。桓雄神話の概念語として「数意天下」、「貪求人世」、「三危太伯」、「弘益人間」、「天符印」、「率徒三千」、「太伯山頂」、「神壇樹」、「謂之神市」、「一熊一虎」等がある。しかし、鳥夷族を説明するほどの同義語はどこにもない。ただし、崔南善は「檀君古記」を檀君原史と桓雄神話で分け、桓雄神話の究極的意義は太陽トーテムと熊トーテムの結合による朝鮮の出現にあるとみた。しかし、これは桓雄を太陽トーテムと前提にした話であろう。鳥トーテムに関しては言及しなかった。(注76)

　ただし、鳥トーテムを説明するときに「太陽トーテムと鳥トーテムは連合トーテム」という観点だけでは限界がある。史記にも千慮一失の弱点があり、韓国の史書にも千慮一得の強点がある。このような限界を克服するために、筆者は『揆園史話』(北崖子、1675年)等を参考とする。司馬遷の『史記』にも千慮一失があり得るものの、韓国の史書にどうして千慮一得がないと言い切れるだろうか。(注77)ところで、『揆園史話』は太伯山に降臨した桓雄を神市氏であるとするが、それを意味する一節がその中にある。

> (神市氏)が禽獣と家畜の名前で官職の位を名付けたので、虎加・牛加・馬加・鷹加・鷺加などの名称があることになった。(注78)

〔図22　桓雄の5加を連想させる赤峰出土5連珠玉飾〕

　このように神市氏には虎加、牛加、馬加、鷹加、鷺加など

192

の五加があったということは、史料価値のある情報である。神市氏という言葉が桓雄と同一人である、あるいは桓雄を主体としながらも桓雄の当時の五加時代という包括的な概念を意味するようである。この五加は桓雄族がトーテム分化をした結果だと見る。五加の中にタカ（ワシ）の鷹加とシラサギの鷺加程度が鳥トーテムに該当する。本来桓雄のトーテムは鳥トーテムから始まったのであろう。鳥（タカ）を乗せている紅山の玉器（180頁参照）[注79]から、鳥夷族の存在を推測できる。また、桓雄当時の五加を暗示するような連珠玉〔図22〕[注80]も吟味する必要がある。

では、鳥トーテムの原型が何を意味するのか、最も古い『山海経』（「海外西経」）から見てみよう〔図23〕。

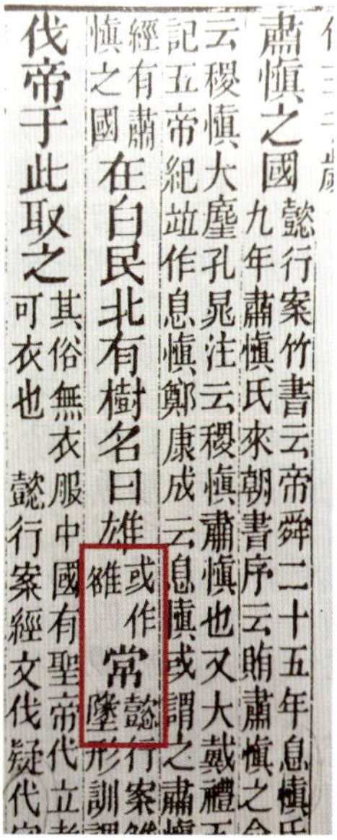

〔図23　『山海経』（「海外西経」）原文〕

　　粛慎国は白民の北側にある。樹があって、名を雄（または、雛）常という。帝王が代を繋いで即位すれば、樹の皮で服を作って着た。[注81]

ここに、粛慎と雄がある。何光岳は粛慎を、鳥夷の一派でととらえたと先述した。すると、『史記』の「鳥夷皮服」の鳥夷と一致すると考えられる。重要なことは、雄に関する理解である。雄を木の名前と関連付けて雄の常、すなわち雄常といった。

ところで、この雄常のことを雛常ともいった。雄がすなわち雛という意味である。雛は鴞、またはフクロウ科の鳥のことを示す。この言葉は『晉書』（「東夷伝」）にも『淮南子』（墜形訓）にも表れる。言い換えれば、雄常という木すなわち「雄常樹」であるが、その樹に鴞の形相を刻んだり乗せたりしたことから、雄常と呼んだという意味である。韓国の鳥竿（43頁参照）ソッテや西洋のトーテムポール（Totem pole）（195頁参照）を連想することができる。したがって、雄が示す鳥トーテムの原型は韓国語で수리（太陽、日）부엉이（鴞）で一名太陽鴞と言える。つまり雛であることを『山海経』が教えている。

第Ⅲ章　桓雄の「神市古国」

特に、雄は前腕を韓国語で意味する「팔뚝굉 厷」と鳥（추、佳）の結合で、「굉 厷」には「腕、弓、丸い、大きい（宏）、鳴らす（轟）、門閾、紐（紘）、角の酒器（觥）」などの意味が含まれている。総合すると、雄は「大きな鳥」の意味になり、前腕にとまっている鳥となる。現在の太陽（日）鴉は天然記念物第324-2号で、学名は「Eurasian eagle owl, Bubobubo」である。ミミズクの覇王である。韓国の『訓民正音』（「用字例」）には「ㅎ」の用例として「부헝（ブフォン）」を挙げている〔図24〕。古漢字で「鵂鶹 휴류」と書く。鴟梟、鵂鶹はすべてミミズクを示す〔図25〕。夜に寝ることなく一番先に太陽を迎える。寿命は21年、富と智恵を象徴する。

〔図24 『訓民正音』（「用字例」）の「부헝（ブフォン）」〕

ところで『山海経』の雄常の一節と『晋書』の雒常の次の一節に出てくる「服を作ること」と関連して、これを明らかにする必要がある。

　　雒常という樹があり、中国の王が新しく帝位に就くときは、その木の皮
　　で服を作って着られるという。
　　有樹名雒常若中国有聖帝代立則其木生皮可衣（『晋書』「東夷伝」粛慎）

『満洲源流考』は雒常（または額常）を果物の木とみなし、白鳥庫吉も雒常は満洲語の紙を表すと考え、その木は紙の木、すなわち表皮で服を作る楮（楮の木）といった。（注82）

しかし、雄はワシミミズクの雒で、常は崇尚するという意味とともに樹の名前を表すので、雄常は鳥竿（ソッテ）とともに、鳥と樹が結合された神樹であると考えられる。『三国遺事』「檀君古記」の一節に、「常祈于神雄　願化為人」とあるが、ここでは常祈于神雄に注目しよう。李丙燾（1896～1989）以来、この一節を「常に神雄に祈った」と解釈されてきたが、これは文脈上、重大な欠陥があると考える。敬拝の対象物であるならばわからなくもないが、人である神雄（すな

〔図25 胡頭溝１号墓出土玉鴉（ミミズク）〕

194

わち桓雄）に常に祈ったというのは道理的に合わない。したがって、これは祈于神雄常の誤記であると考える。その場合、この神雄常を神壇樹に比喩できる（詳細は 253 ～ 255 頁を参照）。すると、ここでの太陽鴉の雄は誰を象徴するのか？

高麗末、李嵒（1297 ～ 1364）の『檀君世紀』（11 世「道奚檀君」）が答えを与えている。

　　庚寅元年（紀元前 1891 年）檀君が五加に令を下し、12 の名山から最も美しい山を選び、国仙の蘇塗を設置するようにした。周囲にオノオレカンバ（檀樹）をたくさん植え、そのうち最も大きな樹を選んで桓雄の像として奉し、祭祀を挙げた。名前を雄常といった。(注83)

桓雄の像を奉って祭祀を行ったという話であり、この雄が実存した桓雄の象徴形象であったことを『檀君世紀』を通じて唯一確認できる。雛常を彫刻して樹に吊るして奉っていたのか、そうでなければ西洋のトーテムポール〔図26〕のように、樹に直接刻んだのかはわからないが、桓雄の雄常が鴉として立証されたのである。合わせて、太陽鴉は桓雄の鳥であり、神市のトーテムであることをミミズクの分布図（198 頁）から確認できる。

〔図26　バンクーバースタンリー・コンウォンのトーテムポール（熊石氏Blog）〕

要約すれば、桓雄の雄＝雛＝鴟鴞（シキョウ）＝太陽鴉となる。先述の五加の中で鷹加（タカ）はフクロウとミミズクに最も近い鳥である。ところで『詩経』「鴟鴞」にもミミズク（부형、치효鴟鴞）が登場する。ミミズクは、他の鳥のヒナを捕らえて食べる悪鳥として描写されたり、または不孝鳥として伝えられたりもする。このような嫌悪感を助長したのは、鴟鴞（ミミズク）または、鴟鴞トーテム族に対する怨念を表していると考える。言い換えれば、桓雄の鴟鴞族が強盛であったということだ。また、ミミズクがその家の凶事をあらかじめ教えるために鳴いたにもかかわらず、これを知らない人々がミミズクが鳴くと家に凶事が起きると考え凶鳥と感じることになった。ミミズクに対する誤った固定観念から生まれたのである。

したがって、我々の立場からミミズクを見なければならない。ミミズクの

第Ⅲ章　桓雄の「神市古国」

　鳴く声が「ブ〜ワン、ブ〜オン、ブ〜ウン」と聞こえることからも、桓雄の
「雄
ウン
」と通じて、民間ではその声が「ブ（富）〜」として知らされることもあっ
た。(注84) また、タカを漢字で鷹と書くように、雄（ung）と鷹（eung）は発音が似
ている。このように、ミミズク像は桓雄自身であっただろう。したがって時期
的に見れば、雄の象徴としての鳥はミミズク（太陽鴉）であるが、後に五加で
分化されながらタカやシラサギが出てきたのだろう。普通、太陽鴉はフクロウ
より大きく、体長70cm、翼の長さ190cmである。爪は前に３つ、後ろは１つ
である。世界の中で最も大きな鳥の一つとして記録されている。

　先に確認した通り、興隆窪文化にフクロウの像が出てきた。梟という字は鳥
が木の上にある形象である。このフクロウの像も木の上に乗せた雄常の一種で
あったのかもしれない。

　そして、瀋陽の新楽下層文化（7000年前）から、鳥の彫刻が出てきたのも、
木に刻んだ飛ぶ鳥（木雕飛鳥、38.5cm）であった〔図27〕。趙賓福はこれについ
て、「木製の鳥形彫刻は、新楽下層文化で発見された珍しい芸術品である。そ
れは芸術的価値の他に、氏族長が氏族構成員を統治した権威の象徴物」(注86) と解釈
した。ここからはまた、骨に刻んだタカ頭（骨雕鷹頭）像も発掘された。この
ように雄常を作るという伝統から、地域と時代を超越して非常に古くから存在
していたということがわかる。桓雄と鳥夷の文化領域も、紅山だけでなく瀋陽
まで影響を及ぼしたということが確認できる。

　このように桓雄と神市のトーテムがミミズク（鳥トーテム）であったため、
三危太伯山の神壇樹で降臨または飛下することができた。神壇樹は、先述し
た『山海経』の雄常樹であり、雛常樹である。三危山は『山海経』（西山経）
で、三羽の青鳥（三青鳥）が住む場所といった。(注87) ミミズク（鴞）はまた、青色
の鳥ともいう。我々が考える青い鳥なのかどうかもわからない。新羅の金冠に
も、飛び立つ前の３羽の鳥が座っている様子を「凵（山）」の字を三つ並べる
ことで表している。この金冠の連続する山の字は、神壇樹のようである。神壇
樹は空と地上、地下の三つを一つに支える柱のような世界の木である。この世
界の木には天の鳥が座り、天と地を往来する。(注88)

　『檀君古記』に神壇樹は言及されているが、鳥は言及がないことに、疑問を
感じるが、桓雄自身が鳥であったため、特別に言及する必要がなかったのだろ

2. 鳥夷族と桓雄そして檀君

う。神壇樹の鳥は宇宙の鳥として、天に上がっては下りる桓雄自身であったのだろう。このような意味で、桓雄は太陽の明るさを追求した、太陽トーテムを継承した桓であるが、本来、鳥トーテムの雄族である鳥夷族であり佳夷族である。これは『帝王韻紀』で桓雄を「雄」とだけ称したところで理解できる。ただし、『揆園史話』で話した、神市の五加中に鷹加、鷺加を除いた残りの虎加、牛加、馬加との関係はトーテムの分化として見ることができる。同時に悠久の歴史を持つ韓国のユッ（Yut）の遊びに用いられる「도（do ブタ）、개（gae イヌ）、걸（geol ヒツジ）、윷（yut 牛）、모（mo 馬）」も、五加のトーテムと関連して研究すべきである。

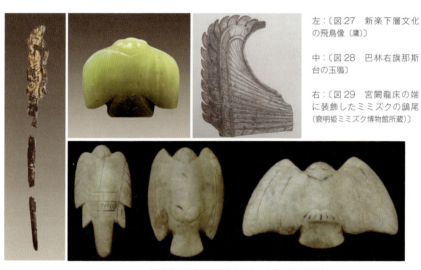

左：〔図27　新楽下層文化の飛鳥像（鷹）〕

中：〔図28　巴林右旗那斯台の玉鶚〕

右：〔図29　宮闕龍床の端に装飾したミミズクの鴟尾（襄明姫ミミズク博物館所蔵）〕

〔図30　3段階飛翔するフクロウ像（個人所蔵）〕

台湾故宮博物館所蔵　　　大英博物館所蔵　　　中国天津博物館所蔵

〔図31　国外搬出ミミズク（玉鶚）〕

第Ⅲ章　桓雄の「神市古国」

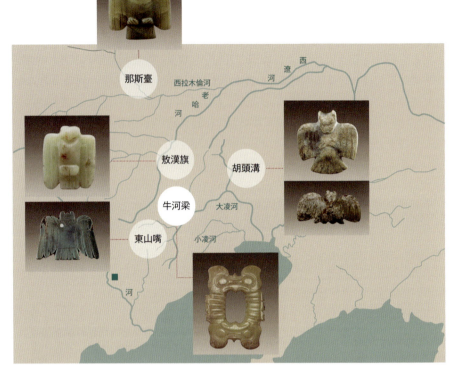

〔地図10　桓雄と神市を象徴するミミズク玉器（玉鴞）出土地綜合〕

(2) 桓雄と熊女の出会い——牛河梁遺跡は檀君の故郷

　中国当局は現在、牛河梁遺跡に対して「約5500年前にすでに国家になるためのすべての条件を備えた牛河梁紅山文化遺跡」(注89)と宣伝する。これは紀元前3500年頃に中国が国家の枠組を備え始めたという自負心に由来する言葉である。檀君の古朝鮮建国とは1000年余りの時間の差がある。それでも牛河梁遺跡を貫かれているのは、鳥夷族と熊族の拝日崇鳥思想と、熊崇拝意識がこちらでも花開いたという事実だけである。
　では、その起源はどこで、我々はどうすればこれを理解するだろうか？　檀君神話を研究した延辺大の金寬雄は、「朝鮮民族の原始文化は、東アジア文明

198

の最初の発源地だと想定される紅山文化、もしくは遼河文化を創造した主体である東夷族と深い内在的な関連性がある」[注90]と言及した。この内在的関連性をもう少し具体的に究明するときである。

我々は、牛河梁遺跡の再解釈を通じて『三国遺事』の冒頭で引用された「檀君古記」の中の、いわゆる「檀君神話」が忘れ去られた話ではなく、生きている歴史として我々が新たに出会える対象であることがわかるだろう。既存の檀君神話をそのまま「檀君史話」で見れば、5500年前の歴史が再びよみがえる。エリアーデは「神話は偉大な歴史、すなわち時間の出発点で、宇宙の初めに起きた原初的な事件」[注91]を語るとして、その神話の本質を教えている。

我々がその間に信じてきた神話が、原初的事件の聖なる歴史でないのであれば、それは単に夢や想像で終わるだろう。そうではなく、それが原初的な事件で「今日の我々と向き合う」とき、生きた歴史によみがえるだろう。果たして檀君神話は、原初的事件の聖なる歴史なのか？　そうでなければ、単なる幻想の中の夢の話なのか？　今までの研究結果で見れば、牛河梁遺跡は偉大な歴史の原初的事件だとしても過言ではない。我々は牛河梁遺跡を通じて、檀君神話をようやく再解釈することができるようになった。檀君がよみがえったのである。併せて、消えていた桓雄も浮上してきたのである。桓雄の話から韓国上古史を全面的に再解釈する課題が残った。『三国遺事』の「檀君古記」が教えてくれる桓雄の時代状況は、次の通り要約できる。

- （a）桓雄は太伯山に降臨して神市を開いた。
- （b）熊族と虎族が共存している際に、熊族は桓雄の条件に順応して連合を成し遂げた。
- （c）虎族は条件に不満を持って連合に参加しなかった。
- （d）桓雄族と熊族が連合して後日檀君朝鮮建国に参加した。

たとえ少ない情報であっても、この内容は上古史の基本枠組みを理解するのに非常に役に立つと言える。ところで、桓雄が熊族と虎族とに分かれる要因になった条件はとても単純だが、その裏には高度な精神的側面が介入している。ヨモギとニンニクを食べることと、不見日光百日（100日間、日光を見るな）の祈祷であった。熊はこれをよく守って3・7日（または、21日）ぶりに人間になり、虎はそれができなかったとのことである。この中で我々の注目を引くの

は、不見日光（日光を見ないこと）である。この話には異論が入り乱れているが、たいてい二つの意味が内在している。日光という実体を見るなという禁忌を守ることや、内面に集中すべし、という意味がそれである。

まず、日光という実体を見るな、という意味は何か？ 不見日光の反対語は見日光（日光を見ること）である。フレイザーによれば、原始部族社会では神聖な人の上に日光が当たらないようにした。もし日光を受ければ、指導者としての資格を失い、親戚が喪に服すや皮膚が黒く変わるといった。このように、太陽の光を受ける見日光自体が厳しく禁止された。

その反面、見日光を崇めた種族もある。「見日光」という言葉が入る遺物まで出てきた。孫守道の論文によれば、西豊県西岔溝の古墓で銅鏡が出土されたが、その中に日光鏡が含まれていた。そのなかでも、「見日之光天下大明（日光を見ると天下が大きく明るくなる）」という8文字が彫られた鏡の出土である。

〔図32　西豊県西岔溝出土した日光鏡の一つ（左）、日光鏡の漢字（左下から見日之光天下大明）模写本（右）〕

いわゆる見日光の鏡〔図32〕で、孫守道はこの西岔溝遺物を匈奴文化と規定したが、李亨求は夫余文化として見ている。

西岔溝は地理的に、撫順と長春の間にある。この文化遺物が夫余文化のものであるならば、不見日光と反対である見日光の鏡は、虎族人夫余の文化を象徴する代表的なものであることがわかる。ということは、虎族は自らの夫余文化を守るという意志を明らかにしていたことがわかる。

次に、外の日光を見るなという言葉は、外部と断絶し内面に集中しろ、との意味である。虎族よりは熊族に合う言葉なのかもしれない。桓雄が提示した条件は、土地を耕して石を運ぶことではなく、おそらく宗教的で神性的なことだろう。李裕岦（1907～1986）はこれを、内的修練としての不出戸外澤齊修錬といった。

したがって、不見日光は、家の外から出ず、きちんと整えられた場で静かに修錬に集中すべし、という意味である。南明鎮がこれを、「内在的な神性の自覚」と規定し、「神が与えた戒律を自ら守って神性を自覚的に明らかにする過

程」として見たことには説得力がある。単純に宗教的な禁忌や禁触事項の実践の有無が重要なのではなく、人間の内面の原初的時間意識の自覚という言葉として帰結される、という意味である。

　言い換えれば、「不見日光」は、修練の中で心に動揺を起こす毒のような光を遮断することをいう。反面、闇は人間の意識を原初的時間に戻す契機を作る。それにより、「便得人形（ふと人の本性を得る）」の人を、神性を回復（天地人合一）した人間の再誕生という意味で、天人に比喩することもできる。しかし、従来のように桓雄を神雄で偶像化する必要はないが、牛河梁女神廟の女神像もこのような「便得人形」を成し遂げた象徴性を持つものとして理解できる。

〔図33　修行により宇宙と一つになることを追求する女神像（復元図）〕

　したがって人間が本来の神性を回復すべしという言葉は「違う次元で新しく誕生していく過程」、すなわち「便得人形」の真意といえる。我々は復元された牛河梁女神像が祈り修行する神像〔図33〕を通じて、こうした話が空想や誇張でないことを知った。5500年前の牛河梁人にとって、このような修行を通じた神性回復は絶対的課題であり、生存理由であったことを推察できる。神話の中の熊女は、自らの修行を通じて、初めて天の人である天人となり、桓雄と同等の資格を備えて連合を成し遂げることができた。桓雄の霊的文化が熊族に入り込み、変化を起こしたということである。本来、人という字が蘇塗で修行中である人を示すものであるという言葉に耳を傾けなければならない。

　このように、神性回復が重要な課題であったことは当初、熊族と虎族が時代の変化に相応できない誤った性格と習性として現れる（次の頁の注105参照）。そのため、神性回復はより一層至急の課題であった。虎族は貪欲で残忍（嗜貪残忍）、熊族は愚かで己惚れ（愚惷自恃）であり、皆が和合を成すことができなかった（不肯和調）。

　以上を要約すれば、貪慾、愚妹、不和のような性質は、すべて狩猟と漁猟で形成された旧態と惰性である。時代状況から見れば、紅山文化は漁猟と採集に

第Ⅲ章　桓雄の「神市古国」

加えて農耕が並存する、あるいは農業が次第に優勢になり始めた時期である。
　桓雄は狩猟時代が終わろうとしていることを誰よりも先に悟った。桓雄が予測した鳥時代は農耕時代であった。風伯、雨師、雲師は狩猟の神々ではなく、まさに農業の神々である。遊牧の時代が終わり耕作の時代に代わっていくという説と同じである。桓雄は熊族と虎族に対し、農耕時代にはそれに相応しい新しい神性の変化を要求した。農耕文化は天を崇拝し、自然の秩序と人々の集団的協同を絶対的に必要とする。

　このように、神性の変化を通した神性回復の究極的目的は、人生の根本問題にも直結する。宇宙との合一を通した天人無間の生、それ自体であると見る。宇宙と一つになって欠けることのない生活を送るという言葉は、宇宙の時間と一つになるという意味として受け入れることができる。また、宇宙の時間に戻って一つになるという意味としての「同帰一体」であると表現できる。これが、その当時の人類の理想であっただろう。理想を持たない種族や民族はない。原始人にも理想と未来的指向性があるとした李廷基は、檀君神話以前に韓国民族にも、理想郷を訪ねて行く人類的原型思想があったと話す。桓雄神話の再解釈を求める無言の圧迫であると考える。特に、桓雄が考えた新しい時代は農耕であった。その農耕時代の開幕を知らせるものが、雲と雲気を象徴する捲勾紋の勾雲形玉器で、原型思想理解を助けている。雨を伴う雲は農業に必須である。雲師と雨師がその役割を遂行したであろう。また、カメ（玉亀）〔図34〕も川と沼地に住む動物であることから、豊かな水を象徴する。勾雲形玉器〔図35〕の三日月形は甲骨文の雲の字か、半月熊の胸にある半月点のように思われる。また太陽の黄道のような天体運行も連想させる。

〔図34　玉亀（牛河梁第5地点）〕

〔図35　雨を待つ雲形の勾雲形玉器（牛河梁第16地点）〕

　次に『三国遺事』に続くもう一つの記録は、高麗末の学者である元董仲の『三聖紀』（下篇）である。この本に引用された『三聖密記』が『三国遺事』の桓雄の記録より一歩先んじたこ

とは、神戒之氓（神の戒律を守る民）という条件が提示された側面においてである。ヨモギとニンニク、不見日光などが神戒（宗教的修行、戒律）だったということ、虎族が四海の外の遠くへ追放されたということ、そして新しい桓族が起きたことなど、三つの事実を具体的に提供している点である。ところで、先述した『三国遺事』の記録が女神廟の牛河梁遺跡に適用されて、桓雄の鳥夷族〔図36〕と熊族の連合を立証する決定的史料として認めるには、次の三つの条件を克服しなければならない。

(a) 二つのトーテム文化の共存可否：牛河梁遺跡に桓雄（鳥夷族）と熊女の文化遺跡が共存しなければならない。
(b) 神戒の遺物：ヨモギとニンニクをはじめとした神戒の遺物、遺跡が出てくるべきで、その神戒の遺物や遺跡は桓雄（鳥夷族）の文化から受容されたこと。
(c) 虎族の遺物存在可否：虎族は遠くへ出て行ったので、牛河梁遺跡に虎族に関連する遺物が出るはずがない。

これらに対して、順に立証する。

(a) に対する立証（鳥と熊トーテム文化の共存）

鳥夷族の象徴物は鳥と太陽である。先に列挙したように、牛河梁第16地点の玉鳳と第2地点の双鴉首と玉鳥（無面鳥）、女神廟の泥塑造でタカの足爪、鳥の翼の破片などが出てきた。太陽の稲妻模様は女神廟壁画から出土された。

〔図36　一般的に羽角を強調したミミズク（個人蔵）〕

〔図37　赤い色で太陽の出没を象徴した彩陶瓮（牛河梁第2地点4号塚5号墓）と模写本〕

特に、玉鳳を頭の上に祀っている形から、熊族の鳥夷族に対する態度を知ることができる。双熊像（三孔器）の三つの太陽は、熊族が太陽崇拝を受け入れたことを意味する。また、祭壇の周囲を三重で表している第２地点４号塚周辺の彩陶筒形器と、４号塚（５号墓）の彩陶瓮〔図37〕の連続した横のＳ字形うず巻き同心円は、仰韶文化の旭日半出倒置図〔図38〕とともに、太陽の永遠の出没を象徴している。特に第２地点が２号塚（積石塚）の東側に円形祭壇があることも、東側優先の太陽崇拝を意味する。

そして熊族の遺物からは、水と関係する双熊像をはじめとして、女神廟の残骸で熊足の爪が出てきた。後から再び説明するが、特に第16地点から出た棒の形をした３個の棒形玉器は、男根を象徴する。古来、漁村では女神（海神）に男根３個を縛って捧げる서낭제（村の守護神の祭）があった。雲と水は熊の陰的象徴性と合致し、勾雲形玉器やカメの形象がそれを立証する。

〔図38　太陽の循環を象徴した仰韶文化の旭日半出倒置図〕

(b)に対する立証（神戒の遺物、宗教的実行の場所の存在有無）

神戒の遺物には二種類がある。一つは、双熊像すなわち双熊首三孔玉飾である。普通、三孔器と呼ばれるこの巫具は、先祖祭祀用の礼器である。両側には熊の頭がある。熊とともに三孔が太陽を表現していることが特徴だ。つまり、この三孔は熊部族が鳥夷族の太陽崇拝思想を受け入れたことを意味すると解釈できる。

もう一つは、第２地点にある天円地方の祭壇と積石塚がそれである。江華島摩尼山塹星壇（祭天壇の一つ、韓国史蹟第136号）は、自然石で下段の基礎を丸く積み、上段はその上に四角で積んだ。こうした上方下円（上は四角く、下は丸い）は、韓国固有の伝統的祭壇形式である。これは天円地方の理致で、天地合一を象徴したものである。ただし、中国側が解釈する天円地方での天地合一と、韓国側が解釈する天円地方は、人をどのように解釈するかによって若干の差がある。中国側の天円地方は、人が天地に従属する天地合一であるが、韓国固有の天円地方は、人が天地と対等に合一する次元で認識する天地合一である。したがって、中国の天地合一は厳密な意味の天地人合一と同じである。塹星壇の天円地方は人をそのまま、丸い円の中に囲んだ形象を持っていると考える。韓国の仙道が非序列的な天地人合一観を持っているのに比べて、中国側は

序列的な天地人合一観を持っていることで、互いに差があるという指摘は説得力がある。[注116]

さらに、牛河梁壇と廟、塚の三位一体は、天の祭祀（2地点、円形天祭壇、5地点、方形祭壇）または、宗教的集団修行（1地点女神廟）〔図39〕と、祖先祭祀文化（積石塚）の極限状態を表している。これに対して、蘇秉琦は中華文明の曙光と絶賛したが、[注117]これは人類文明の曙光であり、違う次元で天地人の極限状態を表していると判断する。中国は昔から、墓祭を行わないことが原則である（古不墓祭）。牛河梁の祭壇は祭祀用で壇を積んだのが特徴である。特に郭大順は馮時の話を引用して、第2地点3壇円の円形祭壇〔図40〕が三重型祭壇であり、その他の周り直径が22mで、内、中、外の三重が等比数列をなしており、『周髀算経』（「七衡図」）で見れば、太陽の一周運動の軌跡を表示したことで、天と先祖と天地に祭を行ったところと主張する。[注118]すなわち、太陽に向かった典型的な丸い円形の天祭壇〔図41〕という意味である。四角形の方形祭壇は第5地点にある。

〔図39 牛河梁人の集団修行または祭祀儀礼の様子〕

〔図40 3壇円形祭壇（牛河梁第2地点）〕

〔図41 1壇円形祭壇（東山嘴遺跡）〕

したがって、この牛河梁天祭壇自体が熊女の熊族と桓雄の鳥夷族の太陽文化が共存したことを表している。プラトンも、神と最も近い関係を結んでいる人間だけが「神を信じて神のために祭壇を積み、聖像を作って仕える」[注119]と指摘している。つまり、天祭文化は東洋と西洋も同じであることを語っている。

馮時は「もし牛河梁第2地点Z2（2号塚）とZ3（3号塚）遺跡の性質が、方丘と圜（円）丘に属する討論が成立するとき、紀元前3000年のこの紅山文化の方丘は、これまで我々が知っている最初の地壇（同時に月壇）であり、円丘は最初の天壇（同時に日）」[注120]であると言った。また、馮時は中国の天文学（すなわち蓋天説）[注121]は、西洋から導入されたものでなく自生的であると強調する。こ

205

第Ⅲ章　桓雄の「神市古国」

こで、自生的という説を、中国側に一方的に付与するのは困る。あえて言えば、地理的な側面からすると、鳥夷族の固有な伝統であることを暗示する。

また牛河梁の三環石壇は、かつてのバビロンの三環図より2000年も先んじたという。したがって、牛河梁の天文学は自生的に生まれ、西洋からきたものではないといえる。牛河梁三環石壇は、考古学的で悠久な歴史を持っている蓋天理論が、紀元前3000年にすでに一定の水準に発展したことを証明する。早い時期の蓋天図解での牛河梁蓋図は、完全に実用的である。この蓋図は一連の宇宙理論を記述しただけでなく、正確に分至日（春分・秋分・夏至・冬至）の昼夜関係を表現した。(注122)

〔図42　平壌大聖山和盛洞2号祭壇〕

女神廟が十字形または亜字形であることも、この天祭壇文化が太陽崇拝と関連していることを示している。平壌の大聖山西側和盛洞2号祭壇〔図42〕は、東西16m、南北14mの範囲に大きな石を円盤型に3段で囲んだ古朝鮮時期の祭祀遺跡で、これも太陽崇拝と関連する。(注123)(注124) さらに、古朝鮮の「五星聚婁」（紀元前1733年、水星、金星、火星、木星、土星の五行星が集まった現象）という天文記録を元に考えれば、その移転時期である牛河梁の天文学を推定するのも可能である。

〔図43　2018年平昌冬季オリンピックに登場した人面鳥〕

近年2018年の平昌冬季オリンピックの開会式でも、円形の舞台で人面鳥〔図43〕とともに踊る姿が現れた。あたかも牛河梁天祭文化の再現のように見えた。人面鳥を製作したペ・イルファンは公演以後、国民の多くの反応にお礼を表明するほどであった。国民の目に、人面鳥が決して見慣れない存在ではなかったのである。(注125)(注126) 後世の「別神巫」も桓雄のような文化英雄の神話的再現として解釈するのもある。(注127)

（c）に対する立証（虎族の遺物存在の有無）

今まで牛河梁で虎族の玉器遺物が出土したことはない。ただし、紅山玉器に非常に矮小な虎形佩が一つあるが、その出土地が不明である。また、郭大順と孫守道は虎形の顔をした装身具が一つあるといったが、キリギリスあるいは他のものに見える。(注128) 牛河梁の公式発掘報告書には、虎形遺物はない。

2. 鳥夷族と桓雄そして檀君

　このように、牛河梁で虎の遺物が出てこない理由は「虎族が追放された」『三聖紀』という記録だけで説明できる。『三国遺事』の初めに「熊と虎が一つの穴で暮らした」という話がその通りであれば、牛河梁で熊の形相と虎の形相がともに出てこなければならない。しかし、後の「遠くへ追放した」というこの一節は、牛河梁で虎形相が出てこないことの理由になるだろう。

　言い換えれば桓雄の歴史において、『三国遺事』の「熊と虎が一つの穴で暮らした」という話はその初期を示す一節であり、『三聖紀』の「虎族を追放した」という話はその後期を示すと理解できる。虎族の足跡を解明するのは、虎形相の存在有無にかかっている。虎形相は、趙宝溝文化の蛙虎と内蒙古陰山の岩に現れる(注129)〔図44〕。陰山は牛河梁地域から非常に遠い、西側方面に位置している。西の反対側である東にこの虎族が移動して行ったと推測もされているが、それ以上はわからない。

　紅山文化で趙宝溝外には虎形相の遺物は出土しなかったが、後代に赤峰一帯の大営子で初めて「玉虎」が発掘された〔図45〕。古朝鮮中後期である紀元前710年頃のものと推定される(注130)。また、夏家店上層文化では、紀元前1000年頃と推定される「双虎青銅佩飾」が寧城県小黒惜溝で出土された(注131)〔図46〕。牛河梁以後の紅山に虎が現れないことから、虎の歴史に長い空白期間があったことがわかる。その上、この玉虎が頭を下げている形象は、正常ではない状況であることを示唆している。一方、商の青銅遺物にも弓形のような虎形が現れたことがある(注132)。

〔図44　内蒙古陰山の虎岩画〕

〔図45　赤峰大営子出土玉虎〕

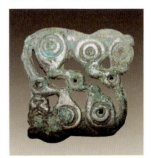

〔図46　寧城県小黒惜溝出土双虎青銅佩飾〕

　以上のように、三つの問題に対する立証は、ほとんど説明できた。鳥トーテムと熊トーテムの共存、宗教的修行場の実質的存在、虎族遺物の不存在などだ。

　エリアーデまたは、神話に対して次のように言及した。「神話は、そのときに起きたことの歴史であり、神や半神的な存在が、時間の始まり行っ

207

第Ⅲ章　桓雄の「神市古国」

たことを詠じたものである。神話を語ることは、宇宙の初めに何が起きたのか
宣言することである」[注133]と。既存の檀君神話は我々に、「牛河梁の丘陵」で桓雄
と熊女が会った歴史的事件に基づいて、人として神性を回復して、新しい国で
一緒に生きることを誓った宇宙の初めの事件であることを悟らせている。牛河
梁遺跡は檀君史話の歴史的背景であって、牛河梁は檀君史話が出現した故郷で
あった。

　したがって「檀君史話」は、純粋な神話としての機能だけではなく、史話と
しても十分な価値を持っている。宇宙の初めに存在した、美しい世界を回復し
て、始まりの時間へと回帰するのを我々に見せている。これが、エリアーデが
話した「根源の時間への復帰」であり、「純粋な世界の回復」[注134]である。かつて、
檀君神話をいわゆる「作られた（偽り）神話」とさげすんだ白鳥庫吉など、日
本帝国の官学者と彼らの説に追従する植民史学者がいた。彼らはすでに、学問
的に死刑宣告を受けたのと同じである。

　『三聖紀』が引用した原史料は『三聖密記』であった。『三聖紀』に疑問を持
つ人々はいるが、そこで引用された『三聖密記』を疑うことは難しい。韓国古
代史に関する文献の欠乏を絶対的に感じるが、『三聖密記』はこのような不足
を埋め合わせられるという面から、新たな評価が必要だろう。なぜなら、司馬
遷の『史記』にも抜けている「桓族」という一語が唯一記録されている[注135]ためで
ある。この桓族という話とともに書かれた自らを指す語が、倍達族[注136]である。桓
族や倍達族の主導勢力を、トーテムの次元でいえば鳥夷族である。これに関し
ては後述する。

　『三聖紀』および『三聖密記』は、世祖３年（1457年）に観察使に下した収
書令[注137]の中に書かれた禁書目録の一つである。その時代の朝鮮政府が要注意図書
として入れたのを見れば、当時の中国に対応する史観として執筆された史書で
あることが十分に考えられる。八道観察使に対し、『古朝鮮秘詞』などの文書
を個人的に大事に保管しないよう、次の通り厳命した。

　　「古朝鮮秘詞・大弁説・朝代記・周南逸士記・誌公記・表訓三聖密記・安
　　含老元董仲三聖紀・道証記智異聖母河沙良訓、文泰山・王居人・薛業など
　　三人記録、修撰企所の100冊余りの巻と動天録・磨蝨録・通天録・壺中
　　録・地華録・道詵漢都讖記などの文書は、当然私処に大事に保管してはな

らず、もし保管している人がいれば進上するように説き、自ら書冊を差し
出すことをもって回賜することを、官庁・民間および寺社に広く周知すべ
し」[注138]

　『三聖密記』が『世祖実録』に取り上げられたことから、実在したのは事実
であるようだ。学界は現在伝わっている『三聖密記』に対して異議を提起して
いるが、『三国遺事』を部分的に補充しているという側面から史料的価値を認
めざるを得ない。『三聖密記』と権悳奎（1891 ~ 1949?）が主張する桓族の意味
は、非常に重要である。顧頡剛が「このように大きな種族の文献資料が、極度
に稀少であることが理解できない」[注139]と惜しんだと先述したが、その資料の一つ
が『三聖密記』ではないだろうか？　桓雄が熊族と結びつき、虎族とは決別し
たという事実は、桓雄の政治力ないしは政治的決断の表明であり、当時の桓雄
中心の明確な政治的共同体の形成という可能性までも類推できる根拠となる。

(3) 桓族の登場と牛河梁の神市文化

　牛河梁文化の主体として提起された鳥トーテムと熊トーテムの「トーテム
連合」を、檀君史話を通じて歴史的な観点で理解することができた。これを
少し補完するために、周時経（1876 ~ 1914）の弟子である権悳奎の『朝鮮留
記』を参考にしよう。題名にある『留記』とは、消えた高句麗の歴史書であ
る『留記』を意味する。『朝鮮留記』（1924 年刊）とその後に出てきた『朝鮮留
記（中）』（1926）を合わせて『朝鮮留記』ともいうが、解放（日本の敗戦）とと
もに合本にして『朝鮮史』という新しいタイトルで出版され、ベストセラーに
なった。権悳奎が 1924 年に発行した『朝鮮留記』は事実上の上巻で、第 1 編
を上古史、第 2 編を中古史で構成し、古朝鮮の種族と檀君から高麗時代までを
叙述した。1926 年の『朝鮮留記（中）』では第 3 編としての近世史朝鮮時代を
扱っている。
　『朝鮮留記』（上巻）は韓民族上古史を「神市時代」から始めている〔図47〕。
檀君が冒頭に書かれた本はあっても、神市時代を韓民族の最初の時代に区分し
たこの本は非常に珍しい。たとえ彼が大倧教の人であったとしても、彼の歴史
観には独特な点がある。それが「桓雄の神市時代」である。これより 1 年先ん

第Ⅲ章　桓雄の「神市古国」

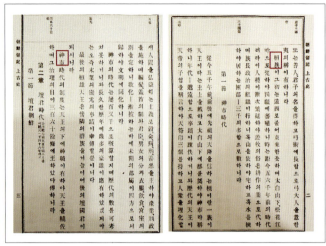

〔図 47　権悳奎の『朝鮮留記』神市（3面、左）、『朝鮮留記』桓族（2面、右）〕

じて出た金教献の『神檀民史』にも「神市時代」と「倍達時代」という話は載っているが、桓雄については言及しなかった。以下は権悳奎の文である。

> 桓族はその昔、遠西から東来したようである。太伯山の麓から松花江畔へと、四疆に広がった。時は、距今、5000〜6000年前の時代である。従今、約5000年前、先祖の天降を信ずる桓という一族が、桓雄という主上を推戴して、太伯山のふもとに都邑を定め、神市と称する……。(注140)

権悳奎は、先祖が天から降臨したと信じる桓という一族があり、彼らを「桓族」と呼んだ。そのため桓族は天族ともいった。西から東に移動し桓族が桓雄を王として迎えた。神市が現れたのは5000〜6000年前であり、その存続期間は数百年から1000年と考えた。これは紅山文化（紀元前4500〜紀元前3000年）および5500年前の牛河梁遺跡とほとんど一致する。近隣の群族を率いたとしているが、熊族や虎族に対しては言及がなかった。金教献（1868〜1923）の『神檀民史』では、朝鮮以前の種族を倍達族とした。

筆者はこの神市の倍達族や桓族を、今まで議論してきた鳥夷族の異称だと考える。ただし、倍達族や桓族が広義の意味で同族ならば、鳥夷族はトーテムの根源や主導勢力を意味する。韓国史で議論されなかった鳥夷族を理解することは難しい。桓雄の神市時代から古朝鮮につながる過程で、鳥トーテムと熊

210

トーテム社会が共存した可能性について、再び検討を試みる。

　尹乃鉉は韓国古代社会がどのように発展したか、その段階的特徴を「桓因時代≒群れ社会」、「桓雄時代≒村落社会」、「桓雄と熊女の結合（婚）時代≒邑社会」、「檀君王倹が古朝鮮を建国した時代≒国家社会」の四段階として区分した^(注141)（三番目の邑社会段階で政治的支配者が出現する）。

　筆者はこの中で、三段階にある邑社会（古国）、すなわち「桓雄と熊女が結合した時代」に注目する。尹乃鉉は鳥トーテムについて言及することはなかったが、これは二つのトーテムが共存したことを意味する。そこで筆者は、「桓雄の鳥夷族（桓族）と熊族の結合時代」として考える。フレイザーが話した通り、母系制社会であっても統治権は男性に与えられていたとすれば^(注142)、熊トーテムの男性たちが統治権を行使したのか、そうでなければ鳥トーテム族が統治権を行使したのかは、いまだ明らかではない。

　ところで、安含老の『三聖紀』（上篇）には実際に、桓雄と熊女の結婚話が出てくる。これはヨモギとニンニクを食べる結婚の話でなく、最初から自然な結婚である。この結婚を祝うために、鳥や獣が率先して踊ったという一節がある^(注143)。これは、鳥と獣までもが結婚を祝って踊ったという意味である。韓国の固有の文献に鳥が出てくるのも、これが唯一である。

〔表17　尹乃鉉による社会発展の4段階〕

1段階	2段階	3段階	4段階
桓因時代	桓雄の神市時代	桓雄と熊女の結合時代	檀君の古朝鮮時代
非定着	定着	支配者出現	国家段階に進む
群れ社会（무리）	村落社会（마을）	邑社会（고을나라）	国家社会

　ところで、神市時代と檀君時代の交代期に重要な時代区分をしたのが権悳奎で、檀君が紀元前2333年に朝鮮を建国する前に「壇国」をすでに建てたとした^(注144)。時期は朝鮮建国の500年前である。この壇国を建てたのが我々の知っている檀君王倹としての第1世の檀君で、500年後に朝鮮を建国したのは多くの檀君のうちの一人だと見た。整理すれば、紀元前2833年頃に壇国が建国され、紀元前2333年に朝鮮が建国され、それから1048年までを朝鮮時代として考え、神市は紀元前2833年以前から1000年の歴史を有していたと見たのである。また、紀元前2333年の朝鮮（古朝鮮）建国を、公用紀元の元年と定めた。

第Ⅲ章　桓雄の「神市古国」

古朝鮮以後は、夫余が建国されたことで説明する。このような観点は、檀君朝鮮2096年を第3の時期として分ける見解[注145]とも違うものであるが、初代檀君王倹から21世蘇台檀君まで（紀元前2333～紀元前1286）の1048年とは年代的に一致して、『帝王韻紀』や『東国通鑑』の前朝鮮1048年（檀君の建国後、阿斯達に統合されたとき）とも一致する。

〔表18　権憙奎の3段階時代区分〕

神市時代	檀君時代	
桓雄神市	前期：壇国500年	後期：古朝鮮1048年
数百年～1000年	紀元前2833年頃～紀元前2333年	紀元前2333年頃～紀元前1286年

ここで筆者は、尹乃鉉がいう「桓雄と熊女の結婚時代」と、権憙奎の壇国時代を比較できると考える。どちらも紀元前2333年以前について言及しているため、重なる部分で共通点がある。韓国史では古朝鮮以前を神市という。尹乃鉉は桓雄と熊女の間の結合時代が持続したといい、権憙奎は古朝鮮以前の500年の間、壇国が先にあったという。今、この問題を具体化することは困難を伴うが、神市と壇国が重なり、両者とも古朝鮮以前の国を想定しているという点で共通している。

筆者は桓雄が熊女と出会う以前の桓雄の本来の種族を、五加の桓族であると考え、これらの起源がトーテムとしては「鳥夷族」[注146]であると見た。熊トーテムの相手としての鳥トーテムの主人公が、まさに鳥夷族が排出した「桓雄」であった〔図48〕。そのような意味で牛河梁遺跡は、桓雄と熊女が出会った歴史的現場であり、共同の文化遺産であると同時に、檀君神話が誕生した背景である。桓族という名前にはトーテムとしての鳥夷族を含み、桓族と鳥夷族は意味の上で相通じるはずである。鳥トーテムであってもフクロウ、ミミズク、タカ、ツバメ、カラスなど様々な種類があり、識別が難しいこともあるが、筆者はこのような鳥トーテム族の起源という面と、すでに歴史的実体を持っている種族という面で、顧頡剛が言及した「大きな種族（一個大族）」を桓雄の「鳥夷族」と称する。今後、伝統的な五加との関係に対しても検討すべきである。

ところで、問題を解決する方法の一つが名前を分析する

〔図48　鳥夷族の主導性を象徴した玉鴞冠神獣〕

2. 鳥夷族と桓雄そして檀君

〔図49 『三国遺事』の桓雄（左）と『妙香山誌』の桓熊（右）〕

ことである。自分の身分を表現しているのが名前であるため、ある程度の答えを得られる。しかし、『妙香山誌』には桓雄の名前が「桓熊」と記されている〔図49〕。これが桓雄の誤記でないのであれば、桓雄族と熊族の共存や結合を示唆している。

したがって、桓雄の王号は本来の通り桓雄の方が正しい。桓は太陽の明るさを意味し、雄という字にはすでに「佳」の字が含まれている。メス（수컷）雄の「수（su）」には「太陽（suri）」の意味があり、桓雄の名前自体に「鳥と太陽」の「意味が結合していること」を再び立証できる。桓雄の名前に太陽の意味が入っているということは、一方で天王であることを示唆し、先述で列挙した福興地出土の玉鳥の胸の下にある三角模様に再び注目する。この逆三角形（▽）模様は、王を表す帝の字の起源として説明されることもある〔図50〕。

〔図50 阜新県福興地出土の玉鳥と逆三角形模様〕

紅山文化中で、各種の模様装飾が古代文字と関係があることについて、「帝」の字を取り上げる。甲骨、金文の中で、帝の字の基本の部分、すなわち帝の字の主幹は「▽」型である。衛聚賢は「新石器時代の彩色陶器には『▽』のような三角形花紋が多い。これはまさに、女性生殖器崇拝の象徴である。この三角形が後に上帝の「帝」の字に変化した」。

213

第Ⅲ章　桓雄の「神市古国」

そこで、阜新県福興地が天王や女王の都の地と関連があると考える。玉器は携帯可能なものであるため、その出土した場所が生産地と同じであるとは必ずしもいえない。しかし、女性帝王が存在したことだけは事実であることを類推するに難くない。

中国は紅山文化を中華文明の夜明けというが、『三聖密記』[注149]から見ても、牛河梁遺跡地は桓雄の鳥夷族が熊女族と結合し、新しい桓族の文化が形成されたところであり、新文明の光だと考えられる。桓族は二つに分けられる。熊族と出会う以前の五加の桓族（すなわち初期桓族）と、後に熊族と出会った後の桓族（すなわち後期桓族）に分けられる。二つのトーテムが結合した後期桓族（鳥夷族＋熊族）から、韓民族の歴史が本格的に始まったと見られる。鳥夷族としての桓族という話は、韓民族がいつから原型文化形成の基盤を整えたかを暗示している。つまり、「桓雄と熊女が結合した時代」という話は、鳥トーテム族である鳥夷族の主導の下、熊族との連合を意味することで、このような連合時代が牛河梁遺跡と連結でき、そのような意味としての牛河梁遺跡はそのまま「桓族（後期桓族）の神市文化」といえる。そして韓民族の歴史的出発点といえるし、建国神話が誕生した故郷とみなすことができる。

したがって筆者は、この桓族が韓国人の先祖であり、そのうち後期桓族が今日の韓国人の直接的先祖としての原韓国人（proto-korean）であると考える。民族の形成、民族文化の断絶のない再組合（不断重組）[注150]もある。まさに、桓雄の鳥夷族と熊族のトーテム連合は「新文化を目指した絶え間ない再調合」の実例だと考えられる。

薛志強は「興隆窪文化のM118で発見された雌雄一組のブタ、興隆溝部落遺跡のH35で発見された大小の二つのブタの頭、牛河梁1号積石塚、4号墓で発見された大小の二つの玉猪龍は、この三者の時間的差が3000年前後になる。これらは相互に相通じる巫俗理念と祭祀伝統を持っている」[注151]と指摘した。これは、ある種族によって数千年を伝承してきた悠久の伝統が存在した意味として解釈できる。この主導的な種族を、筆者は鳥夷族（桓族）だと考える。

結果的に、「桓族の神市文化」である牛河梁遺跡が、後には古朝鮮文明の文化的土台になったと推測できるだろう。先述した双熊首三孔玉飾[注152]は特に、桓雄

と熊女の結合を示唆すると見る。しかし、紅山文化の主人公について、桓雄の後裔ではなく黄帝の後裔として中国の学界が主張している点を指摘せざるを得ない。このような意味で、桓雄を探すことが重要である。桓雄のいない熊女は韓国の歴史において意味を持たない。歴史は現在の国境線を超え存在するためである。

一方、我々は神市文化と関連して、その時期に文字が存在したかどうかという点が気になる。紅山文化は文字やそれに類似した符号がないことで知られていた。その代わりに、紅山岩画には多くの類似文字符号が発見されている[注154]〔図51〕。民間玉器にもときどき現れている。

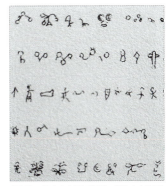
〔図51　紅山文化地区岩画、原始文字符号〕

1924年に発表された韓国臨時政府の資料集『倍達公論』に掲載された「桓族は桓族同士生きてこそ」というタイトルで、「桓族の歴史を検証すれば、九族を感化し、3000団部を統治し、亜洲のすべてにその種族が広がり、世界に先んじてその文明を誇ったのではないか」[注155]とし、桓族が3000団部を率いてきた桓雄の種族であることを明らかにしている。これは、およそ100年前を生きた知識人たちの先祖と歴史に対する意識を反映したと見られる。その当時、主に用いられた倍達族という言葉の代わりに、桓族という言葉を用いたのは特別の理由がある。併せて、国家的危機の中で民族の求心点を探そうとした努力を感じられる。

（4）桓雄の鳥夷族と部族連合の関係

筆者が紹介する青銅装飾は、本来の名前は匈奴文化の「鷹虎熊猪紋銅飾牌」である[注156]〔図52〕。左の熊と右の虎の中央に大きなタカ（外形的にはワシに似ているが、体つきが少し小さい）が翼を広げている。翼の大きさはミミズ

〔図52　遼寧省出土青銅装飾のタカ・熊・虎・オオカミ（高さ7cm）〕

215

第Ⅲ章　桓雄の「神市古国」

〔図53　強そうな嘴と鋭い視線の雷鳥（Shaun Peterson、2000年作品）〕

〔図54　ホルス神であるタカとヘビを浮彫したヘビ王の碑石（紀元前3000年頃、東亜事典）〕

クと似ていて、羽角がないのでタカに近い。西洋の雷鳥（thunderbird）（伝説的な鳥類の恐竜）とも似ている〔図53〕〔図54〕。遼寧省平崗（鉄嶺市西豊県平崗鎮）地区で出土した。中国人が匈奴文化として表記したことは、古朝鮮関連文化であることの遠回しな表現である。

朴仙姫はこの青銅装飾を、高句麗初期に該当する遼寧省平崗地区遺跡の出土品として見て、「三本の足を持ったカラス（三足烏）の下に熊と虎が描写され、檀君神話の内容を表現した金銅装飾品」と解釈した。朴仙姫が高句麗の三足烏に対する見解において、高句麗の政治理念から検討した一方、林在海はこれを熊と虎が向き合った形象で、桓雄の神市と弘益人間（和合と包容）として説明する。筆者はこの説明を基礎とし、いくつかの解釈を付け加えたい。

(a) この青銅装飾は桓熊族を中心に鳥夷族（中央）、熊族（右）、虎族（左）、オオカミ族（または狼族、右端）の初期の連合状況を表している。

(b) タカはヨモギとニンニクを食べないでいる虎を冷遇した反面、熊に関心を表して、中央にある何物かをその信標として与えている。この信標は周囲に5個の穴があり、中央に何らかの表示があることから見て、桓雄時代の五事、すなわち主穀、主命、主病、主刑、主善悪を象徴するが、五加を象徴すると考える。熊族を五加に任命（受諾）する、という意味として読み取ることができる。

(c) 桓雄族の鳥トーテムはミミズクであるが、ミミズクが青銅装飾のタカとして表現されたことは、時代の変化を意味する。大きなタカが残りのトーテムや種族を包容しているのは、実質的な支配種族が遼西の鳥夷族であったことを意味する。この鳥夷族は、山東省を中心とした東夷族とは区別される。東夷族の源流が鳥夷族である。

(d) この青銅装飾は、古朝鮮とオオカミ族（蒙古族）が関係するようになった以後である古朝鮮中期に製作されたと推定される。古朝鮮の人々

も桓雄時代の鳥夷族の伝統を受け継いだことを象徴的に表し、鳥トーテムが主流であったことを物語る。ただし、同じ鳥夷族であるが、ミミズクからタカに変わったことは、五加の分化と神市以後の古朝鮮文化の変化を反映していると理解できる。

　したがって、この4部族の青銅装飾は、ミミズクの伝統を受け継ぐタカの保護の下、熊、虎、狼の3部族が形成された淵源を明らかにしたものである。特に、熊と虎の関係は重要な意味を持ち、ヨモギとニンニクで競争を行う場面が印象的である。同時に、熊は桓雄と結合して、虎は離別することになる直前の状況を説明している。

　桓雄の神市時代から一貫して韓国史を主導してきた顧詰剛が指摘した、「大きな種族（一個大族）」の正体は、まさに桓雄の「鳥夷族」であることを立証できる。鳥の特性、天空で生きる関係から、鳥崇拝の人々は自らを天民（天孫族）であるという意識が作用しただろう。

　一方、4部族の青銅装飾とともに注目しなければならないのは、武氏祠堂（武梁祠）の画像石（後石室第3石）〔図55〕である。金載元によって、檀君神話の内容と同じであることがすでに知らされたように、韓国古代史研究にとって重要な資料となっている。この画像石は、1～3世紀頃に製作されたもので、この画像石の中の3層図版は、熊、虎とともに鳥が登場する。太陽鴉から始まった鳥の種類は時代によって異なるが、この鳥は桓雄と連繋する。韓国〔図56〕はもちろん日本〔図57〕にも桓雄像が伝わっている。これは桓雄を韓・日

〔図55　武氏祠堂の画像石にある熊像（左）、虎像（右）、鳥（中央下）〕

〔図56　韓国大田檀廟に奉安された桓雄石像（中、高さ75cm）〕

〔図57　日本英彦山に伝わる桓雄像〕

第Ⅲ章　桓雄の「神市古国」

両民族が同じように崇拝していたことを意味する。

　日本の九州福岡縣英彦山の桓雄像は藤原恒雄である。神宮に奉ったが、現在は九州歴史博物館に展示されている。韓国の朴成壽教授と中野幡能教授は恒雄を桓雄と推定した。

注

(71)　張緒球「長江河游史前玉器的神霊化和礼器化過程」『中国玉文化玉学論叢』4 篇上、紫禁城出版社、2006 年、87 頁。

(72)　「萑　鴟屬。从隹从、有毛角、所鳴其民有旤。凡萑之屬皆从萑。讀若和。胡官切」（『説文』）。

(73)　甲骨文象貓頭鷹、突出眼睛之上左右兩簇拱形的毛。「萑（관）」、「蒦（관）」本是一字、「萑」後增聲符「吅」成「雚」字、參見「雚」。『說文』：「萑、鴟屬。从隹从、有毛角、所鳴其民有旤。凡萑之屬皆从萑。讀若和。段玉裁注：「毛角者、首有蔟毛如角也」。

(74)　正義括地志云：「靺鞨國、古肅慎也、在京東北萬里已下、東及北各抵大海。其國南有白山、鳥獸草木皆白。其人處山林間、土氣極寒、常為穴居、以深為貴、至接九梯。養豕、食肉、衣其皮、冬以豬膏塗身、厚數分、以禦風寒。貴臭穢不潔、作廁於中、圜之而居。多勇力、善射。弓長四尺、如弩、矢用楛、長一尺八寸、青石為鏃。葬則交木作梐、殺豬積梐上、富者至數百、貧者數十、以為死人之糧。」；何光岳「肅慎族的起源與北遷」『黑河學刊』40、1991 年 2 月、97 頁。

(75)　金仁喜「上古史における韓中の文化交流——中国大汶文化との関係を中心に」『東アジア古代学』2 輯、104 ～ 107 頁。

(76)　崔南善『檀君論』景仁文化社、2013、296 ～ 297 頁。

(77)　「知者も千慮一失であり、愚者も千慮一得である」すなわち、賢い人も千回考えれば一つの失敗が生じ、愚かな人でも千回考えれば一つは良いことを考えるときがある（韓信の古事）。

(78)　「此時、神市氏之降世、已数千載、而民物益衆、地域愈博。於是、復置主刑・主病・主善悪及監董人民之職、以獸畜名官、有虎加・牛加・馬加・鷹加・鷺加之称」（『揆園史話』太始期）。

(79)　張雪秋、張東中『紅山文化玉器』黒龍江大学出版社、2010 年、278 頁。

(80)　劉冰『赤峯博物館文物典蔵』遠方出版社（赤峰）、2007 年、11 頁。

(81)　「肅慎之國在白民北有樹名曰雄〈或作雒〉常先に入（或聖人）伐（代）帝于此取之」（『山海経』〈海外西経』〉）。この一節に対する解釈は様々である。中国の袁珂は取之（趣旨）を取衣（趣意）と解釈した。『史記』の鳥夷皮服と関係がある。今回、筆者はこの雄常樹がある所で、帝王が即位したと解釈した。日本の英彦山には藤原恒雄の伝承が伝わっている。

(82)　『満洲源流考』チャン・ジングン訳、パワーブック、2008 年、562 頁；白鳥庫吉「肅慎考」『白鳥庫吉全集』4 巻、岩波書店、1969 年、326 ～ 327 頁。

(83)　「庚寅元年帝命五加択十二名山之最勝処設国仙蘇塗多環植檀樹択最大樹封為桓雄像而祭之名雄常」（『檀君世紀』〈11 才道奚檀君〉）。

(84)　李又永もこれに共感してくれた（2018 年 5 月 8 日）。

(85)　遼寧博物館『走進遼河文明』遼寧人民出版社、2009 年、20 ～ 21 頁。

(86)　趙賓福『中国東北新石器文化』崔茂蔵訳、集文堂、1996 年、147 頁。

(87)　「三危之山三青鳥居之是山也有鳥焉一首而三身其状如（楽鳥）其名曰 ?」（『山海経』『西山経』）。

(88)　金烈圭『一木と宇宙木と神話』世界社、1990 年、234、275 頁；金烈圭「東北亜脈絡の中の韓国神話」『韓国古代文化と隣接文化との関係』韓国精神文化研究院、1981 年、309 頁。

(89)　禹実夏『東北工程向こうの遼河文明論』ソナム、2007 年、173 頁。

2. 鳥夷族と桓雄そして檀君

(90) 金寛雄「古朝鮮の檀君神話と東夷文化の連関性」『淵民学志』15、2011 年、35 頁。

(91) エリアーデ『聖と俗』李東夏訳、学民社、1983 年、73 頁。

(92) ジェームズ・ジョージ・フレイザー『黄金枝』イ・ヨンデ訳、ハンギョレ出版、2003 年、771
〜 773 頁。

(93) 孫守道「匈奴西岔溝文化古墓群的発現」『孫守道考古文集』遼寧人民出版社、2017 年、353 頁。

(94) 李亨求『渤海沿岸で探した韓国古代文化の秘密』キムヨンサ、2004 年、190 〜 191 頁。

(95) 李裕岦『大倍達民族史』(5 冊)、高麗家、1987 年、128 頁。

(96) 南明鎮「檀君神話に現れた韓国人の原初的時間観に対する易学的考察」『易と哲学』観中柳南相
先に生停年紀念論叢刊行会（大田）、1993 年、131 頁 9；前掲注 94 書、190 〜 191 頁。

(97) キム・テソンとカルメルテンス『東夷族の隠された歴史と人類の未来』樹仙斎、2011 年、79 頁。

(98) ソル・チュンファン『再び読む檀君神話』精神世界社、2009 年、176 頁。

(99) 朴容淑『韓国の始源思想』文芸出版社、1985 年、37 頁。

(100) 前掲注 76 書、287 頁。

(101) 権悳奎『朝鮮留記』尚文館、1924 年、2 頁。

(102) 李廷基「韓国文化の原型と本体性——アリラ（Arira）思想の人類学的新接近」『教育評論』1972
年 7 月、52 頁。

(103) 郭大順、洪殿旭『紅山文化玉器鑑賞』文物出版社、2010 年、47 頁。この玉器には輪形が特異である。

(104) 李新偉「紅山文化玉器与原始宇宙観」『紅山文化研究』文物出版社、2006 年、348 頁

(105) 元董仲の『三聖紀』（下篇）とともに、『太白逸史』「神市本紀」にも同じ内容が出てくる。原資
料は『三聖密記』である。元董仲の「董仲」とは、中国に続く高麗の董狐（春秋時期の有名な史官）
という意味で、まさに高麗末の元天錫を示す。『三聖密記』の引用部分は次の通りである。

『三聖密記』の引用部分の比較表	
元董仲の『三聖紀』（下篇）	李陌の『太白逸史』（神市本紀）
密記云桓國之末 有難治之強族 患之 桓雄乃以 三神設敎 以佺戒 爲業 而聚衆作誓 有勸懲善惡之法 自是 密有剪除之志 時 族號不一 俗尙漸岐 原住者爲虎 新住者爲 熊 虎性 嗜貪殘忍 專事掠奪 熊性 愚愎自恃 不 肯和調 雖居同穴 久益疎遠 未嘗假貸　不通婚 嫁 事每多不服 咸未有一其途也 至是 熊女君 聞桓雄有神德 乃率衆往見 曰願賜一穴廛 一爲神戒之盟 雄乃許之 使之奠接 生子有産 虎終不能悛放之 四海 桓族之興 始此焉	三聖密記 曰桓國之末 有難治之強族 患之 桓 雄爲邦 乃以三神設敎 而聚衆作誓 密有剪除之 志 時 族號不一 俗尙漸岐 原住者爲虎 新移者 爲熊 然 虎性 貪嗜殘忍 專事掠奪 熊性 愚愎自恃 不 肯和調 雖居同穴 久益疎遠 未嘗假貸 不通婚 嫁 事每多不服 咸未有一其途也 至是 熊女君 聞雄有神德 乃率衆往見 曰願賜一穴廛 一爲神戒之氓 雄乃許之 使之奠 接 生子有産 虎終不能悛 放之四海 桓族之興 始此

(106) 神戒という語は『儀礼』に出てくる。『礼注疏』巻十五「特牲饋食禮」第十五、覆壺盎溢水 且
爲其不宜塵幕用給以其潔禁 祭厭飫得大夫同器 不爲神戒也．神戒之氓は精神を悟った民や精神を
斎戒した民あるいは天神の戒律を守る民の意味として解釈できる。(林采佑「桓檀古記に現れた熊
と虎の哲学的意味」『仙道文化』9、2010 年、79 頁、注釈 19)。

(107) この状況になると、熊族の女王が、桓雄が神霊の徳があるという噂を聞き、群れを率いて「願
わくは、私どもに住む所を許諾してください。皆神の戒律を守る群れになることを誓います。」
と言ったことから、桓雄が許諾し熊族に定着する所を定め、子供を産んで生活できるようにした。
（略）桓族が興るのもここから始まった（「時族号不一俗尚漸岐原住者為虎新住者為熊虎性嗜貪残忍専

第Ⅲ章　桓雄の「神市古国」

　　事掠奪熊性愚憒自恃不肯和調雖居同穴久益疎未甞仮貸不通婚嫁事毎多不服咸未有一其途也至是熊女君閒
　　桓雄有神徳乃率衆往見曰願賜一穴廬一為神戒之盟（氓）雄乃許之使之奠接生子有産虎終不能悛放之四海桓
　　族之興始此焉（元董仲『三聖紀』下篇）。

(108) 遼寧省文物考古研究所、朝陽市文化局編『牛河梁遺址』学苑出版社（北京）、2004 年、69 頁；『牛
　　　河梁』朝陽市牛河梁遺址管理処、2014 年、103 頁。

(109) 同上書、46 頁。上下がすべて樽で空いているため筒形器という。

(110) 同上書、48 頁。

(111) 江林昌『中国上古文明考論』上海教育出版社、2005 年、380 頁。

(112) 前掲注 108 書、20 頁。

(113) 同上書、74 頁。

(114) 同上書、75 頁。

(115) 同上書、33 頁。

(116) 鄭景姫「紅山文化女神廟に現れた〈三元五行〉兄〈麻姑 7 女神〉と〈麻姑祭天〉」『比較民俗学』
　　　60、2016 年 8 月、146 頁。

(117) 蘇秉琦『象徴中華的遼寧重大文化史迹』『紅山文化論著粹編』遼寧師範大学出版部、2015 年、10 頁。

(118) 郭大順『紅山文化』イ・ジョンスク他訳、東北亜歴史財団、150 頁。

(119) プラトン『プロタゴラス』チェ・ヒョン訳、汎友社、2002 年、46 頁。

(120) 馮時「紅山文化三環石壇的天文学研究」『紅山文化論著粹編』遼寧師範大学出版社、2015 年、303 頁。

(121) 蓋天説：天は星がしがみついた丸い蓋になっていて、その下に平たい地があるという宇宙構造
　　　に対する考えは、原始時代から発達してきた原初的宇宙観であった。東洋では、この原初的な
　　　宇宙観が開天説として現れた。この考えを最もよく代弁する言葉として、「天は丸くて地は角張っ
　　　ている（天円地方）」という表現が伝わっている。本来、土地が平たいと主張した開天説は、そ
　　　の後理論修正をした。朝鮮時代にきては渾天説を受け入れた。（『韓国民族文化大百科事典』）

(122) 前掲注 120 書、301 頁。

(123) 前掲注 108 書、12 頁。

(124) ソ・ククテ、ジファサン『大同江文化』（朝鮮古考学叢書 24）、社会科学院（平壌）、2009 年、141 頁。

(125) 開会式での司会者の実況説明：「今、円形舞台中央にリフトが上昇しているのですが、これは天
　　　祭壇を象徴します。神に礼をして 17 日間のオリンピックが和合の祭りになるように祈っていま
　　　す」（2018 年 2 月 9 日、午後 8 時、韓国 KBS 放送）。

(126) 『亜洲経済』2018 年 4 月 21 日。

(127) 金烈圭『一木と宇宙木と神話』世界社、1990 年、15 頁。

(128) 前掲注 118 書、172 頁。；孫守道・劉淑娟『紅山文化玉器新品新鑑』吉林文史出版社、2007 年、
　　　166 番図版；徐強『紅山文化古玉鑑定』華芸出版社、2007 年、22 番。

(129) 邵国田「対赤峰地区史前虎形文物的観察」『紅山文化研究』1 輯、2015 年、45 頁。；盖山林「豊
　　　富多采的陰山岩畫」『中國考古集成』（東北 6 巻）、北京出版社、1997 年、1109 頁。

(130) 前掲注 80 書、38 ～ 39 頁。

(131) 同上書、81 頁。

(132) 厳志斌、洪梅『殷墟青銅器』上海大学出版社、2008 年、171 頁。

(133) 前掲注 91 書、73 頁。

(134) 同上書、73 頁。

(135) 尹乃鉉は最近（2018 年 2 月 21 日）筆者に、『史記』に記録される前の歴史の研究が大変重要だと
　　　話したことがある。

(136) 金教献『神檀民史』コドニョン訳、ハンプリ、2006 年；柳寅植『大東史』韓国国学振興院、2006 年。

(137) 収書令については、李讃九『古朝鮮の明刀銭と奴』東方の光、2013 年、159 ～ 163 頁に詳細。

(138) 世祖 7 巻、3 年（1457 丁丑・名天順 1 年）5 月 26 日（戊子）○論八道観察使曰：「《古朝鮮秘詞》《大弁説》

220

《朝代記》《周南逸士記》《誌公記》《表訓三聖密記》《安含老元董仲三聖紀》《道証記智異聖母河沙良訓》文泰山・王居仁・薛業等三人記録《修撰企所》一百余巻《動天録》《磨蝨録》《通天録》《壷中録》《地華録》道詵《漢都讖記》等文書、不宜蔵於私処、如有蔵者、許令進上、以自願書冊回賜、其広諭公私及寺社。」(太伯山史庫本)(影印本) 7 本 200 面〇世祖丁丑。論八道觀察使日。自古朝鮮祕詞大辯說及《智異聖母》《至道說》《漢都讖記》等書十九種。不宜蔵於私處。如有蔵者。許令進上云云。則《智異聖母》。又是書名也。智異山隱者方書中。有造夢法。亦是奇書而祕傳者。石井崑、水谷大勝、銅店村、南頭流洞。竝兹山之洞天福地。天慳地祕處也。詳見《青鶴洞辨證說》。今不贅 (오주문연장전산고)

(139) 顧頡剛「鳥夷族的図騰崇拝及其氏族集団的興亡」『史前研究』2000 年 9 月、151 頁。

(140) 権悳奎『朝鮮留記』尚文館、1924 年、2 頁；権悳奎『朝鮮史』正音社、1945 年、2 頁。

(141) 尹乃鉉『古朝鮮研究』一志社、1994 年、131、141 頁。

(142) 前掲注 92 書、468 〜 469 頁。

(143) 「命群靈諸哲為輔納熊氏女為后定婚嫁之礼以獣皮為幣耕種有畜置市交易九域貢賦鳥獣率舞後人奉之為地上最高之神世祀不絶」(『三星期』上篇)

(144) 前掲注 101 書、4 頁；権悳奎『朝鮮史』正音社、4 頁。

(145) 『桓檀古記』とは、檀君朝鮮時代を 3 段階で区分する。初代檀君王儉から 21 歳の蘇台檀君まで (紀元前 2333 〜紀元前 1286) の 1048 年間、以後 22 歳の索弗婁檀君から 43 歳の勿理檀君まで (紀元前 1285 〜紀元前 426) の 860 年間、残りの 44 歳の丘勿檀君から 47 歳の古列加檀君まで (紀元前 425 〜紀元前 238) の 188 年間として区分する。

(146) 李民の論文と顧詰剛の主張により、筆者は鳥夷を「鳥夷」または「鳥夷族」と表記する。

(147) 僧侶の雪巖の紀行文が『妙香山誌』に載っている。許興植「雪巖秋鵬の妙香山誌と檀君記事」『清渓史学』13、韓国精神文化研究員。1972 年 2 月。『妙香山誌』では、この根拠を『朝代記』から引用したように用いる。しかし、『朝代記』ではどうしても、虎族を強調するしかなかったのだろう。韓永愚は『朝代記』を渤海の子孫が書いた本と推定した (『再び探す私たち歴史』158 頁)。

(148) 干志耿、李殿福、陳連開「先商起源于幽燕説」『中国考古集成』(東北 6 冊)、北京出版社、1997 年、490 頁。

(149) 前掲注 117 書、10 頁。

(150) 蘇秉琦「関于重建中国史前史的思考」『紅山文化論著粹編』遼寧師範大学出版部、2015 年、22 頁。

(151) 薛志強「紅山文化の淵源に対する概述——興隆窪文化を中心に」『第 3 回紅山文化韓中国際学術会議』国学学術院、2008 年、83 頁。

(152) 前掲注 118 書、75 頁。

(153) 前掲注 89 書、97 頁。

(154) 呉甲才『紅山岩画』内蒙古文化出版社、2008 年、175 頁。

(155) 『倍達公論』第四号 (三一紀念号)、(大韓民国臨時政府資料集別冊)、1924 年。

(156) 徐秉琨、孫守道主編『東北文化——中国地域文化大系』上海遠東出版社、商務印書館、1998 年、129 頁、図版 149。

(157) 朴仙姫「朝陽袁台子村壁画墓の国籍と高句麗の領域拡大」『古朝鮮檀君学』31、2014 年 12 月、109 頁。

(158) 林在海「弘益人間理念の歴史的持続と民俗文化の伝統」『古朝鮮檀君学』31、2014 年 12 月、292 〜 294 頁。

(159) 蒙古族はこのようにオオカミを先祖にするという説もある (金廷鶴「韓国民族形成史」、『韓国文化史大系』(1)、372 頁)。；『檀君世紀』4 歳の烏斯丘檀君が弟の烏斯達を蒙古里汗に封したという記録がある。

(160) 『中国画像石全集』第 1 冊 88 図版、山東美術出版社、2000 年。

(161) 金載元『檀君神話の新研究』探求堂、1984 年。

3. 「神市古国」の断面

(1) 神市古国の文化的起源

　我々はなぜ今、鳥夷族と桓族の復元を語ろうとするのか？　文崇一は、鳥夷族が後に殷、淮夷族、濊貊族の三つに分かれたと見た。[注162] 鳥夷族の歴史的活動範囲を考察できる指摘である。殷の中心舞台は殷墟地方で、淮夷族は山東地域で、濊貊族は遼河流域である。単純に鳥夷族が種族名だけで残るということではない。3世紀頃、魏国の学者である王粛は「鳥夷が東北夷の国名」と記し、「釈文」には「島夷が北夷国」とある。[注163] これは、東北夷や北夷族が、国家的形態の意味を持つ古国であることを明示している。したがって、東北夷や北夷族を鳥夷族として見ることができる。

　古国とは、蘇秉琦が方国以前の紅山文化を説明するために用いた言葉で、氏族が部落を超えて独立的政治実体を持つ社会を意味する。[注164] これに対して金正烈は古国を「原始集落で分裂が起き、集落の内部および集落と集落との間に階層的秩序が成立した初期的政治体」[注165] として解いた。しかし、紅山文化を「紅山古国」の段階で括り、それによって東北文化のレベルを低くするための方便であるという指摘もある。方国は夏家店下層文化に該当する。

　その反面劉国祥はまた、紅山文化晩期（5000〜5500年前）に西遼河流域はすでに初級（期）の文明社会に突入していて、夏家店下層文化（3500〜4000年前）時期には高級文明社会に入っていたとする。劉国祥は初級（期）の文明社会に入ったと認めるのに、8例をあげている。それは、人口膨張による大規模集落、祭祀権力と政治権力という特権層の発生、生産力の向上と手工業の発達、科学や芸術の進歩による社会発展などがその代表的な例である。[注166] 岩画の符号文字を除き公式的に文字の発見ができなかった限界があるが、当時の社会において民族とは、古代以後に戦争の経験で形成された我と非我の闘争観念が主となるのではなく、戦争の未体験世代による共同体的な生産活動と祭祀儀式、宗教的集団修行等を通して形成された「我々の意識」としての共同体維持観、すなわち「維持観念の対象としての共同体」が彼らの神性に基づいて作られた「民

3. 「神市古国」の断面

族」であったと考えられる。

　すでに初級（期）文明社会に入ったと認める情況で、古朝鮮国家の文化の根源性を最も多く保っている紅山の牛河梁遺跡（壇、廟、塚）とその周辺文化から韓国人の直接的先祖というだけではなく民族の起源を探すことは至極当たり前のことである。その時代を「紅山古国」という言葉に規定するには、『三国遺事』の桓雄神話を詳細に知っている我々としては、少しもどかしい。神話は、神話だけで終わるのではなく、歴史的想像力を悟らせるという側面において重要である。その神市時代を実体的に説明するならば、桓雄の「神市共同体（邑社会）」文化、または「神市古国」という言葉が良いだろう。しかし、先の東北夷国や北夷国に対応する言葉として、それなりに主体性があり適切だと言える。

　中国の歴史が黄帝の涿鹿から始まったとすれば、韓国の歴史は桓雄の太伯山から始まった。これは文献が立証するところと同じである。したがって、神市古国の中心地は太伯山である。その時の太伯山が現在どこにあるのかはわからない。紅山文化領域を中心に太伯山を探すならば、大光頂子山（2,067m）に目が向く。しかし断定できない。この山は赤峰の西北側に位置し、反対側の東側には黒龍江省がある。この地域の遺跡も今後、注目しなければならない。

　桓雄の神市共同体があったため、熊女の熊族が立派な文化を算出することができた。ところで、事実上桓雄や神市古国の歴史年代を言及するには、現実的な困難が伴う。両者を直接的に言及するということ自体も難しい。しかし、韓国人には固有の神話や伝統が伝えられている。いわゆる「桓雄神話」がそれである。この桓雄神話に事実性を付与することができる唯一の端緒が、牛河梁遺跡である。桓雄の神話とは、宇宙の初めの存在に対する復帰を意味する。この鳥夷族と紅山文化の歴史年代を対比して、神市古国を推定する他はない。

　天文学者である朴碩在も『天文類抄』に出てくる甲寅年甲子

〔図58　朴碩在が再現した五星皆合の想像図（『開天革命』）〕

第Ⅲ章　桓雄の「神市古国」

月（紀元前 2470 年 9 月）の五星皆合を分析した結果、桓雄時代が神話でなく歴史であると主張したことがある[注168]〔図 58〕。

　先述したように、尹乃鉉による「桓因時代≒群れ社会」、「桓雄時代≒村落社会」、「桓雄と熊女の結合時代≒村落連盟、邑社会」、「檀君王倹が古朝鮮を建国した時代≒国家社会」[注169]の四段階で区分したことに基づき、筆者は三番目の邑社会が熊トーテムと鳥トーテムが「トーテム連合」を作った共存社会である、すなわち桓族（鳥夷族）と熊族の結合時代だと見る。桓雄の初期の村社会と中後期の村連合社会を包括して、筆者は「神市古国」または倍達国という。ただし、この神市古国の以前の歴史に対しては、暫定的に「先神市古国」として表記しようと思う。「先神市古国」は桓因の桓国時代に該当する。

　このような時代区分において、桓雄時代の前後期を明確に区分することは非常に難しい。ただし、遺物を通じて間接的に立証する他はない。「檀君古記」により熊、虎に鳥を併せて 3 トーテムとして時代区分するならば、鳥・熊・虎がそれぞれ共存したときを前期として、虎が抜けて鳥・熊のみが連合したときを後期としてみなすのである。だから桓雄の前期は鳥夷族主導の下に、鳥、熊、虎の 3 部族が混在（または、独立）して生きたが、後期に入って牛河梁遺跡で見るように虎が抜け、鳥と熊だけ現れることで部族間の離合集散の変化が起きたことがわかる。このように、後期になって鳥と熊が連合し共存したと考えられるのは、牛河梁流域で虎の遺物がまだ発見されていないためである。牛河梁以後である古朝鮮の初期には、再び 3 部族（鳥・熊・虎）[注170]の時代が開かれることになる。虎と虎族の活動状況や信仰（トーテム）問題などに関する説明は、次の機会に約束したい。

〔表 19　筆者が主張する神市古国（倍達国）の発展段階〕

時代区分	神市区分	トーテムの有無	紅山文化
桓因時代	先神市古国（＝桓国）	鳥・熊・虎の混在	興隆窪文化、趙寶溝文化
桓雄時代	神市古国の前期	鳥夷族主導下の鳥・熊・虎部族の混在（または、連合）	那斯臺遺跡（推定）
	神市古国の後期	鳥・熊部族の連合（虎部族の離脱、桓族誕生）	牛河梁遺跡（桓雄＋熊女の結合）
檀君時代	古朝鮮（＝後神市時代）	鳥・熊・虎族の再結合	夏家店下層文化

224

　　　　　　　　　　　　　　　　　　　　3. 「神市古国」の断面

　すると、桓雄の神市古国はどのような政治的実体があるのか。

　1949 年頃に完成した玄相允の『朝鮮思想史』には、神市に対する明快な説明がある。神市を「薫融な共同生活体（融合社会）」としての社会組織であるのは「まちがいない」と、次の通り定義する。

　　　風伯、雨師、雲師は職場を持った行政長官を意味し、主穀は農務、主命は治安、主病は保健、主刑は司法、主善悪は教育などの各主務官署を意味する。すなわち神市は、完全な形態の政府組織と制度を持っていたことから見て、薫融な一国家の建設を意味するということは間違いない。[注171]

　このように、桓雄が穀物を主管したのではなく、桓雄が主穀という臣下または部署を置いて統治したという意味で解釈したことが独創的である。続いて彼は、当時の神市政治を「祭政一致の神政」として理解した。また、そういう政治は愛と孝行よる愛敬政治であり、和親、仁恕、責任、秩序が失われていく政治状況の中で、真、善、美があったと明らかにした。[注172]

　一方、李康植は「神市組織図」を通じて、三伯五事組織として神市の官職組織を説明する。[注173]彼は「檀君古記」に登場する風伯、雨師、雲師という 1 伯 2 師の組織を三伯組織と総称する。そして、主穀、主命、主病、主刑、主善悪を官職名として見て、五事と称する。例えば、三伯組織は高麗の三省や、今日の立法、司法、行政の三府のような性格を持ったものとして説明する。つまり、風伯は立法、雨師は行政、雲師は司法に比喩する。そして五事組織は『礼記』にある司馬や司空、主簿、主事のような官名で、三伯の下位組織として見る。その中で行政を担当した雨師の下部組織としての五事は、中央執行部のような役割をする。主穀は農林部、主命は朝鮮時代の吏部のようなもの、主病は保健社会部、主刑は法務部、主善悪は宗教組織として説明する。このような神市組織は韓国民族の原型組織であると評価できる。[注174]

　なぜなら、このような 1 － 3 － 5 の神市論理は、古代社会を支配した原型文化の枠組みとしての役割を果たしてきたからである。李裕岦は「桓（한알 Han-al 一粒）＝하날（Hanal）＝天（天）」とは、一族が再び太伯山に天降り、神市という独特の集落社会をつくったが官職制度はなく、祭祀（教化）の一事が政治

225

第Ⅲ章　桓雄の「神市古国」

〔表20　李康植の神市組織（三伯五事組織）〕

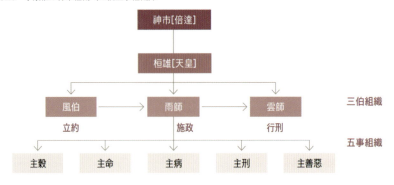

〔図59　オルドス青銅器の造型物（鳥と四珠）〕

のすべてであった。主祭者がすなわち政治の元首である。後に倍達国に発展し五事分織を設けたとした。また、五事組織が設置されてリーダーとしての女酋長の権限が廃止された。北朝鮮でもこの五事組織を「原始的政治組織の社会的機能のすべて」(注176)と見ている。文定昌もかつて、三伯五事を官職と解釈したことがある。(注177)

　神市古国の文化的起源と関連して次に考えるべきことは、内蒙古地方との関係についてである。紅山玉飾とオルドス（Ordos）青銅器にも鳥夷族との関連性を象徴する似たような鳥形遺物がある。4個の玉（四珠）が、連続している装飾（鳥を含めば5個の玉）であるが〔図59〕、鳥夷族と関連していると考えられる。(注178)

　これは、鳥夷族の影響力が赤峰をはじめとして内蒙古にまで伸びたのか、あるいは内蒙古へと移住してきた鳥夷族の支配、または影響力が依然として強力だったことによるのかは検討が必要である。オルドスからは紅山ではあまり見られない、虎を象徴する青銅器が多数出土されたことを(注179)考慮すると、桓雄と虎族との関係を研究するための貴重な資料となる〔図60〕。

〔図60　オルドス青銅器の虎形物〕

重要なことは、長い時間の隔たりにもかかわらず、興隆窪文化と牛河梁遺跡がどのように繋がっているのか、ということである。先述で確認したように、薛志強がブタと玉猪龍を比較分析したことは卓見といえる。これを再び引用すれば、興隆窪文化で発見された一組の雌雄のブタ、興隆溝部落遺跡から出た二つのブタの頭、牛河梁第2地点1号塚4号墓から出た二つの玉龍は、「この三者の時間的差は3000年ほど左右されるが、相通じた巫の理念と祭祀伝統を受け継いでいる」(注180)ということだ。すなわち、3000年の時差にもかかわらず首尾一貫した伝統が継承されているのは、強力なある種族または同じ文化創造者によって数千年にわたって受け継がれてきたと見るのである。その中心が鳥夷族であり、桓族だと見る。さらに、神市古国の政治的再現は高句麗（5世紀後半）の時代に成立していた〔地図11〕。神話は歴史的再現や反復を通じて自らの実在性を立証し、自ら偉大な歴史となる。

〔地図11　高句麗全盛期5世紀後半の疆域（尹乃鉉『韓国列史研究』）〕

(2) 黄帝と蚩尤——有熊国の実体

　中国の学者たちは皇甫謐（215～282）が『帝王世紀』で黄帝を有熊、または有熊国に結びつけて以来、黄帝を有熊氏と呼ぶようになった。今日も、熊は黄帝の象徴であると主張している。

第Ⅲ章　桓雄の「神市古国」

（a）涿鹿は黄帝の初の都地であり、後ほど有熊に移した。

　（涿鹿 鹿黄帝初都 遷有熊也：『史記』注）

（b）有熊で国を受けて軒轅に居住し、それが名前になって号になった。

　（受国於有熊 居軒轅之邸 故因以為名 又以為号：『史記』注）

　しかし『史記』（「五帝本紀」）には、黄帝と関連してなぜ有熊または有熊国になったのかについての言及がない。皇甫謐より300余年先に生まれた司馬遷が、「したがって黄帝が有熊氏になった（故黄帝為有熊）」との一言だけ残したが、他の王、例えば顓頊が高陽になり、帝嚳が高辛になった理由を詳しく説明していることと対照的だ。このように、背景の説明もなく、有熊国が突如として登場した理由が疑わしい。周代や春秋の文献にも登場しない「黄帝有熊氏」という話の真実性に疑問を提起するのは、至極当然のことである。^(注181)

　筆者が見ても、「受国於有熊」が問題である。これは言葉どおり「有熊で国を受け継いだ」という意味である。有熊国＝黄帝自身の国ではない。本来の有熊国と黄帝の有熊国とは、別の国として見なければならない。黄帝国の母体は有熊国である。有熊国が先にあり、有熊国の一員として黄帝に国を承認したと解釈するのが妥当だろう。したがって、涿鹿の黄帝国は有熊国の一つに過ぎず、有熊国は黄帝と別の実体を持った国だと見なければならない。

　孫守道によれば、郭沫若もこの部分を少し疑わしく言及したと伝えている。

　　郭沫若の考証によれば、有熊氏黄帝は本来、北方戎狄人の先祖である。
　　黄帝の「黄」の字は元来の意味が獣の革であり、北方民族の中では、熊を
　　トーテムとする部落の首領であった。後に一つの強大な部族に発展したが、
　　炎帝、蚩尤と中原で覇権を争い、後世に人間の祖先として祀り上げられた。^(注182)

　郭沫若は、「有熊氏黄帝は本来北方戎狄人文先祖」といった。しかし、文定昌は、東方族はすでに父系社会となっていたが、西方族は母系社会が続いており、東方族出身の男性で西方族の母系に吸収された者を黄帝軒轅として考え^(注183)た。黄帝は北方系ではあるが、東方から西方に亡命した勢力を代表しているので、純粋な東方有熊国人ではない、との見解である。むしろ、黄帝の有熊国が桓雄の封侯国であったという主張の方が説得力がある。^(注184)孫守道自身も、黄帝と熊トーテムに対して慎重な姿勢を取っている。つまり、「何件の紅山の熊形相

の玉（熊形玉）」は、これを根拠に黄帝と関連があると追想することができようか？　追想は可能であるが、しかし、まだ相変わらず実証できなかった。それは、熊崇拝は北方の一部民族の中で非常に普遍的であるためである。絶対的にどちらかの一つの民族、一つの文化が独自に所有しているものではないので、慎重な態度が良い」(注185)と言及しながらも、黄帝と熊との関係を切れないと弁護する。筆者は、黄帝の実体を糾明するために、蚩尤との比較を試みたい。

　黄帝と蚩尤に関して、中国の歴史にはどのように記録されているのか？

　『書伝』に、「王が話した。昔に教えがあったので、黄帝時の諸侯である蚩尤が初めて乱を起こすと、その影響が平民にまで及び、皆が寇賊になった、思いのままに暴れることを正義と思い、盗み、奪い、だまし、殺した」(注186)とある。

　この一節は蚩尤を非常に否定的に表現しているが、全体的な文脈で見れば、蚩尤の影響力が平民にまで及ぶほどに大きかったことを示唆している。むしろ、蚩尤に対する民心が黄帝を凌駕することに対する恐れを表しているのではないかと思われる。

　また、『史記正義』では「龍魚河図」を引用、「蚩尤が死んだと話しても天下が再び乱れる、黄帝は死んだ蚩尤の形象を描いて天下に威厳を保とうとした。人々が、蚩尤は生きていると騒がしいので、絵（死んだ姿）で万方（国）を服従させようとした」(注187)とある。勝者を自称する黄帝が敗者として知られた蚩尤の死体を描いて死んだことを知らせても国民が信じなかったという話は、あまりにも逆説的である。当時、国民たちにとって蚩尤は欽慕あるいは畏れの対象であったであろう。後漢末期の学者である応邵は、蚩尤を「古天子」と記している。過去の天子は宗教的神権を持っていたことから、黄帝より政治的権威が高かったのである。

　もし、蚩尤が畏れの対象であったのならば、屍の絵を見た民は安心したであろうが、騒乱が止まなかったという。これは、蚩尤が欽慕の対象であった可能性が高い。紀元前7世紀頃の『管子』には「蚩尤が天道に詳しかった（明於天道）」とあり、『路史』（13世紀頃）では、蚩尤を「天符の神としてその形象が普通と違った」(注188)と高く評価されている。続く『路史』には、「三代の彝器に蚩尤の像が多く描かれたが、貪慾と暴虐を戒めるためであった。その形象は、体に翼があると伝えられる獣の形相に従った」として、肯定と否定の二つの意味

をともに含んでいる。そのうちのどれか一つは、歪曲された内容であろう。ただし、「体に翼がある」という一節に関しては、後に説明する。

いずれにせよ、蚩尤についての問題は、死後にもさらに多くの議論があったことがわかる。貪欲と暴虐の対象であったなら、彼を天符の神ということはできない。蚩尤を民間で天符の神で崇拝すると、これを隠すために貪欲と暴虐で糊塗したと見られる。では、中国で黄帝を熊と繋がる人物として説明する他なかった理由は何だろうか？ なぜ、熊を象徴する「黄」の字をその名前に使ったのだろうか？

司馬遷は黄帝が蚩尤との戦争で勝利したと叙述している。そのような黄帝に熊の象徴性が突如として必要であった理由は何か、非常に気になる。涿鹿の戦争の勝敗は別に置いて、黄帝が熊を先取りしようとした理由は、実は熊が蚩尤を象徴する動物だったためではないかと考える。蚩尤の歴史を消すために、熊をそのまま黄帝のものとして作り、蚩尤の足跡を消そうとしたと推測できる。

〔図61　武氏祠堂の画像石にある踊る蚩尤像（左）〕

〔図62　黄帝が昇仙する画像石〕

筆者はすでに、蚩尤が熊族であると明かしたことがある。武氏祠堂（武梁祠）の画像石に登場し、弩弓を頭に挙げて踊る人物を「舞熊の蚩尤」と明らかにした〔図61〕。蚩尤は熊の服を着て踊っている。このような意味で見れば、有熊または有熊国も、蚩尤または黄帝の中の一人が関係するだろう。二つの熊族同士が戦争をしたとは考えられないからである。蚩尤の功績を黄帝のものとして横取りしたのではないかと考える〔図62〕。語源から見ても、有熊の有の字はその発音が「우（右）、위（上）、웃（ウッ）」と似ていて、大や上の意味を持つ韓国語語族で、大きな熊、大王、大きな熊国を意味する。

ここで、亜醜族の青銅斧を調べてみよう。初めに青銅族徽を発見し、これを亜醜族だと解読したのは郭沫若である。白川静（1910～2006）も醜族であることに同意した。しかし、他の解釈もある。殷之彝

3. 「神市古国」の断面

は薄姑氏として考え、羅振玉は酒杯の奉尊形として解釈した。于省吾も同じ考えであった。その他、李零ら他の見解を表明した者もいる。

しかし、筆者は醜の字の中にある畑を意味する田の字と、山東蘇埠屯の青銅斧の図〔図63〕を比較し、理解を試みたい。ここで考察できる共通点は歯である。『述異記』(上) にも、「蚩尤の歯の長さは2寸であり、丈夫で壊すことができない」として、紅山玉器で見るように、歯を代表的象徴物として提示した〔図64〕。そして、鼻からは王の字の模様や、前の画像石の頭の上にある弩弓のような武器を連想できる。

〔図63 山東蘇埠屯の亜醜族青銅斧（長さ33cm、目の幅35cm、紀元前11世紀）〕

ところで、韓国の卜箕大は商の青銅模様が夏家店下層文化の影響を受けたという郭大順などの主張に従い、夏家店下層文化の饕餮文（大甸子出土）〔図65〕は、

紅山文化から出たことを明らかにするため、牛河梁第2地点（N2-Z1-M27）で出土した双勾形勾雲形大玉佩（または双目勾雲形玉器）を提示したことがある。

〔図64 蚩尤像と推定される紅山玉器（個人蔵）〕

そして、饕餮文と関連して、山東省沂南の古墓で発見された図版も、我々に顔なじみである神獣像

〔図65 夏家店下層文化の饕餮文（大甸子）〕

が多い〔図66〕。その中に、我々の関心を引くのに十分な神像がある。図版には、この神獣像が誰を指しているのか言及されていないが、これを「蚩尤像」であると、模写本まで描いて説明したケースもある。この蚩尤像は3世紀頃に描かれたことにより、目と歯が目立ち、そのために蚩尤と関連があると見たのである。前に提示した牛河梁の双目勾雲形玉器（大玉佩）を饕餮文〔図67〕の起源として見れば、その核心はやはりミミズクの目と鋭い歯（嘴）である。熊トーテムが中国黄帝と少なからず関連があるかもしれな

〔図66 3世紀頃の画像席(20cm)と模写本(下)〕

231

第Ⅲ章　桓雄の「神市古国」

〔図67　饕餮文で見た牛河梁第2地点の鶚姿双目勾雲形玉器（大玉佩）および模写本〕

いが、ミミズクは黄帝とは関係がない。

　また、歯を蚩尤と関連させて検討することができる。蚩尤の語からいえば、蚩(chi)は歯(chi)と同じ音を出す。新羅の儒理王は歯跡（잇금）で王になり、「尼師今（이사금 isageum）」と呼ばれたという例がある。王と歯は深いつながりがある。したがって、牛河梁の双目勾雲形玉器の5個にあるふっくらとした模様は蘇埠屯青銅斧の歯のように、ミミズクを象徴したつんと尖った歯だと理解してもよい。したがって、鳥トーテムの中で具体的なミミズクトーテムは、桓雄から蚩尤に継承されたと見られ、黄帝はこの間に入ることはできない。熊トーテムだけを強調する黄帝と紅山文化の鳥トーテムとは全く関係がないことは繰り返し言える。

　一方、蚩尤を翼のある獣として描いたという先述の話（『路史』）(注203)は、再考する必要がある。これは蚩尤が鳥と熊の中間種族であり、鳥と熊のトーテムを二重に崇拝したという意味として受け入れられる。また、『山海経』の「大荒北経」に、蚩尤を説明する一節が出てくる。蚩尤を風伯、雨師を呼び、黄帝と敵対したと記されている。(注204)風伯、雨師は桓雄の臣下であり、また蚩尤の臣下であった。これは蚩尤が桓雄と同一系列であることを立証している。大玉佩の名前が双勾形勾雲形であることも、蚩尤が雨師を呼び雨を降らせたことと同じ意味であろう。さらに、蚩尤が逐鹿まで出戦したというのは、桓雄の鳥トーテムが「蚩尤が黄帝と戦った逐鹿から空桑地方まで及んだ」ということを意味する。李相時の神市疆域と蚩尤の逐鹿進撃路は参考に値する〔地図12〕。(注205)

(3) 鳥夷族の経済生活

　ここで、鳥夷族はどのような生産活動をしたのかを調べる必要がある。生産していた穀物は何か？　ソウル漢江流域の農作物に、1万年以上前の清原小魯

232

3.「神市古国」の断面

〔地図 12　蚩尤氏の中原攻略図（紀元前 2710 〜 2700 年頃）〕

里の種籾もある。(注206)

　筆者は鳥夷族が生産していた穀物を、その名前の通り粟であったと考える。穀霊で鳥を見れば、その穀物は「粟（jo）」であった。粟は鳥の餌でもあるが、五穀の代表と呼ばれるほど、米が普遍化する前には主食であった。さらに粟を「小米」、「稲」とも称するほどであった。そこから粟のことを穀子ともいう。日照りによく耐え、ビタミンやタンパク質、炭水化物、カルシウムなどの栄養がある。その歴史を見れば、おおよそ 1 万年前後、中国の北方では半定着段階で、一部の採集狩猟民が粟と黍の耕作を始めていた。これは人類史の新しい幕を開いたという。

　続いて 8000 年前後の時期の数多い遺跡では、早期農業生産の証拠が発見されている。例えば大規模な長期定着型村落、雛形（原型）を備えた農業生産道具、すでに馴化（新しい生育条件に適応する性質）された特徴を示す家畜動物、形態特徴が基本的に栽培作物に属する粟と黍の二種類の農作物遺存などであったが、依然として農業ではなく狩猟中心だった。(注207)

　実際に、興隆溝人が粟と黍を早期に耕作していたことが明らかになっている。夏家店下層文化でも、罐の中に積まれている粟を確認したことがある。(注208)このように遼西地方は、粟と黍の農業の起源地として知られた。粟作農の重要な起源

地である小河西文化、興隆窪文化と紅山文化の八つの遺跡から出土された 12 個のひき臼と磨棒から出た表面残留物を採取して分析した結果、粟の野生性質の比重が 13.0% から 3.4% に低くなって、馴化（新しい生育の条件に適応する性質）の澱粉粒比率は 55.0% から 62.1% に増加したとして表れた。[注209]

また興隆窪文化遺跡（赤峰紅山区魏家窩鋪村〈ウィガワボチョン〉）で発見された 1,500 米粒（90% 黍、10% 粟）の放射性同位元素 14 番炭素の測定の結果、7700 〜 8000 年前のことであると明らかになった。[注210] 韓半島の場合、炭化米、粟、黍などがソウル南側の沃川郡大川里から出土された。これを炭素測定した結果、紀元前 3500 〜 紀元前 3000 年頃の穀物として測定されたことがある。[注211]

ところで、鳥夷族の粟農作業に大きな変化が訪れていた。麦と小麦の農作業、すなわち麦作が始まり、粟農作業の後に続くことになる。麦作の開始は東夷族である萊族から始まった。[注212] 中国は萊国を商国の分国として見ているが、萊族が建てた萊国を山東半島にあった古朝鮮の分国として見ることができる。[注213] 本来、麦という字の来は先端に細毛のある穀物の穂を意味している。

萊族の麦は、その音が貊と通じる。そのため、仮説ではあるが、萊族の麦を先に受け入れて食糧を貯蔵して、勢力を拡張した鳥夷の一派が貊族になったのではないかと考えられる。[注214] このように粟と麦の交替が行われる。大麦（麦）、小麦（小麦）の出現時期は、測定結果から 5000 年前であった。[注215]

〔図 68 男女の頭上にある鳥は鳥夷族の象徴（李讃九蔵）〕

作物の交替は気候の変化が影響を与えたと推定できる。古朝鮮の建国時期と大きな差が生じるものではない。主食の交替は生産活動の全面的な変化だけでなく、政治的な変化も伴ったであろう。

（4）玉棒と度量衡

『説文』によれば、申を「自持（jaji）」と説明している。これは「自ら維持

する」という中国語の意味ではなく、男根を意味する純韓国語として解釈できる。民俗資料によれば、「棒打ち（자치기 ; 잦치기、작대기치기）」遊びには、円棒打ちと穴棒打ちがあり、穴棒打ちは男根と女根を象徴した遊びである。穴が女根なら、「자（チャ）」は男根を象徴する。

　遊びでは普通、母棒（어미자、長棒）は長さが50〜80cmあり、子棒（새끼자、短い棒）を12〜15cm程度の長さで作る。この子棒の長さは時代ごとに異なるが、その時代の男根の長さと関連したと見ることができる。ところで、この鳥の字には三つの発音がある。「조（鳥）」、土地の名前の「작（作）」、そして「도（島）」である。12世紀初めの『鶏林類事』に、「物差し（자、척、尺）」は、「작（作）」と発音するとあり、互いに通じる点がある。また「スズメ（작、雀）」を「새（賽）」と鳴くという。韓国語の「새（鳥、sae）」を漢字で「새（賽）、sae」と書く。「작대기（棒）」が男根の隠語として使われる点においても、「조─작─새」は互いにつながっていることがわかる。「자루（袋）の자」、物差しの「자（尺）」や「막대（棒）」、「몽둥이（棒）」も同じ男根の象徴性とともに物差し（尺）としての機能を持つ。

　では、このような「棒打ち」遊びは何を意味するのか？　筆者は、このような遊具を通じて当時の度量衡（長さ、体積、重さ）を普及させたことではないかと考える。人が集まり市場が開かれて交易が成立すれば、そこには度量衡が必要となるからだ。申采浩は、中国に度量衡を伝えたのが檀君の息子夫妻と説明したが、古朝鮮では早くからそれが発展していたと見ることができる。(注216)(注217)

　最近（2014年6月）、韓国の忠清北道丹陽で後期旧石器遺物が大量に出土した。その中に22個（21間）の目盛りが彫られた、いわゆる「目盛り石（nungeum dol）」(全体の長さ20.6cm) が発見された〔図69〕。1万8000年前のもので、目盛り石の発見は東アジアでは初めてである。1目盛りの間は0.41cmで、全8.4cm長さである。(注218)

〔図69　後期旧石器時代の目盛り石（赤い色列は筆者が打ったこと）〕

　ところで、紅山玉器にも玉棒が出土されたが、ものさしとしての機能と関連して解釈してみよう。玉棒が発見されたのは、胡頭溝と牛河梁である。琵琶形

第Ⅲ章　桓雄の「神市古国」

銅剣が出土されたことのある阜新県胡頭溝１号墓から出土された玉棒は、最長で30.9cmである〔図70〕。これは今日の韓国で１尺＝30.3cmと非常に似ており、ものさしと結びつけて説明するのも無理はない。近頃発見された高句麗のものさしの長さは35.6cmである。通常、高句麗の１尺は35.051cm、唐は29.7cm、漢は22〜23cm、晋前は34.75cmとして知られている。

次に、牛河梁第16地点で出土された棒形棒（棒錐、棒キリ）は３個である〔図71〕。その中で最も長い第１棒が22.6cmである。この棒もものさしとしての機能を有したと考えられる。胡頭溝玉棒と牛河梁の玉棒を比較すると、新たな事実を発見できる。

まず、胡頭溝１棒（30.9cm）とその半分の大きさである牛河梁１棒（15.5cm）とは、絶妙の配比率である。わずか0.1cmの誤差である。胡頭溝の最も小さい４棒（14.9cm）と牛河梁棒（14.8cm）も、0.1cmの誤差が出る。二つのうち一つは自然にすり減ったのであろう。この二つは、大きいものさしと半分のものさしとしての機能を果たしたようである。筆者の考えでは、大きい胡頭溝１棒は、半分の長さの牛河梁１棒の二倍である31cmと推定する。この31cmが紅山文化の標準＝１尺であったと推定する。牛河梁ではいまだ、大きな尺が出土しなかったと見なければならないだろう。

伝統的に度量衡を尺貫法といった。朝鮮の世宗（セジョン）は１尺を31.22cmとして尺貫法を定めた。明尺に近い。漢尺（中国）は23cmである。現在の韓国の１尺（30.3cm）

〔図70　４個の胡頭溝玉棒。上から30.9cm（１棒）、19.3cm（２棒）、18.5cm（３棒）、14.9cm（４棒）〕

〔図71　３個の牛河梁16地点の棒錐形器。右から22.6cm（１棒）、15.5cm（２棒）、14.8cm（３棒）〕

〔表21　玉棒の比較〕

大きさ	牛河梁の玉棒	胡頭溝の玉棒
１棒	22.6cm	30.9cm
２棒	15.5cm	19.3cm
３棒	14.8cm	18.5cm
４棒		14.9cm

は、日帝の時代に受け入れたものである阜新県胡頭溝と牛河梁は非常に遠く離れている[注224]が、相互の間にある統一的な度量衡が施されたのではないかと推測できる。

そこで、この玉棒が本当に尺の役割を果たしたのかどうか調べてみたい（0.1cm の誤差は自然な摩耗や誤測であるとみなすことができる）。

(a) 勾雲形玉器（牛河梁第 16 地点 79M2）：長さ 22.5cm－牛 1 棒（誤差 0.1cm）

(b) 玉人（牛河梁第 16 地点 4 号墓）：長さ 18.6cm－胡 3 棒（誤差 0.1cm）

(c) 玉棒（牛河梁第 16 地点 4 号墓）：長さ 19.5cm－胡 2 棒（誤差 0.2cm）

(d) 大玉璧玉璧（牛河梁第 2 地点 1 号塚 21 号墓）：直径 14.7cm－牛 3 棒（誤差 0.1cm）

(e) 熊の顔（獣面）玉佩（牛河梁第 2 地点 1 号塚 21 号墓）：広さ 14.7cm－牛 3 棒（誤差 0.1cm）

(f) 箸形玉箍（牛河梁第 2 地点 1 号塚 4 号墓）：長さ 18.6cm－胡 3 棒（誤差 0.1cm）

(g) 玉雕龍雕龍（古宮博物館 103952）：高さ 15.4cm－牛 2 棒（誤差 0.1cm）

(h) 箸形玉箍（牛河梁第 16 地点 79M2）：高さ 15.5cm－牛 2 棒（誤差なし）

（牛：牛河梁、胡：胡頭溝）

その他にも、牛河梁 1 棒（22.6cm）と女神像の大きさ（22.5cm）との関係と、3 号塚円形祭壇の長さが 22m であることもそれぞれ研究すべきものである。

このように類似の数値が重ねて示されたということは、度量衡が実施されていたことおよび共同体としての秩序が成立していたことを意味する。これは法治国家に準ずる政治行為という面で、牛河梁を再認識せざるを得ない。桓雄神市の市が交易を意味する市場の機能まで担当したとすれば、度量衡を統一することは必須である。標準となる度量衡がなければ現実的ではない。そして、牛河梁の玉器を胡頭溝の玉棒で測定したということは何を意味するのか、さらなる研究が求められる。尺貫法で交易の範囲と国家統治の領域を計ることはできるかもしれない。文明の特徴的要素である城市が成立していたのではないかと考えられる。

第Ⅲ章　桓雄の「神市古国」

注

(162) 文崇一「濊貊民族文化及其史料」『中央研究院民族学研究所集刊』5 輯（台北）、1958 年春、143 頁。文崇一は鳥夷を「鳥夷民族」と表現している。ここで使われている民族は、政治的意味をこめている。

(163) 陳夢家「隹夷考」『陳夢家学術論文集』中華書局（北京）、2016 年、124 頁。

(164) 蘇秉琦「遼西古文化古城古国」『紅山文化論著粋編』遼寧師範大学出版部、2015 年、78 頁；同、25 頁。蘇は古国（古国、紅山文化）―邦国（方国、夏家店下層文化）―帝国（帝国、秦国）の 3 段階論（3 部曲）を語る。また、他の見解では古国（Ancient State）、方国（Chiefdom）、神王之国（state of both theocracy and kingship）、王国（Kingdom）と分けているものもある。これに関しては、林澐「中国考古学で〈古国（Ancient State）〉〈方国（Chiefdom）〉〈王国（Kingdom）〉の理論と方法問題」を参照。

(165) 郭大順、張星徳『東北文化と幽燕文明』（上）金正烈訳、東北亜歴史財団、2008 年、9 頁。

(166) 劉国祥「紅山文化与西遼河流域文明起源探索」『赤峰学院学報・第 5 回紅山文化高峰論壇専輯』赤峰学院、40 〜 44 頁。

(167) 林在海「〈神市本 풀이 (puri)〉でみた古朝鮮文化の形成と紅山文化」『檀君学研究』20、2009 年 5 月、349 頁。

(168) 朴碩在、황보승「天文類抄の五星皆合の記録など五星結集の現状分析」『世界桓檀学会春季学術大会資料』2017 年 6 月、10 〜 12 頁。

(169) 尹乃鉉『古朝鮮研究』一志社、1994 年、131、141 頁。

(170) 古朝鮮 3 部族説はあくまでも説明のための表現にすぎない。『揆園史話』では、8 加説（8 部族）をいう（李讚九「檀君神話の新解釈」『新宗教研究』30、2014 年 4 月、217 頁）。

(171) 玄相允『朝鮮思想史』心山、2010 年、32 頁。

(172) 同上。

(173) 李康植「古記に現れた神市組織の構造と機能」『慶北大経商大学論集』15、1987 年 12 月、357 〜 363 頁。

(174) 同上書、363 〜 367 頁。

(175) 李裕岦『大倍達民族史』（5 巻）、高麗家、1987 年、499 頁。

(176) パク・トクチュン編集『古朝鮮歴史概観』社会科学出版社（平壌）、1999 年、27 〜 29 頁。

(177) 文定昌『古朝鮮史研究』柏文堂、1969 年、68 頁。

(178) 『内蒙古中南部のオルドス青銅器の文化』高句麗研究財団、2006 年、297 頁。

(179) 同上書、248 頁。

(180) 薛志強「紅山文化の淵源に対する概述―興隆窪文化を中心に」『第 3 回紅山文化韓中国際学術会議』国学学術院、2008 年、83 頁。

(181) キム・ソンジャ「紅山文化の黄帝領域説に対する批判―熊神話を中心に」『東北亜熊神話と中華主義神話論批判』東北亜歴史財歴史財団、2009 年、206 頁。

(182) 孫守道「紅山文化玉熊神考」『孫守道考古文集』遼寧人民出版社、2017 年、217 頁。

(183) 前掲注 177 書、322 頁。

(184) 鄭淵奎『ハンギョレの歴史と文化の根源を探して』韓国文化社、2008 年、62 頁。

(185) 孫守道「紅山文化玉熊神考」『孫守道考古文集』遼寧人民出版社、2017 年、217 〜 218 頁。

(186) 「王曰、若古有訓．蚩尤惟始作乱、延及于平民、罔不寇賊、鴟義姦宄、奪攘矯虔」（『書伝』「呂刑」）

(187) 「蚩尤歿後天下復擾乱黄帝遂画蚩尤形像以威天下天下咸謂蚩尤不死八方万邦皆為弭服」（『史記正義』注）

(188) 「蚩尤天符之神状類不常三代彝器多著蚩尤之像為貪虐者之戒其率状為獣形伝以肉翅」（『路史』〈宋

3. 「神市古国」の断面

羅泌纂〉后紀 4 蚩尤伝)

(189) 李讃九「檀君神話の新しい解釈―武梁祠画像石の檀君と蚩尤を中心に」『新宗教研究』30、2014年 4 月、210 頁。

(190) 崔棟『朝鮮上古民族史』東国文化社、1966 年、277 頁。

(191) 杜内松『文物名家大講堂―中国青銅器』(中国文物学会専家委員会)、中央編訳、2008 年、54 頁。

(192) 郭沫若『殷周青銅器銘文研究』上巻、上海東书局、1931 年 3 月(科学出版社 1961 年)、9 頁。

(193) 白川静『常用字解』(2 版)、平凡社、2012 年、312 頁。白川の『殷文札記』(188 頁)には、亜醜族に対して詳細な説明がある。

(194) 殷之彝「山東益都蘇埠屯墓地和〈亜醜〉銅器」『考古学報』1977 年 2 月、32 頁。『左伝』(召公 20 年)に出てくる薄姑氏は、山東に住んだ東夷族の一つである。

(195) 羅振玉『三代吉金文存』、中華書局、1983 年、142 頁。

(196) 于省吾『商周金文録遺』中華書局、2009 年、22、157 ～ 158 頁。

(197) 李零「蘇埠屯的〈亜齊〉青銅器」『文物天地』6 期、1992 年、44 頁。李は頭の三角形を齊国の字で亜齊銅器と称した。その他に杜在忠「関於夏代早期活動的初歩探析」『夏史論叢』斉魯書社、1985 年 7 月;王樹明「亜醜推論」『華夏考古』1989 年 01 期。王樹明はこの青銅器を殷周の時期のものといった。宇都木章『出土文物からみた中国古代』汲古書院、2008 年、15 頁。宇都木は商代後期として見た。

(198) 「蚩尤歯長二寸堅不可砕」(『述異記上』)。

(199) 遼寧省文物考古研究所、朝陽市文化局編『牛河梁遺址』学苑出版社(北京)、2004 年、43 頁。遼寧省文物考古研究所編『牛河梁――紅山文化遺址発掘報告(1983 ～ 2003)』(下)文物出版社(北京)、2012 年。

(200) 卜箕大「紅山文化と夏家店下層文化の連関性に関する時論」『文化史学』27、2007 年、1139 頁。

(201) 中国画像石全集編集委員会『中国画像石全集』1 冊、山東美術出版社(中国済南)、2000 年、194 図版。

(202) 伊藤清司『中国の神獣悪鬼たち』東方書店、2013 年、77 頁。

(203) 「其状率為獣形伝以肉翅」(『路史』〈宋羅泌纂〉后紀 4 蚩尤伝)。

(204) 「黄帝乃令応龍攻之冀州之野応龍畜水蚩尤請風伯雨師縦大風雨」(『山海経』「大荒北経」)。

(205) 李相時『檀君実史に関する考証研究』高麗苑、1990 年、138 頁。

(206) 慎鏞廈『古朝鮮国家形成の社会史』知識産業社、2010 年、47 ～ 48 頁。

(207) 趙志軍「従小米到小麦北方旱作農業的形成和発展」『紅山文化論著粋編』遼寧師範大学出版社、2015 年、498 頁。

(208) 孔昭宸楊虎外「赤峯市 8000 多年来某些文化期植物遺存研究的収穫和思考」『紅山文化論著粋編』遼寧師範大学出版社、2015 年、484 ～ 485 頁。

(209) 馬志坤、楊暁燕、張弛、孫永剛賈「西遼河地区全新世早中期粟類植物利用」『中国科学:地球科学』7 期、2016 年。

(210) 慎鏞廈「古朝鮮文明形成に入った貊族の紅山文化の特徴」『古朝鮮檀君学』、32 号、2015 年 6 月、216 ～ 217 頁。

(211) 前掲注 206 書、49 頁。

(212) 張富祥『東夷文化通考』上海古籍出版社、2008、482 頁。

(213) 前掲注 206 書、341 頁。

(214) 本来の音は「百(ベク)」(貊)であるが、貊(メク)になったのもこの麦(メク)と関係するかもしれない。

(215) 前掲注 212 書、486 頁。

(216) https://blog.naver.com/kimcj0070/221225833055(金昌周所長)

(217) 申采浩『朝鮮上古史』歴史の朝、2014 年、101 頁。

(218) https://tv.kakao.com/channel/2654351/cliplink/59567049(JTBC. 2014 年 6 月 18 日)

第Ⅲ章　桓雄の「神市古国」

(219) 金貞培『古朝鮮に対する新しい解釈』高麗大民族文化研究院、2010年、373頁。

(220) 郭大順、洪殿旭『紅山文化玉器鑑賞』文物出版社、2010年、79頁。

(221) http://news.naver.com/main/read.nhn?mode=LSD&mid=sec&sid1=103&oid=021&aid=0000122420（文化日報、2005年9月7日）

(222) イ・ジョンボン『韓国度量衡史』昭明出版、2016年、12〜13頁。

(223) 遼寧省文物考古研究所、朝陽市文化局編『牛河梁遺址』学苑出版社（北京）、2004年、74頁。遼寧省文物考古研究所編『牛河梁――紅山文化遺址発掘報告（1983〜2003）』（下）文物出版社（北京）、2012年、図版285。女神廟を崇拝するところではこのような棒で男根を間接的に表現したと思われる。

(224) 今日、自動車で4時間程度かかる距離。約300km。

結びに

〈付録〉

結びに　紅山文化の牛河梁遺跡と桓雄の鳥夷族

　人類が理想郷とする東の光明な土地である陽谷、陽明地 으리른（Arira）に向かって移動する中で、一つの地域を選んで定着するということは、非常に重要な意味を持つ。このような定住生活の中でトーテム信仰は発展する。本書は人類学的観点において、紅山文化のトーテム信仰に光を当てることに注力した。

　申采浩は『呉越春秋』で発見した玄夷の蒼水使者の物語を記している。申は、中国人たちが称した玄夷が朝鮮であると解釈した。^(注1)また、檀君の息子夫妻が蒼水使者であり、この時に、夫妻が文書（金簡玉牒）と度量衡も伝えたという。兪昌均はこの玄夷が天夷、あるいは天神族であり、天鳥とみなし、鳥夷と北狄がこれに該当するとした。^(注2)申采浩の主張を鳥トーテムとして再解釈したのである。

　中国の令平は、紅山文化の主体を北狄として、夏華族と区別した。^(注3)玄夷と北狄を天鳥として見れば、玄夷と北狄が鳥トーテムの鳥夷族である。本来、玄は『説文解字』で天であった。

　桓雄の名前に太陽と鳥が入っており、檀君の名前も同じである。檀君の（檀、壇、Dan）は、最初の音「다（Da）」を音写し、最初の名前は「다임검」といった。^(注4)「다（Da）」は、단우（単于：단우 - 다누）の「다」、天干の「다가나」の「다」や땅（地：따）の「다」または「닭（鶏）」の「다」と関連した言葉と考える。これは檀君が桓雄鳥夷族の伝統を継承したことを意味する。鳥を代表する鳥の初音が「tərg」で「닭」と一致する。^(注6)このように、鳥に対する崇拝は、言語の形成に関係するほど長い歴史を有している。

　紅山文化の中心地は遼西地方である。ところで、遼西地方に居住したこれら「紅山人」たちが韓国人の直接的な祖先なのかという問いに答えなければならない。遼西と韓半島と満洲地方に居住した新石器人を韓国人の直系祖先として取り上げ、論じることはできる。しかし、まだ、「韓国民族」としては形成されなかったという主張がある。紅山人にはいまだ民族意識が形成されなかった、という理由である。ところで、蘇秉琦は紅山文化の牛河梁女神廟と積石塚の発現は、中国古国史研究に新しい思考で進めることを促すことになった。^(注7)尹乃鉉

結びに　紅山文化の牛河梁遺跡と桓雄の鳥夷族

もこの牛河梁遺跡は紀元前 3600 年頃、この地域に「すでに宗教の権威者がいる政治勢力が形成されていたことを示す、非常に重要な意味を持つ遺跡」[注8]と指摘した。今、我々には、牛河梁を見るときの思考の変革が要求される。歴史観の革命である。「檀君神話」は、牛河梁の丘で桓雄と熊女が会って、人間が神性を回復し、新しい国を建設して誠実に生きることを誓った太初の宣言を記録したものである。そのため、それは任意に作られた神話ではなく史話であり、歴史として再解釈されなければならない。その中に魂が入っているからである。

　こうしてみると、新石器時代末期の「初期貊部族」が紅山文化遺跡を残した部族であるという説明は、古文献だけを見ても、それを否定できる。「五帝本紀」本文に鳥夷が最初に登場するが、「史記正義」の注に北連胡貊として出てくるだけである。また『後漢書』に貊、熊夷が登場するが、すべて鳥夷より後に登場する。そのような貊部族を先の存在として語るのは問題がある。文崇一は、鳥夷族が活動した時は貊族の活動を見られず、その後に貊族が占領したところは、かつて鳥夷族が生きていたところだと指摘したが[注9]、筆者はこれを「先鳥後貊」であると要約した。先鳥後貊は韓民族史を説明する核心的な言葉である。つまり、鳥夷族は先貊部族である。

　ユーエム・ブチン（U.M. Butin）は、鳥夷の文献上の登場時期は紀元前 22世紀、東北側に住んだが、その後の記録に現れないことに疑問を持っている[注10]。李址麟は、濊と貊は北方系統の種族で、反面、韓半島と渤海沿岸の土着民を鳥夷族系統としてそれぞれ分けてみたことに限界がある[注11]。これは、時間の前後で見るのではなく、地域的範囲で分けたことから来た限界である。ただし、『詩経』（「韓奕篇」）に追、貊が同時に登場するが、ここで「追」が誰かということに議論が多い。筆者が見るに、追は隹と近似していると思う。追と隹の上古音は「tiwəi」で、同じ音である[注12]。追は発音では隹と同じ、意味では追う追（Chu）、鳥夷の「鳥（Jo）」にとても近い。本来の発音を「되：퇴（Doe、Toe）」と見れば、基本音は「도（Do）」であっただろう。

　当時、隹と鳥が混用されたことがわかるが、隹が鳥より先に使われたと思われる。中国人には当初、隹夷で知られ、後に鳥夷としてさらに多くのことが知られただろう。桓雄もこの隹から名前を取ったと見れば、隹族、追族は陳夢家のいう通り、東北の隹夷が起源である、ということができる。夷族の夷字の発音が隹によることを推定できる。

　鳥夷は『史記』に登場し、隹夷は甲骨文に登場するので、その軽重を問うこ

とはできないが、本文では鳥夷族で表記するものの、隹夷を同義語として用いるのが妥当だと考える。顧詰剛も「淮夷」は尻尾の短い鳥の隹を本族の名称としてみなしたといい、隹夷の存在の可能性を言及した。桓雄の雄の字には隹の字が含まれており、『山海経』には雄常という話が出てくる。この雄を、雖と（雄或作雖）し、この雖がやがて太陽鴉、通称ミミズクを意味するようになった。韓国史における最大の秘密である桓雄の「雄常の樹」は神壇（檀）樹で、今日見られる鳥竿（솟대、または솟대、솔대）の原型といえる。

では、紅山文化を任った「紅山人」は誰か。チェ・ギョンソプは遼寧省地方の櫛目文（櫛文、빗살무늬）土器人が、韓国人の直接的祖先ならば、遼西を舞台にした紅山人もそのまま、韓国人の直接的な祖先だと考えることができるといった。

したがって、筆者は次のような理由で、神市古国を建てて紅山文化を創造した鳥トーテム族を鳥夷族、鳥夷民族として見る。李民が主張した鳥夷族を五加に分化する以前、桓雄をその鳥夷族と見て、牛河梁遺跡を桓雄の鳥夷族と熊女の熊族が結合して創った歴史的産物として、古朝鮮の先文化であると見る。紅山文化に対する李民の鳥夷族帰属説、李倍雷の鳥夷説は画期的なのである。一方、北朝鮮学者の研究によれば、古代朝鮮人の頭骨の高さの場合、牛河梁142、古代朝鮮人139.9でほとんど一致することが明らかになった。

ここで、紅山文化に対する筆者の暫定的結論を以下の通り八つに分けて列挙する。

第一に、牛河梁は桓雄と熊女が出会ったところであり、檀君史話が形成された故郷である。

5500年前の牛河梁遺跡は古朝鮮以前の文化である。桓雄族は鳥トーテムの鳥夷族である。鳥トーテムと太陽トーテムに二重に仕えた桓雄の鳥夷族は、熊女が導く熊族との連合を通じて一層発展した文化を成し遂げた。いわゆる「神市古国の文化」である。したがって、熊トーテム文化が韓民族のすべてではないということがわかる。それ以前に、すでに鳥トーテムの鳥夷族があったためである。

神市古国の発祥地は鳥トーテムが始まった興隆窪文化と趙宝溝文化として推測することができるし、牛河梁遺跡で絶頂期を迎えた。鳥夷族と熊族が連合して生み出した牛河梁遺跡の文化遺産は、桓雄を鳥トーテムで復元するとき、桓

244

雄と熊女が出会った檀君神話とそのまま一致する。これにより、檀君神話は韓国人の祖先が太初の歴史的事件を神話で記録し保全したものであるとわかる。天円地方の思想と天祭文化を残した牛河梁は檀君史話の民族的故郷であり、桓雄と熊女が出会った歴史の現場である。

　フレイザーは次のように言う。「意識は消えるが神話は残る」。今日まで生きている神話を通じて消えていった意識を取り戻すのは、歴史を復元する人間の偉大な作業である。エリアーデは、神話は偉大な歴史、すなわち太初に起きた原初的な事件といった。我々は牛河梁遺跡を通じて、いわゆる檀君神話の完全な復活を目撃したのである。神話の復活は古代韓国の桓国、神市に対する歴史意識の再生と復元を意味する。すでに神話の黒い悪霊は退き、新しい歴史の光明が訪ねてきたのである。したがって、いわゆる檀君史話は作られた神話ではなく、史話である。檀君神話は李奎報が『東明王篇』の序で話したように、幻（幻想）ではなく聖（聖跡、聖地）である、というのが結論である。

第二に、神市紅山文化の那斯台遺跡と牛河梁遺跡はトーテム共同体である。

　6500年前の紅山文化は、我々人類が共同体を発展させるための宗教的修行の重要性を悟らせている。紅山玉器はすべての人類の宝である。なぜなら、紅山玉器は戦争武器でない礼器として、長らく変わらない永遠性（天に対する恭敬性）を象徴するためである。

　紅山玉器は時期的に桓雄時代に該当し、後に神市五加で分化した。桓雄は鳥夷族に属する。鳥夷族は文崇一によれば、後に殷、淮夷、濊貊族に分かれた。桓雄の鳥夷族は彼らの根元に該当する。それで鳥夷族は根源の族である（夷者柢也）。筆者は紅山文化の中で、那斯台遺跡と牛河梁遺跡に注目した。

　巴林右旗那斯台遺跡は紅山文化の中でも重要な場所で、櫛目文（櫛文、櫛は光の表現）陶器は、もちろん熊と鳥、男女神像が同時に発掘された。これは西拉木倫河を境界として、その北側の那斯台遺跡が南側にある牛河梁遺跡より早く、鳥と熊のトーテム連合を形成したことを語る。さらに那斯台遺跡は、牛河梁遺跡のようにミミズク玉器（玉鶚）が出土された。神市紅山文化（または神市文化）と、その疆域を理解するのに重要な輪となる。トーテム連合は共同体の維持発展に必須であり、共存と相生の精神をそのまま表している。異質的文化の受容と文化間の疎通が歴史発展を追動するという点で、二つの遺跡は共通点がある。

第三に、牛河梁神市古国は韓国神市の原型文化である。

　神市古国の領域はミミズク（玉鴞）の出土地域（198頁）とみなすことができ、その中でも注目すべき遺跡は那斯台遺跡と牛河梁遺跡である。

　牛河梁遺跡は檀君史話が物語るように、桓雄の鳥夷族と熊女の熊部族が結合（桓族）し生み出した、神市共同体の一部である。牛河梁を「神市都邑地」の一つとして推定できる。特に「牛河梁神市古国」と称する。この牛河梁神市古国の後継国が古朝鮮である。

　牛河梁の歴史は紀元前3500年頃に始まり、500年ほど持続した。気候環境により変動が行われただろう。牛河梁第16地点で夏家店下層文化が現れるのは、古朝鮮との関連を意味する。このような面から、牛河梁遺跡が古朝鮮建国の人的、物的土台となったと考える。古朝鮮の初期の首都は牛河梁と、これに隣接した朝陽一帯であると思われる。『揆園史話』（「檀君紀」）にも牛首河が登場する。

　特に、牛河梁の玉に宿った平和と永遠性、神性などの三つの精神が仙と巫として、今日まで伝わってきた。文化的継承関係の可否は原型文化の再現を通じて確認できる。鳥竿文化や別神（巫）、平昌冬季オリンピックに登場した人面鳥と3壇天祭壇の再現は、韓国人が牛河梁の精神文化を継承したことを立証してくれる。共同体の継続性が原型文化の保存にどれほど重要なのかを改めて知らせてくれる。この原型文化の微粒子を「魂」という言葉で要約できる。

第四に、鳥夷族と熊族が出会って形成した後期桓族は、韓民族の原韓国人である。

　金教献（1868〜1923）の『神檀民史』には、韓民族を朝鮮、夫余、韓、濊、貊、沃沮、粛慎など7つに分け、その源流を倍達族だとした。柳寅植（1865〜1928）も『大東史』で韓民族を朝鮮族、北夫余族、濊貊族、沃沮族、粛慎族など五つに分け、その本流を倍達族とした。権悳奎（1890〜1950）は『朝鮮留記』で、韓民族が神市の桓族から出発したことを明らかにした。

　筆者も桓族と倍達族の実体を探し、具体性と歴史性に基づいて鳥夷族（または賽族 saejok）として明らかにした。鳥夷族に関しては『史記』にも言及されて、中国の顧頡剛、文崇一、李民、李倍雷、何光岳、北朝鮮の李址麟などによる先駆的研究もある。『三聖密記』には、鳥夷族と熊族が出会い第2の桓族を生み出したとある。5500年前のことだ。この「後期桓族」を、韓国人が「檀

君神話」を歴史として共有できる、最も近い韓民族の直接的祖先としての原韓国人（Proto-korean）として理解することができる。

今日、東夷族は山東人を示す言葉となった。東夷族の源流は鳥夷族である。鳥夷族が移動し、山東の東夷族になった。鳥夷族は山東の東夷族の後裔ではなく、もともと遼西の鳥トーテム族である。安浩相が東風を「샛바람（saebaram）」と言うように、東はすなわち鳥「새（sae）」であり、鳥として同じ意味で見た。東夷が本来の鳥夷であった。この夷は中国の蛮夷でなく、太陽に弓で意を伝える人々で、大きい（人）という意味になった。また、弓は字の形から北斗七星を連想させる。

第五に、遼河の水は韓国史の揺籃である。

中国は本来、黄河文明を中国文明の始まりとしてきた。一方、こちらの紅山文化一帯は万里の長城の外といい、蛮夷の土地だとさげすんできた。ところが、紅山文化が黄河文明より 1000 年もしくは 2000 年も先んじたことが確認され、中国政府は国境線を武器で、文化と歴史を政治の対象として、工作をした。

1990 年後半に中国政府はいわゆる遼河文明を自国の歴史として受け入れ、「黄河文明と遼河文明は中国文明の根幹である」との最終結論を下した。そして、これに黄帝を熊神話の主人公として前面に出し、織り込む工作を加えたのが、いわゆる「東北工程」である。東北工程の究極的な野心は、韓国内の植民史学者らと手を握り、韓国と北朝鮮を中国の歴史圏に編入して覇権を追求しようとするところにある。

しかし、桓雄と檀君、そして蚩尤が鳥トーテムによって本来の位置に戻るつれ、中国の黄帝文化の依りどころがなくなった。いまや紅山文化が神市古国と明らかになり、夏家店下層文化が正に古朝鮮であることが明らかになれば、遼河における韓国史の実体が現れることになる。

遼河は韓国史が始まった揺籃であり、「おくるみ」である。遼河の水は韓国史の根幹である。根なくして枝が出てくることはあり得ない。すべての枝の元は根である。すべての歴史は国境線を超越し、自らの精神を守りながら永続し、花が落ちて共同体が揺れても、原型は最後まで残っているものだ。

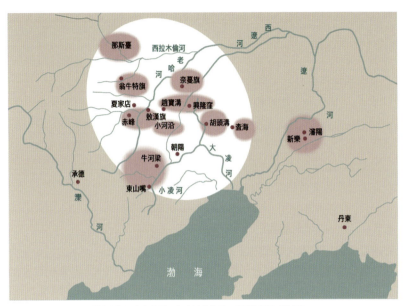

〔地図13 筆者が提示した卵形の紅山神市古国の重要範囲図（推定）〕

・紅山文化の主流は鳥トーテム族であり、ここに熊トーテム族がまず連係し、その後に虎トーテム族が連合する。
・鳥トーテムと熊トーテムのトーテム連合が成り立ったところ：那斯台遺跡、牛河梁遺跡。
・神市古国の疆域は桓雄と神市を象徴するミミズク（玉鴞）の出土地である那斯台遺跡、牛河梁遺跡、東山嘴遺跡、敖漢旗遺跡、胡頭溝遺跡などと一致（198頁参照）。
・『爾雅』に「東方の美しいものでは医巫閭山の珣玗琪がある」としたとある（鄭健宰は医巫閭山を夫余山として見て、楊伯達は珣玗琪を東夷の米玉といった）。

〔地図14　筆者が描いた遼河文明圏と山の字の疆域圏〕

- 神市古国の山字疆域は高句麗全盛期である5世紀後半に多勿精神（回復主義）で再現された。原初的事件としての神話は、それを継承する民族の再現によって実在性が立証される。

第六に、遼河から灤河に至る山字疆域圏である。

　慎鏞廈は、紅山文化が古朝鮮の文明形成の基盤となり、最終的に古朝鮮文明に統合されたと主張した。朴仙姫は「紅山文化から始まった玉などを材料にした丸い装飾ボタンは、古朝鮮の服飾に最も多く用いられたもので、派手な装飾技法を生み出した独創性と固有性をよく表している。古朝鮮の服飾に表れる装飾技法と文様の固有性は、以後、様々な国と三国に受け継がれ、韓民族の重要な服飾技法として位置づけられ、生命力ある造形意志と躍動的な祭儀的情緒をよく表している」と主張した。二人は遼河文明という言葉の代わりに「古朝鮮文明圏」を強調している。

　筆者は鳥夷族と熊族が連合して生み出した桓族の遼河文明から、古朝鮮文明に達する神市文明圏の範疇を縮約して、山という字で解釈した。灤河から遼河まで水の流れに沿って、そしてその中に大凌河を追って描けば、山の字の形に

なる。これを名付けて「山字疆域」と称する。

　灤河は承徳が中心となり、遼河は瀋陽（沈陽）と康平が中心となり、大凌河は朝陽と牛河梁が中心となる。そして、赤峰の西北側の大光頂子山（2,067m）、敖漢旗の東南側の四道営子大山（1,255m）が神市時代と関連して注目すべき山であると考える。神市古国が生み出した山字疆域圏は高句麗（5世紀後半）時代に完全に再現された。逆に見れば、高句麗の再現によって、神市古国は偉大な歴史の原初的事件として記録されるようになった。

第七に、拝日崇鳥の神市共同体と桓雄の太陽鴉である。

　鳥または太陽鳥崇拝は興隆窪文化と趙宝溝文化から始まり、牛河梁遺跡で絶頂を迎えた。紅山文化の主流は鳥トーテムである。鳥トーテムは自らの生命に対する保障と保佑から出発した懇求であり、その次は自分たちの生命の根源に対する探求と帰属の表れであった。万物と人類の起源を遡りながら出会う人間の意識は、初めに太陽崇拝があり、次に卵と鳥だった。自らと宇宙が内面で出会い、渾然一体の大きな卵（大卵、大丸、大球、太陽）となる。このような地球的宇宙意識を持つことは誰でも可能だが、これを社会的政治的に具現化しようとした種族が鳥夷族である。

　鳥夷族が生み出した歴史は漠然とした紅山古国でなく、拝日崇鳥をしてきた韓民族の神市共同体で、神市古国である。それ以前の歴史は、先神市古国（すなわち桓国）という。本来太陽の桓の群れが先にあり、後に鳥の雄の群れが現れて、桓雄がこの二つを結合して自ら興した種族が、桓雄の鳥夷族であった。熊族と出会って神市文化の極限状態を創り出した。後にこの桓族と熊族と虎族が連合して古朝鮮を建国した。

　桓雄はミミズクをトーテムとした。牛河梁遺跡など遼西の五つの地域で共通して現れたミミズクは『山海経』の「鴞」であり、桓雄と神市の鳥トーテムである。鴞がやがて「雛」、「雄鳥」となった。時代別に異なるが、後期にはタカ（鷲鷹）を崇拝した。これはトーテムの分化を意味する。現在でも全国各地に「부엉산（ミミズクの山）」（8ヵ所）、「부엉골（ミミズクの谷）」（34ヵ所）などが散在している。

第八に、鳥（ミミズク）が紅山の墓から出ていることである。

　紅山文化の牛河梁神市から檀国、古朝鮮の建国に達するまでの過程は、いわ

ゆる「檀君古記」の実体的証明であり、古朝鮮の建国年代である紀元前2333年は、歴史的事実以上の意義を持つ。

これにより檀君神話や桓雄神話という話は消え、そこに鳥夷族が入って韓民族史の新しい鉱脈を明らかにすることになった。

郭大順は龍が遼河水から出たという「龍出遼河源」としたが、これから鳥（ミミズク）が、紅山の墓から出たという「鳥出紅山塚」である。筆者が桓因、桓雄、檀君時代と遼河文明の文化段階を結合して、これを尹乃鉉の4段階時代区分図表に入れて上古史の概略を整理した。[注20]

〔表22　筆者が再整理した上古の時代区分〕

社会発展段階	時代区分	遼河文明
群れ社会（先神市古国＝桓国）	桓因時代の前期	（太陽族の出現）
村落社会（神市古国の初期）	桓因時代の後期	小河西、興隆窪、趙寶溝 （鳥夷族の出現）
邑社会（神市古国）	桓雄時代の前期	紅山文化、那斯臺遺跡
邑社会（神市古国、檀国）	桓雄時代の後期	牛河梁、小河沿遺跡 （鳥夷族＋熊族の結合）
国家社会（古朝鮮＝檀君朝鮮）	檀君王倹の古朝鮮時代	小河沿、夏家店下層文化

最後にいくつか解けなかった問題、すなわち鳥夷族の最初の定着地と地域別分派過程、牛河梁遺跡と関係する夏家店下層文化の実体、そして虎族の再登場など、古朝鮮の歴史を明らかにすることなどは、次の機会に約束したい。

注
(1)　申采浩『朝鮮上古史』歴史の朝、2014年、101頁。
(2)　兪昌均『文字に隠された民族の淵源』集文堂、1999年、316頁。
(3)　令平『中国史前文明』中国文史出版社（北京）、2012年、202～203頁。
(4)　李址麟『古朝鮮研究』科学院出版社（平壤）、1963年、114頁。
(5)　これに関しては、李讃九「檀と弘益人間に対する哲学的理解」『仙道文化』23、2017年8月、82～90頁参照。
(6)　前掲注2書、325頁。
(7)　孫守道、郭大順「牛河梁紅山文化女神頭像的発現与研究」『紅山文化論著粋編』遼寧師範大学出版社、2015年、395頁。
(8)　尹乃鉉『私たちの古代史、想像から現実に』万巻堂、2016年、106頁。

(9) 文崇一「濊貊民族文化及其史料」『中央研究院民族学研究所集刊』5集（台北）、1958年春、135頁。
(10) ユーエム・ブチン（U.M. Butin）『古朝鮮歴史考古学的概要』移項材、利病訳、ソナム、1990年、63頁。
(11) 李址麟『古朝鮮研究』科学院出版社（平壌）、1963年、109頁。
(12) 李珍華、周長楫『漢字古今音表（修訂本）』中華書局、1999年、46頁。
(13) 顧頡剛「鳥夷族的図騰崇拝及其氏族集団的興亡」『史前研究』2000年9月、148頁。
(14) チェ・ギョンソプ「韓民族の根元なる櫛目文土器人」『広場』171、1987年、10頁。
(15) 林在海「〈神市本 풀이 (puri)〉で見た古朝鮮文化の形成と紅山文化」『檀君学研究』20、2009年5月、437頁。
(16) 禹実夏「遼河文明紅山文化地域の地理的気候的條件」『古朝鮮檀君学』30、2014年、236頁。禹実夏は急激な変動時期を紀元前3000年頃と見る。このとき、湿っぽい気候から半湿気、半乾燥気候に急激に変わったと見たのである。慎鏞廈『韓民族の起源と形成研究』ソウル大出版文化院、2017年、113〜114頁。チェ・ギョンソプ「韓民族の根源なる櫛目文土器人」『広場』171、1987年、10頁。
(17) 安浩相『倍達東夷は東夷民族と東夷文化の発祥地』士林院、1979年、61頁。
梁柱東「国史古語彙借字原義考：国号・地名・始祖・官名・祭政・歌楽名」『明大論文集』1、1968、60頁。梁柱東は東は鳥（새 sae）だといった。東（동）＝暁（효）＝新（신）＝濊（예）＝徐（서）＝斯（사）などである。
(18) 慎鏞廈「古朝鮮文明圏形成に入った貊族の紅山文化の特徴」『古朝鮮檀君学』32、2016年6月、248頁。
(19) 朴仙姫「服飾と祭儀で見た古朝鮮文明と紅山文化」『古朝鮮檀君学』32、2015年6月、113〜114頁。
(20) 尹乃鉉『古朝鮮研究』一志社、1994年、141頁。

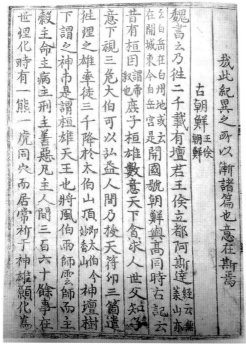

『三国遺事』「古朝鮮王俀朝鮮條」（韓国、孫寶基所蔵本）

〈付録〉『三国遺事』「古朝鮮王倹朝鮮」（檀君古記）
（原文資料の新しい解読）

魏書 云 乃往二千載 有壇君王倹 立都阿斯達 開國號朝鮮 與高（堯）同時
▶中国の『魏書』に言う。去る 2000 年前に檀君王倹が都邑を「阿斯達」
　に定めて国を建て、名前を「朝鮮」とすること、中国の堯と同じ時代
　であった。

古記 云 昔有桓國 庶子桓雄 數意天下 貪求人世 父知子意 下視三危太伯 可
以弘益人間 乃授天符印三箇 遺往理之
▶『古記』に言う。昔、桓国があった。庶子（部を治める息子の中の一人）[注1]
　桓雄が、天下が天から遠ざかることを心配して人間の世の中を救おう
　と思っていた。桓国の父（桓因）が息子のそのような思いを知り、三危
　太伯山を見たところ、天地と人間が十分に一つになった弘益の世上（弘
　益人間）[注2]になる余地があると考え、息子に天地人を象徴した天符印三個
　を与え世の中を治めるように送った。

雄 率徒三千 降於太伯山頂 神壇樹下 謂之神市 是謂桓雄天王也 將風伯・雨
師・雲師 而主穀・主命・主病・主刑・主善惡 凡主人間三百六十餘事 在世
理化
▶これを受けて桓雄が徒（酋長）3,000 人を率いて太伯山（遼河流域）の頂
　上、神壇樹下に降り、これを「神市」と名づけて治められた。この方
　がまさに「桓雄天王」である。桓雄が風伯、雨師、雲師の三臣下と主穀、
　主命、主病、主刑、主善惡を引き受けた五臣下を率いて人間世界の 360
　種類余りのことを細かに管理して（弘益人間で）世の中を治め、教化を
　施した。

時 有一熊一虎 同穴而居 常祈于神雄［→祈于神雄常］ 願化爲人 時 神遺 靈
艾一炷 蒜二十枚 曰「爾輩食之 不見日光百日 便得人形」熊虎 得而食之 忌
三七日 熊得女身 虎不能忌 而不得人身

253

▶まさにこの時、その熊族（熊トーテム族）とその虎族（虎トーテム族）^(注3)が同じ穴（村）に生きていたが、神霊ある雄常（ミミズク）の樹の前で、^(注4)（桓雄と似た）人にしてほしいと祈った。^(注5)その時（雄が）神の遺法で、神^(注6)霊らしいヨモギ1束とニンニク20枚を与え、「君たちはこれを食べて100日間、日光を見ない修錬をしなさい。^(注7)そうすれば人間の本来の姿を回復するだろう」といった。熊族と虎族がそれぞれヨモギとニンニクを食べて3・7日（または21日）間を慎んで敬った結果、^(注8)熊族は本性を回復して女のからだになった者を得たのだが、^(注9)虎族では禁忌をすべて守ることができず人のからだになった者を得られなかった。

熊女者 無與爲婚 故 毎於壇樹下 呪願有孕 雄 乃假化而婚之 孕生子 號曰壇君王儉

▶熊族女人は婚姻するところがないので、毎日神壇樹の下に来て子供を持てるようにしてほしいと祈った。これに対し、桓雄が熊族女人をしばらく（鳥夷族に）帰化させ、^(注10)婚姻して息子が産まれたので名前を「檀君王儉」とした（以下本文省略）。

注

(1) 桓国なのか、桓因なのかという論争がある。韓国の崔南善は桓国であり、李丙燾は桓因であるとみなしたが、ここでは桓国が正しい。帝釈という場合はむしろ忉利天というのが正しい。「朝鮮の王世子」というように、「桓国の庶子」というのが正しい。必ずしも父・桓因の息子という必要はない。この話は全体的に桓雄が主人公だからだ。桓雄は庶子部の指導者でありながら、天王に選出されたと考える。

(2) 弘益人間を「広く人間に善行を施す」と解釈すれば、風流道を「風に流れて（追って）いく道」と解釈するのと同じく滑稽である。弘益人間の本来の意味は天地と一つになる人間、そのような天地人合一を追求する人生の態度をいう（筆者の「檀と弘益人間に対する哲学的理解」『仙道文化』2017年8月、23冊を参照）。弘益人間が桓因の教えであるならば、在世理化はこれを実践しようとする桓雄の教化方法を意味する。桓雄が天地人合一から遠ざかる人間世上を心配したということである。

(3) 「一熊一虎」により韓民族史が蝕まれるようになった。「一匹の熊と一匹の虎」と解釈すれば、低級な神話となる。熊トーテム族と虎トーテム族と解釈することで、歴史としてよみがえる。日帝と植民史学者は韓国古代史を動物の物語として取り扱う過誤を犯した。その傷が今でも残っている。

(4) 雄常樹は原文で、「常祈于神雄」とある。李丙燾はこれを「常に神雄（桓雄）に祈った」（李丙燾訳注『三国遺事』東国出版社、1956年、180頁）と解釈した。しかし、この一節を筆者は「祈于神雄常」（神霊ある雄常木で祈った）と修正する。「常」は「恒常」という意味ではなく、雄常の常で「樹」という意味である。したがって、常は神雄に付けて「神雄常」と解釈するのがふさわしい。神雄常は神壇樹と似ているが、神壇樹が祭壇に奉った中央の最高の神聖な木ならば、神雄常はその他の一般の木だと推定できる。熊族や虎族もこちらに出てきて祈ったであろう。これは筆者が

〈付録〉『三国遺事』「古朝鮮王倹朝鮮」（檀君古記）

最初に明らかにしたことである。本来、この雄常という話は『山海経』（「海外西経」）に出てくるが、紅山玉器にもミミズクが出てくる。神雄常は鳥トーテムの象徴の木であり、桓雄の象徴の木にもなることができる。雄常は西洋のトーテムポール（totem pole）と同じで、韓国の鳥竿（ソッテ）と同じである。以物証史（物で歴史を証明すること）である。

　鳥トーテム族（鳥夷族）で桓雄の存在が明らかにされた以上、もはや檀君は神話ではない（「檀君神話終焉宣言」2018年9月13日）。むしろ「桓雄史話」というほうが正しい。桓雄の存在が立証されれば、檀君歴史は自ずと生き返る。桓雄が檀君を産んだといったためである。また、その間使ってきた神雄は桓雄の異称でないことを明確にする。本文で桓雄は雄と呼ばれているだけに、神雄ではない。

　本文中に、雄がやがて「ワシミミズク（太陽鵰수리부엉이 Suri-bueongi）」になると述べた。수리（Suri）の수릿님（スリッニム Suritnimu）は天の太陽、太陽神、神様の意味に通じる。陰暦5月5日の太陽祝祭を端午または「수릿날」という。수리（Suri）は高い、神の意味である。また孫成泰はメキシコ原住民が鳥神を태자귀（Taejagwi）と呼んでいることを明らかにした（『わが民族の大移動（メキシコ編）』291頁）。ベトナムでは王を브엉（Vuong）と称する。

(5)　願化為人：人の基準は桓雄（桓雄族）と同じ人だと考える。後に熊女と会うためである。

(6)　その間、この神遺の神を以前の神雄の延長線上で桓雄と解釈したが、そのまま神と解釈することが正しいと考える。このときの神は、天神を指し示しただろう。桓雄は神雄ではない。桓雄を神雄と解釈すれば、神話として流れる危険がある。

(7)　「不見日光百日」は韓民族固有の修錬法の一つである。光を遮断して修錬し、本性を探す六神通の一種である。100日間無条件実行をするのか、でなければ100日以前でも祈祷が完成すれば中途に終えるのかはわからない。

(8)　忌3・7日：七回祭神暦により7日ずつ3次（21日）を禁忌し、残りの79日は不見日光の修行だけを行うことなのか、または、3日間斎戒して7日間経典工夫することを10回繰り返したことなのか、でなければ3と7の日、すなわち3日と7日、13日と17日、23日と27日で1ヵ月に6日ずつ禁忌して100日を満たすことなのかはわからない。3ヵ月（1ヵ月に6個のニンニク）10日であれば100日の間に20個のニンニクをすべて食べられるようになる。とにかく便得人形という話がすべての可能性を開けている。このように三七度数、すなわち「3・7」日をはじめとして「100日」、「360」日のことは宇宙生命の歴史を日という時間の基本単位で歴史を叙述して、その歴史が伝えられてきたことを確認できる。このように日を基準としたことで、その時代の人々が太陽や光明を崇めたてたことを知ることができる。

(9)　熊族は女身といい、虎族は人身といった。換言すれば、初めに熊族の女と虎族の男が部族（結婚）連合のために選ばれたことを暗示する。桓雄が熊族の女人と会ったことは熊族女人の中に人間の本性を回復した配匹の女性が現れたためである。尹乃鉉はこれを桓雄と熊女の結合時代といった（すなわち村連合社会）。

(10)　それぞれ異なるトーテムである鳥夷族の桓雄と熊族である熊女が結合（連合）するためには、事前に鳥夷族に帰化して一定の結合の過程（例するに鳥夷族の風俗でも礼法を習うこと）を経る儀式があったであろう。

※以上の考察は、韓国の李裕岦の考察を参考にしたものである。

255

索　引

〈あ〉

青鳥　5, 6, 196

赤峰　14, 17, 23, 28, 30, 52, 53, 116, 133,
　145, 171, 181, 189, 192, 207, 223, 226,
　234, 238, 250

赤峰第1次文化　171

赤峰第2次文化　171

安含老　208, 211, 221

朝代記　15, 208, 221

亜醜族　230, 231, 239

闕英　129

安鼎福　21

阿老　163

有熊国　227, 228, 230

Arira　11, 12, 242

粟　233, 234

桓雄時代　22, 211, 216, 217, 224, 245, 251

安浩相　247, 252

〈い〉

夷　24, 170, 175, 176, 178, 179, 181, 222,
　242, 244, 245, 247

李奎報　245

翼善冠　185

犠牲祭儀　10

石棚山　31, 32, 39, 48

李廷基　11, 12, 202, 219

一熊一虎　18, 192, 253, 254

稲妻符号　39

猪山　92

李裕岌　200, 219, 225, 238, 255

猪龍　29, 149, 177

殷墟　178, 179, 222

〈う〉

羽化　149, 166, 184, 185

禹貢　20, 170, 171, 175, 176, 178

〈え〉

五加　193, 195, 196, 197, 212, 214, 216, 217,
　218, 244, 245

牛　148, 202, 225, 232, 239, 253

雲師　148, 202, 225, 253

〈え〉

淮南子　40, 46, 193

エリアーデ　8, 9, 10, 11, 199, 207, 208, 219,
　245

燕　19, 32, 33

円形舞台　10, 14, 220

炎帝神農　14

円筒　71, 80

〈お〉

倍達族　18, 208, 210, 215, 246

オオカミ族　216

雄鶏　43

翁牛特旗　28, 30, 31, 32, 44, 48, 52, 145,
　149, 150, 181

〈か〉

蓋彩陶瓮　51, 84

槐亭洞　44

蓋天説　205, 220

海東歴史　21

解慕漱　117

夏華族　242

夏家店下層文化　18, 28, 39, 100, 101, 114,
　116, 136, 142, 222, 224, 231, 233, 238,
　239, 246, 247, 251

夏家店上層文化　207

郭大順　21, 25, 28, 29, 30, 31, 34, 56, 80, 90,
　92, 120, 124, 143, 149, 156, 166, 183, 186,
　190, 205, 206, 219, 220, 231, 238, 240,
　251

角抵塚壁画　5

郭沫若　17, 23, 173, 189, 228, 230, 239

何光岳　173, 189, 191, 193, 218, 246

夏商周　17, 173

何新　40, 45

括地志　170, 191, 218

河北省　14, 28, 129, 171

唐国　11

岩刻画　30, 181

管子　229

漢書　25, 170, 171, 176, 179

元董仲　202, 208, 219, 220, 221

冠帽　192

韓民族　10, 14, 15, 209, 214, 243, 244, 246, 247, 249, 250, 251, 254, 255

〈き〉

撲園史話　10, 15, 21, 25, 192, 197, 238, 246

吉林省　28, 142

逆三角形　29, 30, 213

九夷　175, 176

牛河梁　2, 5, 6, 8, 9, 10, 11, 13, 14, 15, 17, 18, 19, 22, 24, 28, 38, 42, 48, 49, 50, 51, 52, 53, 55, 56, 57, 58, 62, 63, 79, 92, 100, 111, 115, 116, 117, 118, 119, 120, 121, 122, 123, 124, 126, 127, 128, 129, 130, 131, 132, 133, 135, 136, 137, 138, 139, 141, 142, 143, 146, 149, 151, 152, 153, 154, 155, 156, 157, 159, 160, 161, 162, 163, 170, 173, 174, 175, 176, 177, 178, 180, 181, 183, 198, 199, 201, 202, 203, 205, 206, 207, 208, 209, 210, 212, 214, 223, 224, 227, 231, 232, 235, 236, 237, 242, 243, 244, 245, 246, 248, 250, 251

牛河梁遺跡　2, 5, 6, 8, 9, 10, 13, 14, 18, 19, 22, 24, 28, 38, 48, 49, 52, 53, 55, 62, 100, 111, 117, 118, 119, 120, 121, 123, 127, 128, 139, 141, 146, 149, 151, 154, 156, 161, 162, 174, 177, 180, 181, 183, 198,

199, 203, 208, 210, 212, 214, 223, 224, 227, 243, 244, 245, 246, 248, 250, 251

牛河梁人　11, 62, 118, 130, 133, 138, 139, 141, 142, 161, 170, 201, 205

弓矢神話　192

旧石器遺物　235

仰韶文化　28, 204

共存トーテム　22, 123

共同トーテム　123

匈奴　130, 171

匈奴文化　200, 215, 216

玉猪龍　120, 149, 155, 166, 174, 214, 227

玉蠶　118, 119

玉亀　72, 92, 118, 119, 202

玉環　38, 50, 67, 69, 75, 78, 87, 91, 104, 106, 109, 110, 112, 120

玉鴞　30, 31, 36, 145, 146, 149, 154, 177, 194, 197, 198, 245, 246, 248

玉鴞冠神獣　29, 30, 212

玉熊龍　111, 120, 155, 159

玉玦　48, 110, 159, 182

玉蝗　111, 118, 119

玉珠　66, 71, 90

玉人　100, 106, 120, 130, 151, 152, 154, 183, 237

玉神面　157, 158

玉蝉　54, 182, 184, 185

玉箍　63, 70, 120

玉鳥　29, 30, 32, 37, 38, 41, 42, 44, 45, 46, 68, 112, 118, 119, 120, 121, 149, 152, 154, 170, 177, 182, 188, 203, 213

玉佩　50, 63, 72, 73, 118, 120, 154, 159, 165, 231, 232, 237

玉璧　41, 42, 69, 70, 72, 73, 91, 95, 104, 109, 111, 112, 120, 237

玉鳳　100, 106, 118, 119, 120, 121, 151, 152, 154, 161, 203, 204

玉棒　79, 101, 113, 235, 236, 237

257

玉鳳首　70, 118, 119, 120, 121, 154
玉龍　50, 52, 63, 68, 109, 111, 118, 119, 149,
　　155, 159, 227
金闕智　42
金彧　130, 133, 135, 138, 139, 140, 143
金海　129, 130
金簡玉牒　242
金庠基　178, 189
金教献　18, 23, 165, 210, 220, 246

〈く〉

櫛文　173, 182, 186, 187, 244, 245
櫛目文　145, 149, 173, 182, 187, 244, 245
熊女　244
熊神話　247
熊崇拝　160, 198, 229
熊族　10, 14, 15, 164, 165, 191, 198, 199,
　　200, 201, 202, 203, 204, 205, 209, 210,
　　211, 213, 214, 216, 219, 223, 224, 230,
　　244, 246, 249, 250, 251, 254, 255
熊祖崇拝　13, 19, 24, 167
熊彫刻像　182, 184
熊トーテム　13, 19, 123, 149, 150, 152, 155,
　　161, 162, 163, 164, 165, 167, 180, 192,
　　207, 209, 210, 211, 212, 224, 228, 231,
　　232, 244, 248, 254
熊部族　204, 224, 246
熊母神　162

〈け〉

敬天信仰　192
鶏林類事　164, 235
結合時代　211, 212, 224, 255
碣石山　19, 171, 178
玄夷　175, 242
軒轅　14, 228
原型思想　11, 202
原型文化　214, 225, 246

建国神話　214
権憙奎　209, 210, 211, 212, 219, 221, 246
見日光　200, 201, 203, 253, 255

〈こ〉

勾雲形玉器　41, 42, 62, 69, 70, 72, 74, 75,
　　76, 92, 95, 110, 112, 119, 149, 150, 154,
　　156, 165, 202, 204, 231, 232, 237
黄河文明　247
敖漢旗　28, 30, 31, 39, 52, 122, 198, 248, 250
高級文明社会　222
高句麗　5, 20, 22, 30, 41, 100, 171, 179, 185,
　　192, 209, 216, 227, 236, 249, 250
甲骨文　20, 32, 178, 179, 187, 191, 202, 218,
　　243
紅山玉器　11, 29, 30, 183, 188, 206, 231,
　　235, 245, 255
紅山古国　222, 223, 250
紅山文化　2, 5, 8, 13, 14, 17, 18, 19, 21, 22,
　　23, 24, 28, 29, 30, 31, 37, 39, 40, 42, 44,
　　48, 52, 53, 54, 55, 56, 79, 92, 100, 101,
　　116, 119, 120, 122, 124, 127, 128, 130,
　　131, 132, 136, 137, 138, 139, 145, 146,
　　149, 157, 159, 162, 163, 170, 172, 173,
　　174, 175, 176, 177, 178, 181, 182, 183,
　　185, 186, 187, 188, 192, 198, 199, 201,
　　205, 207, 210, 213, 214, 215, 222, 223,
　　224, 231, 232, 234, 236, 238, 242, 243,
　　244, 245, 247, 248, 249, 250, 251
楮　194
黄帝　228
紅陶文化　171
皇甫謐　227, 228
興隆溝集落　181
興隆溝人　233
興隆窪　22, 28, 36, 38, 48, 54, 55, 119, 173,
　　181, 182, 183, 184, 185, 186, 190, 191,
　　196, 214, 221, 224, 227, 234, 244, 250,

251

興隆窪文化　22, 28, 36, 38, 48, 54, 55, 119,
　　173, 181, 182, 183, 184, 185, 186, 190,
　　196, 214, 224, 227, 234, 244, 250

呉越春秋　242

後漢書　175, 243

黒皮玉人　165

顧頡剛　20, 24, 33, 35, 171, 187, 189, 221,
　　246, 252

五事　216, 225, 226

古肅慎　218

古鄒加　179

五星皆合　223, 224

五星聚婁　206

古朝鮮　14, 16, 17, 18, 19, 20, 21, 22, 23, 31,
　　45, 116, 129, 130, 148, 172, 173, 198, 206,
　　207, 208, 209, 210, 211, 212, 214, 216,
　　217, 221, 223, 224, 234, 235, 238, 244,
　　246, 247, 249, 250, 251, 252

古朝鮮文明　214, 249

国家社会　211, 224, 251

五帝本紀　19, 24, 228, 243

古天子　229

胡頭溝　28, 30, 36, 41, 52, 120, 177, 194,
　　198, 235, 236, 237, 248

胡頭溝遺跡　248

古墳　16, 32, 37, 41, 52, 62, 100, 101, 157

〈さ〉

祭祀権力　222

賽神　124, 164

在世理化　253, 254

賽族　164, 178, 246

祭天儀式　116, 192

彩陶罐　92, 97

彩陶筒形器　204

彩陶文化　171, 172

三円孔　153

三韓　22, 121

三環図　206

三環石壇　206

三官甸子　30, 52, 100, 120, 149

三危山　5, 196

三極　153

三孔器　119, 152, 153, 204

三国異事　8, 16, 18, 22, 23, 42, 43, 163, 194,
　　199, 202, 203, 207, 209, 213, 223, 252,
　　254

三国志　22, 25, 125, 179, 192

三国史記　42, 43, 163

山戎　17, 19, 21, 24, 173

三女神像　148

三神　117, 148, 152, 162, 163, 164, 219

山神　19, 22, 248

三神帝釈　148

三神婆　148, 163

三聖紀　15, 202, 207, 208, 211, 219, 221

三聖密記　15, 202, 208, 209, 214, 219, 221,
　　246

三足烏　40, 41, 43, 46, 216

山東　14, 20, 21, 31, 38, 129, 163, 171, 172,
　　173, 178, 189, 216, 222, 231, 234, 239,
　　247

山東半島　20, 21, 172, 178, 234

三伯　148, 225, 226

三伯五事　225, 226

三苗　176

〈し〉

Segal　9, 11

史記　13, 19, 20, 21, 24, 42, 43, 163, 170,
　　171, 178, 191, 192, 193, 208, 218, 220,
　　228, 229, 238, 243, 246

詩経　195

鴟鴞族　195

鴟鴞トーテム族　195

259

支石墓　124, 172

自然崇拝　160

氏族　24, 29, 31, 37, 38, 149, 163, 183, 186,
　　196, 221, 222

氏族トーテム　29, 177

始祖神　187

シャーマニズム　31, 36, 43, 121

査海文化　48, 119, 190

尺貫法　236, 237

西拉木倫河　148, 149, 198, 245

蚩尤　129, 228, 229, 230, 231, 232, 233, 238,
　　239, 247

蚩尤像　230, 231

戎狄人　228

十二台営子　123

粛慎　218

小河西　48, 119, 173, 234, 251

小河沿文化　31, 32, 38, 39, 40, 42, 116, 133,
　　135, 136, 137, 138, 139, 182, 185

少昊族　42

城市　237

尚書　170, 171, 175

承徳　53, 173, 250

上方下円　204

勝利山遺跡　142

植民史学　22, 261

植民史学者　17, 208, 247, 254

女神廟　28, 37, 52, 56, 57, 58, 59, 60, 61, 79,
　　119, 122, 123, 152, 155, 156, 159, 160,
　　161, 163, 164, 165, 173, 174, 175, 201,
　　203, 204, 205, 206, 220, 240, 242

書伝　229, 238

神雄　194, 195, 201, 253, 254, 255

神雄常　195, 253, 254, 255

神戒　203, 204, 219, 220

辰韓　45, 129, 130

神権　152, 163, 164, 229

神権者　163

辰国　130, 179

神市　6, 8, 9, 10, 18, 21, 22, 23, 149, 183,
　　192, 193, 195, 196, 197, 198, 199, 209,
　　210, 211, 212, 214, 215, 216, 217, 218,
　　219, 223, 224, 225, 226, 227, 232, 237,
　　244, 245, 246, 247, 248, 249, 250, 251,
　　253

神市共同体　223, 246, 250

神市古国　22, 222, 223, 224, 225, 226, 227,
　　244, 246, 247, 248, 249, 250, 251

神市紅山文化　22, 245

神市時代　209, 210, 211, 212, 217, 223, 224,
　　250

神市文化　22, 149, 214, 215, 245, 250

神市本紀　219

神人合一　129

神性回復　201, 202

新石器時代　9, 18, 25, 28, 34, 132, 136, 172,
　　186, 213, 243

神壇　8

神壇樹　13, 192, 195, 196, 197, 244, 253, 254

神檀民史　18, 210, 246

申采浩　12, 235, 239, 242, 251

神鳥　42, 164, 167

真番　130, 179

神帽　63

人面鳥　10, 15, 22, 30, 206, 246

人面鳥紋図　30

瀋陽　19, 179, 196, 250

新楽下層文化　196, 197

神霊図案　180

〈す〉

隹夷　14, 20, 21, 24, 178, 179, 181, 197, 243,
　　244

隹夷考　178

隹夷族　14, 197

水神　42

頭蓋骨　128, 129, 130, 141, 142

〈せ〉

生産神　162, 163

政治共同体　22, 130

西戎　24, 176

青銅器　28, 44, 132, 157, 226, 239

青銅器時代　132, 157

青銅鈴　122

青銅装飾　215, 216, 217

世祖実録　209

山海経　5, 193, 194, 196, 218, 232, 239, 244, 250, 255

先鳥後貊　19, 172, 243

仙道　204

仙道文化　254

先貊部族　55, 243

前方後円　83, 117

〈そ〉

鳥夷　10, 13, 14, 15, 19, 20, 21, 22, 24, 55, 124, 164, 165, 170, 171, 172, 173, 175, 176, 177, 178, 179, 180, 181, 182, 183, 185, 189, 191, 192, 193, 196, 197, 198, 203, 204, 205, 206, 208, 210, 211, 212, 214, 216, 217, 218, 221, 222, 223, 224, 226, 227, 232, 233, 234, 238, 242, 243, 244, 245, 246, 247, 249, 250, 251, 254, 255

双猪首三孔玉器　118

双鴞首　67, 120, 121, 154, 156, 161, 165, 203

鳥羽冠　185

双熊　152

双熊三円孔　113, 165

双熊像　101, 119, 152, 153, 154, 161, 204

双勾形勾雲形　231, 232

双人頭三円孔器　70

双人像　70, 152, 153, 154

昔脱解　43

双熊首三孔玉飾　152, 204, 214

趙芝薫　46

蘇塗　14, 45, 195, 201, 218

蘇秉琦　21, 24, 183, 205, 220, 221, 222, 238, 242

尊形器　36, 38, 180

踆烏　40, 42, 46

〈た〉

第1地点　56, 57, 119, 152, 154, 156, 163

第一鳳凰　37, 48

大営子　207

太極旗　159

大光頂子山　223, 250

第5地点　42, 92, 93, 94, 95, 96, 97, 98, 99, 117, 120, 141, 154, 202, 205

第3地点　56, 90, 91, 92, 117, 120, 141, 154

第13地点　100

第16地点　79, 100, 101, 102, 103, 104, 105, 106, 107, 108, 109, 110, 111, 112, 113, 114, 115, 117, 120, 121, 141, 151, 152, 153, 154, 202, 203, 204, 236, 237, 246

大聖山　206

大甸子　128, 136, 137, 138, 141, 142, 231

大東史　18, 246

第2地点　8, 50, 51, 56, 62, 63, 64, 65, 66, 67, 68, 69, 70, 71, 72, 73, 74, 75, 76, 77, 78, 79, 80, 81, 82, 83, 84, 85, 86, 87, 88, 89, 90, 117, 119, 120, 121, 123, 124, 141, 148, 152, 153, 154, 156, 203, 204, 205, 227, 231, 232, 237

太伯山　8, 18, 22, 192, 196, 199, 210, 221, 223, 225, 253

大汶口文化　31, 38

太陽鴞　193, 195, 196, 217, 244, 250, 255

太陽神　41, 129, 181, 187, 255

太陽崇拝　13, 40, 43, 62, 123, 181, 182, 187,

261

204, 206, 250

太陽鳥　40, 41, 129, 250

太陽トーテム　13, 123, 192, 197, 244

太陽時計　80

太陽文様　39, 40, 44, 122, 181

大凌河　52, 53, 55, 124, 179, 198, 249, 250

鷹虎熊猪紋銅飾牌　215

涿鹿　223, 228, 230

単于　242

譚其驤　17, 23, 173, 189

檀君　5, 11, 16, 18, 20, 22, 192, 195, 198, 199, 209, 211, 212, 221, 224, 235, 242, 247, 251, 253, 254, 255

檀君古記　8, 21, 22, 23, 148, 162, 163, 191, 192, 194, 196, 199, 224, 225, 251

檀君実話　17, 23

檀君史話　5, 17, 23, 115, 199, 208, 209, 244, 245, 246

檀君神話　5, 9, 11, 13, 14, 17, 22, 23, 162, 163, 164, 198, 199, 202, 208, 212, 216, 217, 243, 245, 246, 251, 255

檀君朝鮮　16, 199, 212, 221, 251

檀国　11, 250, 251

男根　44, 151, 179, 204, 235, 240

男神像　146, 147

〈ち〉

崔南善　23, 166, 192, 218, 254

地太陽　154

地壇　205

地母神　162, 163

塹星壇　204

中山国　33

鳥翅　60, 161

鳥獣率舞　221

朝鮮思想史　225

朝鮮族　18, 133, 135, 138, 139, 246

朝鮮留記　209, 210, 246

鳥祖崇拝　13, 20, 24, 30

鳥爪　60

長狄　33, 34

趙賓福　124, 183, 190, 196, 218

趙寶溝文化　28, 48, 224

鳥母神　162

鳥紋　30, 187

朝陽　9, 19, 52, 53, 55, 100, 123, 125, 136, 166, 246, 250

尖首刀　39

地理志　55, 171

陳夢家　20, 24, 178, 179, 187, 189, 238, 243

〈つ〉

筒形器　50, 51, 61, 63, 65, 81, 82, 85, 88, 101, 117, 118, 220

筒形器墓　82

筒形玉器　66, 90

筒形壷　186

積石塚　9, 28, 37, 51, 53, 54, 55, 62, 77, 82, 83, 90, 92, 100, 101, 119, 123, 124, 131, 159, 166, 174, 204, 205, 214, 242

〈て〉

帝王韻紀　197, 212

帝王世紀　227

天円地方　9, 14, 204, 220, 245

天君　152

天祭文化　14, 15, 205, 206, 245

天神国　11

天神信仰　19

天神族　242

天族　210

天壇　204, 205

天地合一　204

天地人　153, 201, 204, 205, 253, 254

天鳥　242

天人無間　202

索　引

天王郎　117

天符印　192, 253

天符経　153, 154

天文類抄　223

轉山子　100

〈と〉

島夷　19, 21, 24, 25, 170, 171, 187, 222

東夷　13, 18, 20, 21, 22, 24, 25, 31, 32, 37,
　　39, 43, 44, 46, 125, 129, 130, 143, 148,
　　170, 172, 173, 175, 178, 192, 193, 194,
　　199, 216, 219, 234, 239, 247, 248

東夷族　20, 22, 129, 148, 172, 199, 216, 234,
　　239, 247

東夷伝　22, 25, 125, 193, 194

東夷文化　18, 20, 24, 32, 129, 178

頭蓋変形　129

同帰一体　202

塔形器　50, 51, 65, 78, 89

東胡　17, 171, 172, 173

東国通鑑　212

東山嘴　14, 28, 30, 52, 53, 79, 116, 117, 149,
　　157, 159, 173, 174, 175, 176, 177, 178,
　　198, 205, 248

陶寺遺跡　16, 17, 33

陶塑三人像　148

陶筒形器　51, 78, 85, 112, 117

饕餮文　231, 232

陶符文字　30, 31, 32, 39, 40, 42

東北夷　171, 222, 223

東北工程　16, 17, 22, 247

東明王篇　245

トーテムポール　193, 195, 255

トーテム連合　22, 123, 162, 164, 165, 209,
　　214, 224, 245, 248

弩弓　230, 231

富河文化　119

鳥形石玦　36, 145

虎族　14, 183, 199, 200, 201, 202, 203, 206,
　　207, 209, 210, 216, 221, 224, 226, 250,
　　251, 254, 255

虎トーテム　163, 248, 254

虎部族　224

鳥形相　172

鳥竿　14, 43, 44, 45, 193, 194, 244, 246, 255

鳥竿文化　246

鳥崇拝　30, 36, 40, 42, 45, 55, 124, 129, 148,
　　181, 182, 184, 185, 192, 217, 250

鳥崇拝族　55, 124

鳥崇拝文化　40

鳥族　164, 178

鳥出紅山塚　251

鳥トーテム　13, 20, 22, 24, 30, 31, 37, 38,
　　39, 42, 44, 55, 123, 124, 129, 130, 150,
　　151, 152, 155, 161, 162, 163, 164, 165,
　　170, 172, 173, 178, 180, 183, 184, 191,
　　192, 193, 196, 197, 207, 209, 210, 211,
　　212, 214, 216, 217, 224, 232, 242, 244,
　　247, 248, 250, 255

鳥トーテム像　161, 165

鳥トーテム族　13, 22, 44, 123, 124, 129,
　　130, 151, 162, 170, 172, 173, 178, 211,
　　212, 214, 244, 247, 248, 255

鳥トーテム文化　39

度量衡　235, 236, 237, 242

緑松石　73, 85, 106

緑松石墜　73, 106

努魯児虎山　52, 124

〈な〉

奈曼旗　29, 30, 54

内蒙古　14, 28, 30, 43, 52, 54, 116, 121, 145,
　　149, 207, 226

那斯台　14, 22, 30, 36, 121, 145, 146, 148,
　　149, 197, 245, 246, 248

那斯台遺跡　22, 36, 121, 145, 146, 148, 149,

263

245, 246, 248

南島夷　170, 171

〈に〉

尼師今　232

二重トーテム　22, 44, 123

日光鏡　200

〈の〉

農耕神　148

農耕文化　202

之字紋　181

〈は〉

倍達公論　215

拝日崇鳥　43, 54, 198, 250

巴林右旗　30, 36, 121, 145, 146, 197, 245

倍達族　18, 208, 210, 215, 246

白衣崇尚　43

白音長汗　54, 55, 182, 184

白音長汗遺跡　54, 55, 182, 184

麦作　234

白山崇拝　43

貊族　17, 18, 19, 55, 172, 234, 243

貊部族　17, 18, 54, 55, 162, 243

白民　193, 218

八珠鈴　122

ハプログループ　133, 135, 138, 139, 140

半数体型　131, 134, 135, 136, 137

半数体型類群　131, 134, 135, 136

万里の長城　18, 247

〈ひ〉

別神グッ　14

玄相允　225, 238

平昌冬季オリンピック　10, 14, 15, 22, 206, 246

琵琶形銅剣　235

〈ふ〉

和盛洞　206

桓因　13, 191, 192, 211, 224, 251, 253, 254

桓雄　9, 13, 14, 18, 19, 20, 21, 22, 23, 192,
　193, 195, 196, 197, 198, 199, 200, 201,
　202, 203, 205, 206, 207, 208, 209, 210,
　211, 212, 213, 214, 215, 216, 217, 218,
　219, 220, 223, 224, 225, 226, 228, 232,
　237, 242, 243, 244, 245, 246, 247, 248,
　250, 251, 253, 254, 255

桓雄時代　22, 211, 216, 217, 224, 245, 251

桓雄神話　9, 18, 23, 192, 202, 223, 251

桓雄族　193, 199, 213, 216, 244, 255

桓国　13, 224, 245, 250, 251, 253, 254

桓族　13, 14, 203, 208, 209, 210, 211, 212,
　214, 215, 219, 220, 222, 224, 227, 246,
　249, 250

風伯　148, 202, 225, 232, 239, 253

伏羲　129

フクロウ　31, 36, 37, 45, 48, 156, 162, 182,
　191, 193, 195, 196, 197, 212

猫頭鷹　191

フクロウ像　36, 48, 182, 191, 197

不見日光　199, 200, 201, 203, 253, 255

部族トーテム　10, 159

プチン　243, 252

扶婁檀地　117

夫婁　235, 242

フレイザー　8, 9, 11, 122, 125, 152, 162,
　166, 200, 211, 219, 245

フロイト　10, 12, 159, 167

文崇一　19, 23, 55, 124, 172, 189, 222, 238,
　243, 245, 246, 252

訓民正音　194

〈へ〉

平和　11, 15, 246

索　引

倍達国　224, 226
倍達時代　210
弁辰　22, 125, 129, 130, 192
褊頭　129, 130

〈ほ〉

鳳凰徽章　13
棒形　204, 236
方形祭壇　92, 99, 117, 205
方形積石塚　51, 77, 123, 124
放射性同位元素　234
鳳鳥　44
北夷　148, 222
北夷国　176, 222, 223
朴赫居世　163
北佳夷　130, 178, 179
北狄　17, 32, 33, 242
北斗七星　116, 120, 151, 247
母系近親制　152
母系祖先　163, 173
星穴　116

〈ま〉

馬加　192, 197, 218
髷形玉籠　63, 66, 68, 71, 72, 87, 91, 104,
　　106, 109, 112, 237
マヤ文明　130
満洲源流考　194
満蒙学術調査団　17

〈み〉

ミミズク　30, 36, 37, 41, 45, 67, 75, 121,
　　146, 149, 154, 155, 156, 167, 177, 180,
　　182, 183, 191, 194, 195, 196, 197, 198,
　　203, 212, 215, 216, 217, 231, 232, 244,
　　245, 246, 248, 250, 251, 254, 255
妙香山誌　213, 221

〈む〉

無面鳥　87, 120, 121, 154, 203
文定昌　129, 143, 226, 228, 238

〈め〉

女神像　17, 58, 59, 80, 119, 126, 146, 147,
　　148, 154, 156, 157, 158, 160, 162, 163,
　　201, 237, 245

〈も〉

網格紋　118, 181, 182
蒙古人種　127, 128, 135
文字扁壷　16

〈や〉

山台　56, 57

〈ゆ〉

柳寅植　18, 23, 220, 246
柳花　129
尹達　28, 34
尹乃鉉　18, 23, 24, 179, 189, 211, 212, 220,
　　221, 224, 227, 238, 242, 251, 252, 255

〈よ〉

陽鳥　40, 122
横帯状網格紋　181

〈ら〉

萊夷　170, 176, 179
萊夷作牧　176
萊族　234
雷鳥　33, 34, 216
雒　193, 194, 195, 244, 250
雒常　193, 194, 195, 196
雒常樹　196
羅振玉　231, 239
灤河　179, 249, 250

265

卵生神話　40, 192

〈り〉

李址麟　17, 19, 23, 172, 173, 189, 243, 246,
　　251, 252
立竿測影　80, 116
李倍雷　45, 46, 170, 178, 187, 189, 244, 246
李民　19, 20, 24, 165, 173, 178, 189, 221,
　　244, 246
龍魚河図　229
劉国祥　28, 34, 45, 56, 116, 125, 181, 190,
　　222, 238
龍山文化　16, 174
龍出遼河源　251
龍鳳玉佩　50, 73, 154
龍鳳文化　19
遼河　14, 18, 20, 21, 25, 28, 52, 53, 56, 167,
　　174, 199, 222, 238, 247, 249, 250, 251,
　　253
凌家灘　40, 122
凌家灘文化　38, 40
遼河文化　199
遼河文明　21, 167, 247, 249, 251
良渚文化　38, 41, 42
遼西　17, 21, 22, 33, 38, 52, 132, 136, 170,
　　171, 172, 173, 174, 175, 176, 177, 178,
　　179, 216, 233, 242, 244, 247, 250
遼東　20, 21, 173
遼東半島　53, 179
遼寧　21, 174
遼寧省　2, 9, 14, 19, 28, 30, 51, 52, 123, 124,
　　142, 149, 156, 215, 216, 244
臨汾　14, 33

〈れ〉

連合トーテム　22, 40, 44, 123, 192

〈ろ〉

鷺加　192, 193, 197, 218
路史　229, 232, 238, 239
論衡　148

〈わ〉

濊　18, 20, 178, 181, 243, 246, 252
和夷　176, 179
淮夷　176, 179, 222, 244, 245
濊族　17, 18, 165
濊貊　18, 22, 23, 171, 189, 238
濊貊族　18, 222, 245, 246
ワシ　37, 161, 162, 167, 172, 191, 193, 194,
　　215, 255
ワシ像　161, 162

訳者あとがき

　紅山文化は、中国河北省北部から内モンゴル自治区東南部、遼寧省西部に紀元前（4700年頃〜2900年頃）に存在した新石器時代の文化である。現在、世界で最も古い文明として論争のある紅山文化は、1982年に中国遼寧省牛河遼で大量の遺跡が発見されてから広く知られるようになった。紅山文化の特徴は、動物や鳥類などの形を翡翠や石に彫った装飾品が墳墓から多く出土し、彩陶や玉龍の造形もたくさん見つかっている。もっとも、牛河梁塚廟壇塚墓団（積石塚、女神廟、祭天壇）遺跡は、紅山文化が国家体制を整えた優れた文明であることを表している。円形祭壇と方形積石塚は、韓国の摩尼山の塹星壇、太伯山の祭天壇、北京の天壇をはじめとする東北アジアにおける祭天壇の原型でもある。

　ところで、紅山文明はこれまで中国をはじめ、地球上のすべての国の歴史書の中にただの一行も記録されなかった神秘の文明である。紅山文化圏はかつての旧満州エリアであり、さらにそれ以前には渤海や高句麗の領土でもあった。そのため、古代文明の創造主体に関する紅山遺跡をめぐる論争に、極東アジアの政治的覇権が見え隠れする現状は無視できない。

　本書は、紅山文化に関する韓国内で蓄積してきた見解を、文化人類学的視点で解いた最新の発表である。紅山遺跡の公表以降韓国内では紅山文明の主人公を『揆園史話』「桓檀古記」の祖とする調査研究が進められ、現在ではこの説がますます主流をなしてきている。というのは、紅山遺跡が公表されて以来、韓国の学界においても、紅山文明の実体とその主人公を『揆園史話』「桓檀古記」の祖とし、その内容を受け入れる立場と偽書と見なす批判的見解に分かれているからである。

　後者の批判的立場の主張は、紀元前400年、今から約2400年前を前後に鉄器時代に達して国家体系が登場すると主張し、それ以前は神話の時代だっただけだと批判する。このように、檀君が歴史的に存在した人物ではなく神話と認識する側は「植民地史観」を持った研究者として追いやられ、韓国の歴史学界で彼らはもはや瀕死の状態に陥っている。彼らが植民地史観の持ち主として批

判される一番の理由は、韓国史の記述が朝鮮総督府傘下の朝鮮史編修会が主張してきた、西洋の実証主義歴史観を受け継いできたことがある。つまり、当時の朝鮮史編纂に携わった日本人研究者のトムセン（クリスチャン・ユルゲンセン・トムセン Christian Jürgensen Thomsen、1788 ～ 1865）の三つ（石器・青銅器・鉄器）の時代区分法や、エンゲルス（フリードリヒ・エンゲルス Friedrich Engels、1820 ～ 1895）の歴史観などを組み合わせて持っていた歴史観への批判である。その核は、いわば、朝鮮の歴史を中国史の亜流とみなし、主体性の欠如した民族として記述された日本の朝鮮研究歴史学者の持っていた「植民史観」への批判である。

　発掘当時だけでも、紅山文化は積石塚や縄文土器などの文化的類似性により、古朝鮮の先文明である東夷族、中でも鳥夷族の文化であるという見解が優勢であった。しかし 90 年代以後、中国の東北工程（東北辺疆歴史与現状系列研究工程）の出発点として、紅山文化を中国古代文明の起源という主張が次第に強くなっている状況である。一方では、紅山文化はすでに日本人考古学者の鳥居龍蔵（1870 ～ 1953）の 1908 年の調査をはじめとして、浜田耕作（1881 ～ 1938）らによって発掘調査が行われ、発掘品の一部が日本に持ち込まれ、紅山遺跡調査に関する発掘調査報告書が刊行されている。さらに、現在の日本では紅山文化と日本とのかかわりを次のような説を用いて表している。すなわち、中国の商王朝が、夏王朝もしくは周王朝に滅ぼされ、その末裔が日本に渡って翡翠や龍の伝説を伝えたとし、古朝鮮文明が日本の弥生文化に翡翠の勾玉やヤマタノオロチの神話を伝えたことを否定する、という主張も出ている。

　紅山文化をめぐるこのような民族的、政治的見解をすべて排除するにしても、東北アジア文明の出発点になった文明という点においては多くの学者が見解を一緒にする。

　紅山文化と桓雄・檀君をめぐる史論は韓民族の正体性を定位する次元で、これまで韓国内では歴史学界だけではなく宗教界を含む様々な次元で、多くの試論が行われてきた。

　本書は、紅山文化を韓民族の起源とし、檀君の存在を単に神話の対象ではなく、歴史的事実として位置づける一つの試論である。本文では、数学、天文学、科学、哲学、宗教、言語など文化人類学的な接近で現在の韓国社会における文化現象とも関連して解いている。世界各地のコリアンディアスポラと関連する跡地を駆け巡り、自らの東洋思想の中でパズルのピースを合わせるような検証

訳者あとがき

を重ねてきた著者の産物である。

南北における歴史論争の中で、「檀君」ほど多くの人々の関心を引く歴史的人物も珍しい。檀君を重視して浮び上がる思想的流行は、近年突然表れたのではない。特に外勢の侵略で国が危機に置かれているとき、そういう傾向はより一層強かった。

北朝鮮ではこれまで、1993年に檀君陵を発掘したと公表し、翌94年10月に檀君陵を改建竣工している。南北共通の同一の韓民族としての連帯を表明している証として統一運動に寄与するだろう。

これまで、檀君史話が生み出してきた韓民族の思想は、天を崇拝する敬天思想、人本主義思想、自然と人間の調和（共存）と和解の心、韓民族の起源を天におき、天の光・光明・明るさに連なる光明文化精神を持っていた。韓民族を倍達の民族、白衣民族であると呼ぶ理由もそのような歴史的な由縁である。これらは、韓民族が中国の諸侯国ではなく、天子の国であることを表すことで、それを通じて自主性と主体性を表わす。

著者が本書を通して伝えたい中心は、檀君の存在が実在か否かに関する論争の重要性以上に、古代トーテム連合を分析、検証し、その意味を探る中で、南北の平和的統一と「人類平和」への希望を託していることである。

2019年6月1日

朴 美貞

269

著者プロフィール 李 讃九（イ チャング・Lee Chan-Goo）

1956年韓国論山生まれ。韓国大田大学校法学科卒業。韓国成均館大学校韓国思想史学科文学碩士。韓国大田大学校東洋哲学博士。大山金碩鎮先生門下で漢文受学。韓国カトリック大学校で論語、周易を講義。韓国仁荷大学校で民俗学を講義。韓国民族文化大百科辞典執筆者。韓国哲学辞典執筆委員。韓国民族宗教文化大事典編纂委員。現在、韓国の固有精神ある（겨레얼）運動展開。研究分野は韓国思想史および古代史。

単著としては『天符經と東學』（모시는사람들、2007）。『周易と東學の出会い』（모시는사람들、2010）。『古朝鮮の明刀錢とノム』（東方の光、2013）。『紅山文化の人類學的照明』（開闢社、2018）など。論文は、「東學天道の相對性と有機體的性格」（『東学学報』第9号、東学学会、2005）、「水雲の天主と過程哲学」（『新宗教研究』第14輯、韓国新宗教学会、2006）、「東学相均論と均衡理論」（『東学学報』第10巻1号、東学学会、2006）、「檀君神話の再解釈」（『檀君学』第17輯、檀君学会、2007）、「周易の先後天変易と第3易学の可能性」（『宗教研究』第58輯、韓国宗教学会、2010）、「檀君神話の新しい解釈」（『新宗教研究』第30輯、韓国新宗教学会、2014）、「天符経大三合六の宇宙論」（『仙道文化』第5輯、国際平和大学院大学校出版部、2008）、「檀と弘益人間に対する哲学的理解」（『仙道文化』第23輯、国際脳教育綜合大学院国学研究院、2017）など。

訳者プロフィール 朴 美貞（パク ミジョン・Park Mi Jeoung）

1963年韓国生まれ。植民地問題研究。同志社大学大学院博士課程修了。芸術学博士（2005年）。立命館大学客員研究員（2006-09年）、国際日本文化研究センター研究員（2010-15年）。京都大学講師。現在、アジア人文社会科学研究所所長、立命館大学非常勤講師。

著書『帝国支配と朝鮮表象――朝鮮写真絵葉書と帝展入選作にみる植民地イメージの伝播』（日文研叢書第52集、2014年）。編著『日本帝国の表象――生成・記憶・継承』（えにし書房、2016年）、訳書『韓国古代史の正体――忘れられた史実の真相』（卜 箕大著、えにし書房、2018年）。主要論文に「植民地朝鮮の表象――植民地の学習と教育のテキストとしての非文字資料」（漢陽大学校東アジア文化研究54集、2013年）、「朝鮮博覧会（1929年）の文化住宅展示と京城の空間形成」（『東洋意識：夢想と現実のあいだ1887-1953』ミネルヴァ書房、2012年）、「李朝の女性たちとチマチョゴリの政治学」（『生活と福祉』ジェンダー史叢書・第8巻、明石書店、2010年）など多数。

紅山文化と檀君史話
韓民族の起源を求めて

2019 年 6 月 30 日 初版第 1 刷発行

- ■著者　　李 讃九
- ■訳者　　朴 美貞
- ■発行者　塚田敬幸
- ■発行所　えにし書房株式会社
　　　　　〒102-0074　東京都千代田区九段南 2-2-7　北の丸ビル 3F
　　　　　TEL 03-6261-4369　FAX 03-6261-4379
　　　　　ウェブサイト　http://www.enishishobo.co.jp
　　　　　E-mail　info@enishishobo.co.jp

- ■印刷／製本　モリモト印刷株式会社
- ■装幀／DTP　板垣由佳

ⓒ 2019 Park Mi Jeoung　ISBN978-4-908073-65-6　C0022

定価はカバーに表示してあります。
乱丁・落丁本はお取り替えいたします。
本書の一部あるいは全部を無断で複写・複製（コピー・スキャン・デジタル化等）・転載することは、法律で認められた場合を除き、固く禁じられています。

周縁と機縁のえにし書房

韓国古代史の正体　忘れられた真実の実相
卜箕大 著／朴美貞 訳／A5判／並製／2,200円+税

韓国古代史に一石を投じる問題作！　日本統治下で、一定の方向に決められ、歪曲された韓国古代史の真の姿を明らかにする。韓国古代史の中でも特に重要な問題について最新の研究成果を盛り込みながら、わかりやすく解説。韓国史理解の一助となる基本資料。ISBN978-4-908073-60-1 C0022

日本帝国の表象　生成・記憶・継承
朴美貞 編著／長谷川怜 編著／A5判／並製／3,500円+税

非文字（図画像）資料研究の可能性を拓く！　絵葉書、報道写真、地図、設計図、絵図などに立ち現れる"日本帝国"の様相を、分野を超え、様々な角度から照射し、浮かび上がらせる最新の研究成果。ISBN978-4-908073-30-4 C0071

邪馬台国とヤマト王権
卑弥呼の「鏡」が解き明かす
藤田憲司 著／四六判／並製／1,800円+税

「三角縁神獣鏡」を中心に日韓の墳丘墓から出土される鏡に注目し、邪馬台国とヤマト王権の関係性、邪馬台国の所在した位置を確定していく斬新な論を展開。最新の研究成果をもとに歴史・文化・生活の流れを鑑みる。ISBN978-4-908073-21-2 C0021

日本古代史の正体　桓武天皇は百済人だった
林順治 著／A5判／並製／2,000円+税

平成天皇に贈る日本古代史！　韓国との"ゆかり"発言から18年。令和を迎えた今、改めて天皇家の出自を問う。「朝鮮半島から渡来した百済系渡来集団による日本古代国家成立」（石渡信一郎の仮説）を主軸にした古代日本国家の成立＝天皇の起源・系譜を問う"日本古代史特集"。ISBN978-4-908073-67-0 C0021